三 版

公共政策
Public Policy

朱志宏　著

三民書局

國家圖書館出版品預行編目資料

公共政策／朱志宏著.－－三版一刷.－－臺北市：三
民，2019
　　面；　公分.

　ISBN 978-957-14-6694-1　（平裝）
　1.公共行政

572.9   108013142

公共政策

作　　　者	朱志宏
發 行 人	劉振強
出 版 者	三民書局股份有限公司
地　　　址	臺北市復興北路 386 號 (復北門市) 臺北市重慶南路一段 61 號 (重南門市)
電　　　話	(02)25006600
網　　　址	三民網路書店 https://www.sanmin.com.tw
出版日期	初版一刷 1991 年 9 月 三版一刷 2019 年 10 月
書籍編號	S570480
Ｉ Ｓ Ｂ Ｎ	978-957-14-6694-1

改版說明

　　朱志宏先生所編著之《公共政策》，針對公共政策理論作基礎且有系統的介紹，內容淺顯易懂，為公共政策理論入門的最佳教材，也是參加國家考試者的最佳讀物。

　　自 1991 年初版以來，承蒙讀者喜愛，本書已多次再刷。為了俾利讀者閱讀，乃設計新式版面，使其更美觀大方，並重新校對，使內容更臻完善。此外，隨著時代的更迭，此次修訂亦針對書中部分資料加以更新，使本書能符合社會脈動而更加完備。

三民書局編輯部謹識

修訂新版序

　　一九六七年，筆者自臺大法律學系畢業。一九六八年負笈美國。一九七四年，在美國著名立法學者 Malcolm E. Jewell 博士指導下完成論文，是年年底取得博士學位。一九七五年春，筆者申請回國教書，經當時臺大政治學系主任連戰先生同意，返回母校任教。一九七五年五月底，筆者抵達國門時，連戰先生已經離開臺大，赴薩爾瓦多擔任大使。臺大政治學系主任一職由張劍寒先生繼任。張教授知道我在美國主修立法研究 (Legislative Studies)，同時基於實際之需要，因此請我在系裡開授「立法論」及「公共政策」兩門課程。

　　一九七〇年代中期，公共政策引進臺灣，並且很快蔚為風潮。一九七六年，中興大學湯絢章教授在行政院國家科學委員會以及美國在華教育基金會的贊助下，邀請時任美國德州基督教大學公共行政暨公共政策研究所所長 (Director, Graduate Program of Public Administration and Public Policy, Texas Christian University) 薛偉爾 (Wendell G. Schaeffer)（薛氏曾獲美國加州柏克萊大學政治學博士學位，並且曾任美國匹茲堡大學國際與公共事務學院副院長）來臺講學一學期。除講學之外，薛偉爾教授尚有一項重要任務，即為我國政策科學研究鋪路（湯絢章，1994:185）。

　　為達成此一目標，湯教授乃敦請國內資深學者張金鑑先生出面邀請國內相關學人，開會商討如何推廣公共政策。根據湯教授的回憶錄：「與會學人有姚淇清、張金鑑、陳治世、傅宗懋、華力進、湯絢章、周良彥、唐振楚、朱志宏，由張金鑑先生為主席，在座談會

中作成以下決定：一、舉辦校際公共政策研討會，以中國行政學會為主辦單位，國立臺灣大學、國立政治大學、國立中興大學、東吳大學及中國文化學院等為參加單位。二、成立校際公共政策研討會規劃委員會，推舉張金鑑擔任召集人，姚淇清、陳治世、傅宗懋、華力進、湯絢章、周良彥、唐振楚、朱志宏等先生擔任常務委員，並推舉傅宗懋先生為總幹事，湯絢章先生為副總幹事。三、校際公共政策研討會預定會議十六次，輪流在上述五個院校舉行。四、在校際公共政策研討會中，薛偉爾教授的講題包括：1.公共政策科學的發展，2.當代公共政策制定的問題，3.自然科學與公共政策，4.社會科學與公共政策，5.管理科學與公共政策，6.公共政策研究的若干難題，7.公共政策研究機構，8.政策制定的大眾化，9.教育政策，10.衛生及福利政策之制定，11.政策制定與工商業，12.政策制定與農業發展，13.公共政策與都市生活，14.運輸與通訊政策之制定，15.政策制定與環境，16.公共政策科學教育計劃。」（湯絢章，1994:187）首次研討會為一九七六年元月十五日，六月十一日為末次會議。呂亞力教授、鄭興弟教授以及筆者分別擔任這十六場研討會的即席翻譯人。湯教授嘗言：「由此當時使公共政策漸成為我國嶄新的學術。」（湯絢章，1994:189）

在此同時，教育部成立了一個課程研修小組，由臺灣大學張劍寒教授、政治大學華力進教授、中興大學湯絢章教授以及筆者（由張教授推薦加入）組織而成。這個小組經過幾次開會討論後，遂向教育部建議在國內大學相關科系增設一門公共政策課程，這項建議立刻獲得教育部採納。臺大、政大等校乃相繼開授公共政策（其實，臺大政治學系在此之前業已開授公共政策，並由筆者擔任授課教授），中興大學於一九七七年成立了公共行政暨政策研究所。該所首任所長湯教授相當自豪地說：「總而言之，引入此新的學術（指公共政策），已達到初步階段。」（湯絢章，1994:191）

眾所週知，今天，不僅國內各大專院校及其附屬機構，如臺大

推廣教育中心、政大公務人員教育中心等,皆廣開公共政策相關課程,我國各級政府亦經常舉辦各種公共政策在職訓練計畫。

一九七八年,有感於國內公共政策中文教材之缺乏,筆者乃將三、四年來在臺大教授公共政策所採用的講義加以整理,並交由三民書局出版《公共政策概論》一書。這是國內第一本中文的公共政策教科書。在序言中,筆者提到:「雖然近幾年來,公共政策在國內逐漸受到重視,但遺憾的是,迄今尚無一本理想的中文教科書。國內大學公共政策課程大多採用英文教材,對學生來說(尤其是英文閱讀能力較差的學生),這是一種相當沉重的負擔。筆者撰寫本書之目的就是想要彌補此一缺憾。」(朱志宏,1978:2)

四年後,一九八二年,筆者在國科會的贊助下,以訪問學人的身份,赴美國加州柏克萊大學公共政策研究所 (Graduate School of Public Policy, GSPP) 進修一年。這一年,筆者重做學生,認真旁聽,專心學習,收穫良多,深深覺得自己對公共政策有了更深刻的領悟。更重要的是,在這段期間,筆者結識了該所幾位著名的教授,如 Aaron Wildavsky、Arnold Meltsner、Eugene Bardach 等人。筆者和他們亦師亦友,時常請教,深獲啟發。尤其是魏雅儒(這是筆者為 Aaron Wildavsky 所取的中文名字,為他欣然接受),筆者更是以弟子之禮相待,經常聆請教誨,獲益至深。對筆者而言,柏克萊這一年的學習經驗,誠然彌足珍貴。

一九八三年秋回國後,除了繼續在臺大講授公共政策外,並在政大公務人員教育中心行政研究班、法制研究班以及市政建設規劃人才進修班開授政策分析、政策與立法等課程,使有機會得與我國中央政府與臺北市政府中、上階層官員,就公共政策實務方面的問題,經常討論,相互切磋,充分收到理論、實務互相驗證,以及教學相長的效果。這使筆者對於公共政策這門應用社會科學 (applied social science),有了更加深刻的瞭解與更為成熟的領悟。

一九八八年,三民書局董事長劉振強先生囑筆者改寫《公共政

策概論》一書，筆者欣然同意，在兼顧理論與實務之原則下，於一九九○年撰就《公共政策》一書。在那本書的序言中，筆者提到：「較諸十二年前出版的《公共政策概論》一書，本書在內涵上更為豐富，在境界上也更上層樓。」（朱志宏，1990:2）現在看來，用「在內涵上更為豐富，在境界上更上層樓」這兩句話，來形容累積了多年教學經驗而撰就的這本新書，可能更為恰當。經過如此漫長的一段歲月，筆者自忖，應該有資格發表所謂的「一家之言」了。

　　筆者認為，這本目前國內最新的公共政策教科書，應該是公共政策以及相關課程的最佳教材，而且也是參加國家考試同學的最佳讀物。

　　據悉，國家考試高考一、二級考試方式將有重大變革；未來，高考一級筆試部份，除專業科目外，將增加「方案規劃」與「問題處理」兩科。而高考二級考試科目除專業科目外，亦將增加「方案規劃」一科。本書對「問題處理」、「方案規劃」等相關問題著墨甚多，這是本書特色所在。

　　個人才疏學淺，疵病疏漏，在所難免，尚祈各位先進，不吝賜教是幸。

朱志宏

序於臺大法學院教員研究室

一九九九年　春

公共政策 目次

第八章　進行公共政策評估　155

第九章　掌握政策管理策略　175

第十章　政策分析的前景　191

第一章 公共政策的興起、現況與發展

第一節 公共政策的興起

　　自人類組織社會，成立政府之後，對於政府政治權力的運作以及政策措施的施行，即有各種分析、研究、批評及建議。在我國，如春秋、戰國時代各國的謀士、縱橫家，可說是最早的政策分析專家。而歷代所謂的「策」、「論」之類，亦屬於公共政策的著述。至於在西方，公共政策的研究則可追溯至西元前一千八百年巴比倫王國所制定的《漢摩拉比法典》(*The Code of Hammurabi*)。其後，有西元前四世紀以後所興起的「符號專家」(symbol specialist)，其以知識與經驗，利用神秘的、玄想的、辯證的方式，向統治者推薦政策方案，例如預測五穀種植季節以何時為適當、參與戰爭可能的結果如何等。印度孔雀王朝時的柯提雅 (Kautilya)、希臘的柏拉圖 (Plato) 與亞里斯多德 (Aristotle) 以及後來的馬基維利 (Machiavelli) 都是典型的「符號專家」。到了中古時代，西方尚有所謂的「職業政客」(professional politicians)，各為其主提供決策建議（魏鏞、朱志宏、詹中原、黃德福，1991:9）。

　　現代公共政策研究，當可追溯自十八世紀西方工業革命以來自然科學及理性主義的興起，而十九世紀後所興起的實證主義 (positivism) 更奠定了現代經驗科學以及社會科學突飛猛進的基礎。一九五一年拉斯維爾 (Harold D. Lasswell) 與冷納 (Daniel Lerner) 合編了一本《政策科學：範疇與方法的最近發展》(*The Policy Science: Recent Developments in Scope and Method*)，正式提出「政策科學」(policy science) 的概念，認為社會科學今後發展應以政策作為取向 (policy orientation)，以解決實際問題，實現人類的尊嚴 (human dignity) (Lasswell and Lerner, 1951:15)。其後即興起所謂的「政策科學運動」(policy science movement)。直到一九七〇年代，拉斯維爾再出版《政策科學的前瞻》(*A Preview of Policy Sciences*) 時 (Lasswell, 1971)，政策科學已蓬勃

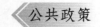

發展，儼然成為政治學研究的主流。史谷特與蕭爾 (R. A. Scott and A. R. Shore) 因而將拉斯維爾譽為「當代政策科學之創始人」 (The Modern-day Founder of Policy Science) (Scott and Shore, 1979)。

一九五一年拉斯維爾與冷納所發表的《政策科學：範疇與方法的最近發展》一書開啟了「政策科學運動」的序幕，經過後世學者的發揚光大，公共政策終於成為一門公認的獨立學科。論者指出，社會科學曾經歷經一場無聲的革命 (quiet revolution)，使公共政策研究取代了傳統社會科學研究，而成為當代社會科學不可忽視的典範 (Rivlin, 1971)。

令人遺憾的是，政策科學運動至今尚未形成一股整合的、統合的力量，不僅理論內涵方面呈現百家爭鳴的現象，方法論方面更是進入多元典範的時代，以至於今日，當我們驗收政策科學運動的成果之時，竟然無法清晰地描繪出政策科學的真實面貌 （丘昌泰，1995:1）。誠如布魯納 (Ronald D. Brunner) 所言，不同學科訓練背景的學者經常從各種不同觀點詮釋政策科學運動，言人人殊，以至於政策科學運動本身就成為一項難以釐清的「政策問題」(Brunner, 1991:65–98)。

第二節　政策科學、政策研究與政策分析

古爾特 (Philip Coulter) 曾經調查過美國政策研究機構之研究取向；他發現，不論在實質領域研究方面，或者在分析技術運用方面，研究人員的看法相當分歧。的確，政策科學的學生最大的困擾就是名詞運用的氾濫與理論內涵的分歧，緣因學者經常以不同的名詞指涉相同的理論意涵，或者以相同的名詞指涉不同的理論內涵（丘昌泰，1995:5）。

有鑑於此，吾人實有必要釐清政策科學 (policy science)、政策研究 (policy research) 與政策分析 (policy analysis) 等幾個重要概念。

政策科學的主體是政策科學家。政策科學家是獨立的研究人員；其在學術界從事自己感到興趣的政策問題；其可以自由選擇任何政策問題，加以研究；其可以廣泛地涉獵各種政策問題；且其研究主題未必是政策取向的，而

往往是學術理論的意義重於實際應用的價值。而相對的，作為政策分析主體的政策分析人員 (policy analysts) 則是專業的實務家，其在政府機關，基於職責所在，從事政策諮詢的工作；其常是在上司的指示下，針對特定的政策問題，加以分析；且其研究主題經常是實務取向與行動取向的 (Renolds, 1975:2–3; Hanushek, 1990:147)。

至於政策研究，則依據馬奇薩克 (Ann Majchrzak) 之見解，政策研究人員專注於探索基本的社會問題，俾其能為政策制定者 (policy-makers) 提供務實的、行動取向的政策建議 (Majchrzak, 1984:12)。具體言之，政策研究是以基本社會問題為其研究對象，所謂基本社會問題，乃是指與人民生活生計有密切關係的問題，如社會福利、環境污染、國民住宅等問題。再者，政策研究的成果具實用性，能夠用於解決或者緩和各種社會問題。

由此可知，政策研究和政策分析這兩個概念頗相近似，兩者皆具高度的行動取向特性。然而，兩者亦有其不同之處。政策分析人員比較重視技術問題的研究，而政策研究人員則比較重視基本社會問題的分析。政策分析人員由於擔任政府機關的政策諮詢的工作，其通常是顧客取向的，其時間架構亦較緊迫，且其尋求解決問題的答案更甚於追求嚴謹的理論或精密的知識 (Hanushek, 1990:147)。

第三節　政策分析的現況與發展

一九六〇年代末期、七〇年代初期，公共政策分析 (public policy analysis) 開始在美國受到重視。這門新興應用社會科學 (applied social science) 的宗旨在於提供適當的訓練，培養勝任的政策分析人員 (policy analysts)，俾其能善盡政策建議職責，幫助「顧客」(client) 解決各種公共政策難題 (particular public policy dilemmas)。就此而言，這門以解決公共問題為其主要取向的學科實是一門經世致用的實學。

公共政策分析這門專業 (professional) 學科肇始於美國。二次世界大戰結束之後，美國首先注意到世界各地面臨許多戰後亟待解決的經濟、社會、政

治問題,於是成立了許多外國區域研究中心,希冀透過提供政策建議的方式,試著瞭解這些問題,並且謀求解決之道。迨一九六〇年代後期,美國旋又發現美國國內亦存在許多迫切需要處理與解決的問題,諸如能源開發、環境保護、污染防治、衛生健保、社會福利、消費者保護等種種問題,這些問題若不加以正視,並且謀求妥善解決之道,則後果不堪設想。於是,在一九六〇年代後期,美國國內相繼成立了許多研究公共政策的機構,而美國幾所重要大學,如哈佛大學、耶魯大學、加州柏克萊大學等,也先後成立了公共政策研究所。

　　加州柏克萊大學公共政策教育的發展,頗具代表性,值得一提;其主要發展階段可以分為三個時期 (Wildavsky、Graymer、Trow, 1977):

1. 在一九六八年之前,加州柏克萊大學政治學系設有公共行政組,開授有關課程,頒授公共行政碩士學位。

2. 一九六八年到一九七一年屬於公共事務研究所時期;一九六八年,加州柏克萊大學成立公共事務研究所 —— 該校公共政策研究所 (Graduate School of Public Policy, GSPP) 的前身。早在一九六〇年代初期,莫謝爾 (Federick C. Mosher) 教授即主張在加州柏克萊大學增設公共事務研究所,其後此一觀念漸受重視,到了一九六八年,該校終於正式成立了公共事務研究所。公共事務研究所授業期限一年,頒授碩士學位。該所課程主要分為三類:(1)公共行政與公共政策之研究;(2)國際行政與比較行政之研究,以及(3)區域、都市公共事務之研究。公共事務研究所的學生可以在上述三類學科任選其一為主修,並且撰寫碩士論文。

3. 一九七一年,公共事務研究所轉型為公共政策研究所,授業期間亦延長,碩士班兩年、博士班二至四年,頒授公共政策碩士學位 (Master of Public Policy, MPP) 及博士學位。公共政策碩士學位為一專業學位,其與企管碩士學位 (Master of Business Administration, MBA) 的性質相同。

美國加州柏克萊大學公共政策研究所之授業重點在於政策分析，而其宗旨則在於培育、造就政策分析人員。該校公共政策研究所原擬命名為政策分析研究所，然而，惟恐「政策分析」會造成不必要的誤解，就如「心理分析」(psychoanalysis) 常被誤解一般，遂告作罷 (Wildavsky、Graymer、Trow, 1977:2)。但是，無論如何，加州柏克萊大學公共政策研究所極其重視政策分析，則至為明顯。具體言之，該所非常注重以下三點原則：

一、重視解決問題的能力

如前所述，創設公共政策研究所之主要目的在於培育、造就政策分析人員，俾提供其政策分析的技術與工具，並提升其分析問題與解決問題的能力。

在古代，公共政策是策論，是實學，其宗旨在經世致用濟民。公共政策的特質與宗旨至今未變。今天，這門新興應用社會科學的宗旨在於應用相關的知識與技術，妥善處理各種公共問題，希冀藉此創造並且增進全民福祉。論者指出，公共政策旨在依據所欲解決問題之目標、限制、情境等特性，逐一分析、評估各種備選方案，並且提出一個足以解決問題的最佳政策 (Nagel, 1984:1–2)。

由是以觀，公共政策的一個重點是處理、解決公共問題。對政策分析人員而言，為能善盡處理公共問題之職責，其必須具備一定的知識與技術。具體言之，為善盡職責，政策分析人員必須具備下述各種技能：

- 蒐集、分析相關政策資訊。
- 應用計量方法與成本效益分析。
- 應用經濟分析，並且處理「經濟抵換」(economic trade-offs) 與效率 (efficiency) 等相關問題。
- 洞悉官僚組織的特徵與行政行為的特性。
- 深諳政治過程運作之道，以及組織、政治因素對公共政策制定所可能造成的影響。
- 瞭解行政法等公法在公共政策發展與執行過程中所可能產生的作用。

- 提出擲地有聲、言之有物的政策報告。

基於上述，加州柏克萊大學公共政策研究所，為期該所學生皆能克盡厥職，善盡政策分析人員的職責，因此提供以下各種課程：

- 計量方法 (Quantitative Methods)、決策分析 (Decision Analysis)、統計學 (Statistics)。
- 公共政策分析經濟學 (Economics of Public Policy Analysis)。
- 公共政策分析政治與組織理論 (Political and Organizational Aspects of Public Policy Analysis)。
- 法律與公共政策 (Law and Public Policy)。

二、理論與實際相輔相成

政策分析貴在能夠實用、活用。政策分析人員應該懂得如何運用知識去改善社會現況。公共政策研究所的重點在於「實際介入的方法」(modes of intervention)。譬如，公共政策研究不應以講授組織理論或者個體經濟學原則為滿足，而應該教導學生如何將這些原理、原則應用到實際決策的制定。而有關這方面的訓練，則須在課堂上多做練習，尚須去做實地實習。

以加州柏克萊大學公共政策研究所為例，該所每一門必修課程，從第一個禮拜開始，即要求學生做各種練習，藉以訓練他們如何運用理論原則。抑有進者，為了提供學生活用知識及實地實習的機會，該所在第一年與第二年授業期間之間，還特別安排了一個暑假政策實習計畫 (summer policy internship)。該項實習計畫成果頗為豐碩。例如，有名的《奧克蘭計畫》(*The Oakland Project*) 即為該所師生利用暑期實習合作完成的一項研究。

三、重視實務經驗

公共政策研究所的教授對於政策分析應該具有豐富的實務經驗。基於這項認識，加州柏克萊大學公共政策研究所非常鼓勵該所教授利用休假機會，到公、私部門去從事政策分析實務性的工作，以期其教學與研究不至於與社

會實際問題發生脫節的現象。

　　由此可見，在美國公共政策的興起實肇因於公共問題亟待解決的迫切性。此外，其尚肇因於科際整合的要求與分析技術（方法）的進步。

　　首先就科際整合的要求而言，公共政策分析的興起代表學術界對各個學門整合的一種期望。自十九世紀末以來，學門間之「分化」(differentiation) 一直是科學發展的主要趨向，學門愈分愈細，而學者們對其學有專精的部門，深入鑽研，各自累積研究成果。然而，學門的「分化」亦造成知識的支離破碎，尤其當將知識應用到實際政策問題的解決時，更顯得力有不逮，左支右絀。於是，學術整合遂成為一股新的訴求，而公共政策研究即是這種訴求下的一個產物。公共政策分析要求以科際整合的方法與觀點，來探討政策問題，集合各方面的專家，包括物理、生物、工程、太空……等自然科學人員，及政治、社會、經濟、法律、心理……等社會科學人員，針對問題的各個層面，詳加分析、評估，俾提出具體可行的政策措施，以謀求問題的解決。其次，現代科學分析技術與方法的進步，促使公共政策分析研究的崛起，並且形成一卓然獨立的學門。諸如統計、分析理論的發展、作業研究 (operational research) 技術的精進、電腦資訊處理能力的提升，以及各種理論、模型建構形成，均是現代公共政策分析研究得以興起的緣因（魏鏞、朱志宏、詹中原、黃德福，1991:11–13）。

第二章　公共政策分析的基本概念

第一節　公共政策的意義

　　研究政策分析，自須先瞭解何謂「政策」？「政策」是一個相當複雜的概念，其可指一項「方案」(proposal)，或可指一項「正在進行中的計畫」(an ongoing program)，或可指「計畫的目標」(the goals of a program)，或可指「一項計畫對其所欲解決之社會問題所產生的影響」 (the impact of a program on the social problems that are its target) (Sharkansky, 1972:3)。「政策」 一詞的意義，有時相當廣泛，如美國外交政策，有時又甚為狹窄，如學校營養午餐政策。因此，澄清 「政策」 的意義，實為當務之急。 拉斯維爾 (Harold D. Lasswell) 和坎普蘭 (Abraham Kaplan) 兩位學者在他們一九五○年合著之《權力與社會》(*Power and Society*) 一書中曾指出：「政策乃係為某項目標、價值與實踐而設計之計畫。政策過程則包括各種認同、需求和期望之規劃、頒佈及執行。」 (Policy is a projected program of goals, values and practices; the policy process is the formulation, promulgation and application of identifications, needs and expectations.) (Lasswell and Kaplan, 1950:71) 拉斯維爾及坎普蘭兩位學者強調，政策必須是目標取向的 (goal-oriented)。

　　其他學者，如費德烈克 (Carl J. Friedrich) 和范戴克 (Vernon Van Dyke) 對政策的見解和拉、坎二氏頗為相同。費德烈克說：「政策概念的一個要件是：政策具備目標、 目的或宗旨 (goal, objective, or purpose)。」 (Friedrich, 1963:79) 范戴克認為，政策應包括三個要件：即目標；為達成該目標所做的計畫與策略與行動的規範與步驟；以及實際行動 (Van Dyke, 1968:27–28)。

　　蘭尼 (Austin Ranney) 在〈政策內涵之研究〉(The Study of Policy Content) 一文中，為「政策」下了一個周詳的定義 (Ranney, 1968:7)。依蘭尼之見解，政策概念實包含五種涵意:有一個或一組特定的目標;有一個擬定的方針──

為達到前述之目標而擬定一套特別的行動方針；有一條已經選定的行動路線——根據前項擬定的方針，選擇一條正確、可行的行動路線；意旨 (intent) 的宣佈——決策當局宣佈政策的意旨及執行的方法；以及意旨的執行。蘭尼認為，上述定義不但適用於社會上任何種類的政策，而當其適用於「公共」政策時則更具特殊的意義：公共政策從研擬到執行，皆在伊斯頓所謂之政治系統中的當局 (authorities) 中進行。

伊斯頓 (David Easton) 認為，公共政策是政府對社會上的價值所做的權威性的分配 (authoritative allocation of values) (Easton, 1953:125–141)。此處所謂的「價值」係指社會上一般人認為有價值，想得到的有形或無形的東西，如權力 (power)、財富 (wealth)、技能 (skill)、知識 (knowledge)、安全 (security) 與聲譽 (prestige) 等。所謂「權威性的分配」，是指政治系統 (political system) 經由決策制定過程將上述各種價值分配於系統內的成員。由於上述諸價值皆具有稀少之特性，非人人皆能得到，即使得到，也未必一定滿足，故政治系統於分配價值時，對某些成員的報酬 (rewards) 難免造成對其他成員的剝奪 (deprivation)。其次，政府所做的價值分配恆具強制性，拒絕接受者，便會遭受懲罰。再次，政府所做的價值分配具概括性，而其他次級系統所做的價值分配則未必如此。其他社會系統，如家庭、教會、學校等，皆作決定，然而家庭系統之決定僅影響到家庭內之成員，教會系統之決定只影響到教會之成員，而學校系統亦然。惟有政治系統所做價值分配的決定始影響到政治系統內所有的次級系統 (subsystem)，包括家庭、教會，和學校等在內。

在《瞭解公共政策》(Understanding Public Policy) 一書中，戴氏 (Thomas Dye) 為公共政策下了一個簡明的定義；他說：「凡是政府選擇要做的或者不要做的決定，即是公共政策。」(Public policy is what the government chooses to do or not to do.) (Dye, 1978:3) 戴氏對公共政策所下的定義有兩點值得我們注意。第一，惟有政府始具備做權威性價值分配的能力，而且惟有政府選擇要做或者不要做的決定始會影響到整個社會。戴氏對公共政策所下的定義與

伊斯頓的定義有一共同之處：兩位學者皆明白指出，公共政策是政府制定的政策。其次，戴氏認為，政策未必具有目標，亦即未必是目標取向的。他告訴我們，我們觀察所及的，僅是政府作為或不作為的事實，至於政府的一項措施，是否的確具有目標，往往無法確知。我們只能假定，當政府採取某種行動時，該項行動是具有目標的。一個適當的公共政策的概念，應能涵蓋政府的一切作為：政府的行動固然對社會可能產生重大的影響，而針對某一特定政策問題時，政府拒絕採取行動，其對社會亦可能產生重大的影響。有鑑於此，戴氏對公共政策所下的定義：公共政策是政府選擇要做或者不要做的決定，堪稱允當。

夏坎斯基 (Ira Sharkansky) 認為：「政府的重要活動即為公共政策。」(the important activities of the government) (Sharkansky, 1972:3) 依彼見解，公共政策係指牽涉到動員大批人力與龐大資源的政府決策，或關係到許多人利益的政府決策。他又指出，政策制定過程包括規劃 (formulation)、同意 (approval) 和執行 (implementation) 三個階段。同時，參與決策制定過程者，除行政人員外，尚包括許多與此政策有利害關係的成員，諸如政府其他部門（如立法、司法部門）的官員、公民、利益團體、政黨，甚至於外國有關人士等。一個政策的制定，常係由上述各類參與者的交互影響，盱衡各方意見所產生的結果。

由公共問題推演到公共政策，其間的過程相當複雜。鍾斯 (Charles O. Jones) 所提出的過程分析，是以問題的產生到問題的解決為其中心，並與政府的作為互相配合，因之，他將公共政策的制定分為若干階段：

1. 問題進入政府 (problem to government)：認知 (perception)、定義 (definition)、匯集與組織 (aggregation/organization)、代表 (representation)。

2. 政府的行動 (action in government)：政策規劃 (formulation)、合法化 (legitimation)。

3. 政府對付問題 (government to problem)：應用與行政

(application/administration)。

4. 政策對政府的影響 (policy to government)：反應 (reaction)、評估與評價 (evalution/appraisal)。

5. 解決問題或改變 (problem resolution or change)：解決或終結 (resolution/termination)。

這幾個階段，很清楚地列出問題如何為人們所認知，一直到問題獲得解決或改弦易轍的過程。

綜而言之，公共政策應該包含下述五個條件：

1. 公共政策是由政治系統「當局」(authorities) 所制定；政府當局所制定的政策具有概括性及強制性。

2. 公共政策是政府具有目標取向的活動；公共政策的目標在謀求公共問題的解決，俾增進全體民眾的福祉。

3. 公共政策涵蓋政府的作為與不作為。政府的作為固然構成政策，而其不作為對社會亦可能產生重大的影響，所以不容忽視。

4. 公共政策是指政府的重要活動，即動員大批人力與龐大資源，並可能影響到大多數人利益的政府活動。

5. 公共政策的制定是一個包涵若干階段的過程。

第二節　公共問題的意義

依鍾斯之見解，所謂「問題」，指的就是「產生某些人類的需求、挫折或不滿足感，由本人或他人所認定，而欲謀求一種解決的辦法。」(Jones, 1977:17) 例如，收入偏低、一屋難求、空氣和用水遭到污染、食物不潔、外國政府的某項行動（如要求他國政府與國人採取保護稀有動物、禁絕仿冒、降低關稅壁壘等措施），凡此種種皆會為我們帶來焦慮與緊張，或者讓我們感到有一種匱乏感，乃至於促使我們尋求解決或補救的辦法。值得注意的是，我們所面臨的問題，林林總總，不一而足，而唯有驅使我們採取行動的問題，才構成「問題」。如果低收入的個人或團體安於現況，而不採取任何改善其情

況的行動，則根據上述，並不構成所謂的「問題」。只有當某種需求、挫折或不滿足感為我們帶來了高度的焦慮、緊張或匱乏感，而且促使積極尋找解決或補救的辦法，此時，才有「問題」的存在。而且，需求、挫折或不滿足感，有時係由當事人所察覺、認定，有時則係由他人所察覺、認定。行政首長、民意代表、甚至高級黨工常常會主動地走到民間，藉以瞭解民間疾苦；在他們發現民間疾苦後，往往會針對特定問題，制定政策，以期解決問題。

　　何謂「公共問題」呢？一般人都會同意，張三所駕駛的汽車，汽油無著，這是張三私人的問題，而不是「公共問題」。然而，汽油普遍發生短缺的現象，這就是一個「公共問題」了。杜威 (John Dewey) 曾說：「人們的行為，對他人會造成一些後果，有些後果能被認知，由認知而導致控制人類行為的措施。人們行為的後果可分為兩類：一類對參與行為的互動者有直接的影響，另一類則是除了對參與互動者有所影響之外，尚影響到其他人，我們可以因此區別公共問題與私人問題。」(Dewey, 1927:12, 15–16) 杜威的這番話，對我們應該如何區別公共問題或私人問題，很有啟示作用。「公共問題」也，即是產生普遍效果 (broad effect) 的問題，其影響所及，及於參與互動者以外之人。茲再舉一例加以說明：如果張三對於現行稅法加諸於其身上的負擔，感到異常沉重，而心生不滿，此時，張三可以個人的行動，尋求一個對他有利的行政裁決，以減輕其賦稅負擔。張三亦可以就其過重的負擔，訴諸於民意代表，請民意代表為其向相關機關提出申訴。在這種情況，張三的問題基本上還是私人問題。然而，倘若張三將其問題公諸於世，並呼籲和他處境相同者，共同謀求一個改善他們處境的辦法，甚或掀起一場鼓吹修改稅法以減輕人民賦稅負擔的運動，或者共同向民意代表提出要求，修改相關的法令規章，以減輕人民的賦稅負擔。在這種情況，許多人直接或間接的被牽涉到賦稅負擔過重的問題，「公共問題」於焉產生。

　　尚值得一提者是，在討論「公共問題」時，以下兩點值得我們注意：不同的團體對公共問題的認知可能有所區別，而且對用什麼辦法來解決問題，其認知、看法也可能各不相同。此其一。公共問題常肇因於高度相關的事件，

它們彼此之間存在著一種高度的相關性，例如，所謂的教育問題，其實涵蓋了教學方法、學生素質、教師薪水、教室、實驗室、圖書館等硬體設備，甚至人口迅速成長，賦稅制度有欠健全等種種問題 (Jones, 1970:20)。對上述公共問題這兩個特性的瞭解，有助於我們解決公共問題。此其二。

第三節　政策分析的意義

何謂「政策分析」，學者意見不盡相同。唐恩 (William N. Dunn) 認為：「政策分析係一門應用社會科學，其利用各種研究方法與辯論，產生並轉化與政策相關的資訊，以謀求政策問題的解決。」(Policy analysis is an applied social science dicipline which uses multiple methods of inquiry and argument to produce and transform policy-relevant information that may be utilized in political settings to resolve policy problems.) (Dunn, 1981:IX) 唐恩為「政策分析」所下的定義甚受重視，但是根據威瑪 (David L. Weimer) 與范寧 (Aidan R. Vining) 兩位學者的看法，唐恩對「政策分析」所下定義的缺點在於他忽視了「顧客取向」(client orientation) 的問題。班恩 (Robert Behn) 更直接了當的說：「假如你沒有顧客，那麼你就不是在做政策分析的工作。」(If you do not have a client, you are not doing policy analysts.) 他進而指出：「政策分析人員的工作就是在幫助顧客解決特定的公共政策難題。」(Policy analysts are in the business of helping their clients resolve particular public policy dilemmas.) (Behn, 1982:428) 威瑪和范寧的見解與班恩非常近似，他們認為：「政策分析是顧客取向的建議，此種建議與公共決策有關，並且考量社會價值問題。」(Policy analysis is client-orientated advice relevant to public decisions and informed by social values.) (Weimer and Vining, 1992:2)

綜合班恩、威瑪與范寧的見解，我們得到三點結論：「政策分析」乃是「顧客取向」的，沒有顧客，就沒有政策分析可言。此其一。「政策分析」與「公共決策」有關，其宗旨在於謀求緩和或解決公共問題。此其二。「政策分析」應考慮「社會價值」的問題。此其三。

　　我們知道,「私人部門」(民間企業)與「公共部門」(政府機關)都在做政策分析的工作,而我們所關注的焦點,是公共部門政策分析的活動。在公共部門,「顧客」是指在官僚機構 (bureaucracy) 中擁有決策權的官員,而所謂的 「政策分析人員」, 指的就是他們的政策幕僚。梅爾茲納 (Arnold Meltsner) 指出:分析就是提供建議 (advice),「政策分析人員」就是「顧問」(adviser), 政策分析人員的工作是:「提供與政策抉擇後果有關的資訊」 (to provide information about the consequences of choosing different policies) (Meltsner, 1976:1)。在官僚機構,政策分析人員所扮演的角色,就是幕僚顧問的角色 (staff advisory role)。 這也就是懷特 (Leonard D. White) 所謂的 「幕僚」,根據懷特的看法,幕僚的工作就是「研究行政問題、計畫、諮議、觀察……,其任務就是在提供建議」。不過,根據梅爾茲納的見解,懷特所謂的「幕僚」與「政策分析人員」有一點是不同的:即後者常具備前者所缺乏的「計量技術」(quantitative techniques) 的能力。

第四節　政策分析的特質

一、技術與藝術兼籌並顧

　　政策分析——即研擬政策方案 ,以解決公共問題 ,通常含有 「行動」(action) 與「改變」(change) 雙重意義。艾德爾 (John Adair) 曾說:「妥善的政策分析能使我們原本一成不變的生活,發生戲劇性的改變。」 (Adair, 1985) 杜凱吉斯 (Micheal Dukakis) 亦曾說 :「妥善的政策分析能使世界變得更完美。」 蔡斯與瑞微兒 (Gordon Chase and Elizabeth C. Reveal) 兩位學者則從現實的觀點來檢視政策分析的意義,他們指出:「政策分析人員的任務,乃在處理公眾事務,並透過規劃工作,使這些事務能處理的更為完美。」(Chase and Reveal, 1983:5)

　　根據美國加州柏克萊大學公共政策研究所魏雅儒 (Aaron Wil-davsky) 教授的見解,政策分析既是一門「技術」(craft),也是一種「藝術」(art)。他寫

了一本書，書名就稱作：《面對權貴，直言不諱：政策分析的技術與藝術》(*Speaking Truth to Power: The Art and Craft of Policy Analysis*) (Wildavsky, 1979)。該所另一位教授巴戴克 (Eugene Bardach) 亦說，政策分析實則涵蓋下列三種活動：「分析」 (analysis)、「管理」 (management) 和 「行銷」 (marketing) (Bardach, 1972)。「分析」是技術的問題，而「管理」與「行銷」則原則上都是藝術問題。這種對政策分析 「持平的觀點」(balanced views)，非常值得我們重視，緣因它說明了政策分析不僅是技術問題，尚須講究政治藝術。

我們認為，政策分析兼具技術與藝術兩種特質。就政策分析是一門技術而言，政策分析人員在處理複雜的社會問題時，必須具備必要的分析技巧，例如作業研究 (operations research)、應用個體經濟學、應用計量經濟學等等。就政策分析是一門講究 「人際關係藝術」 (a people art) 這個觀點而言，政策分析人員對外負有調和鼎鼐的任務（其對象包括：民意代表、新聞記者、抗議團體、一般民眾等等），對內負有折衝協調的職責（其對象包括：長官、部屬，及其他機關的首長等等）。蔡斯與瑞微兒指出，政策分析人員，若欲使其任務順利達成，則其必須具備四種條件：善用各種人際關係，俾化阻力為助力；預見問題的發生，未雨綢繆，以收制敵機先之實效；有效鼓吹其政治理念；廣泛獲得同僚的尊重與支持 (Chase and Reveal, 1983:16)。

此外，爭取政策利害關係人，乃至於一般民眾對特定政策方案的支持與合作，也是政策分析人員一項重要的任務。就此而言，政策分析人員必須具備以下幾種條件：清晰的判斷力、靈敏的應變力，以及無私的奉獻精神。唯有如此，政策分析人員才能審慎處理涉及到廣大民眾利益的事件，調和各種對立的訴求，並且提高民眾的生活品質。

如前所述，美國著名公共政策研究所，如：加州柏克萊大學公共政策研究所 (Graduate School of Public Policy)、 哈佛大學甘迺迪政府學院 (Kennedy School of Government) 等，他們就是基於這種認識而安排他們課程的。以加州柏克萊大學公共政策研究所為例：為了加強學生政策分析技術方面的訓練，

他們開設了「經濟理論」(The Economics of Public Policy Analysis)，「計量方法」(Quantitative Methods) 等課程。另外，為了加強學生政策分析政治方面的訓練，他們開設了諸如：「政治與組織分析」 (Political and Organizational Aspects of Public Policy Analysis) 等課程。

　　政策分析的兩個最高原則是：效率 (efficiency) 與公平 (equality)。為了達到效率的原則，經濟理論實乃不可或缺。分析實則包涵了「診斷」(diagnosis) 與「處方」(prescription) 兩項主要活動。在「診斷」階段，我們的主要工作是：界定問題；確立政策目標；確定標的團體。在「處方」階段，我們的主要工作則是，提出並且比較各項政策方案。比較政策方案是政策分析一項重要的活動。為了解決某一特定公共問題，政策分析人員在經過研究以後，往往會提出不衹一個備選方案 (alternatives)，在許多備選方案中，究竟應該如何取捨，這是政策分析關鍵性的問題。在取捨之前，必須建立取捨的標準。就效率而言，其標準為資源分配是否符合效率的原則，各備選方案對收入分配 (income distribution) 可能產生何種影響。凡此皆需經濟理論的幫助。

　　統計學 (statistics) 與計量經濟學 (econometrics) 對政策分析也非常重要：在政策分析階段，政策分析人員要能應用統計和計量經濟學等方法，來分析政策相關的資料 (data)；要會做意見調查；並且要有能力分析和解釋調查所得結果。由於現在資料分析多借助於電腦，所以政策分析人員還要會電腦操作，至少要有操作電腦的知識。

　　試問：組織分析與政治分析在政策分析中的重要性如何？政策分析可以被看作是一種生產活動 (production activity)，它與生產肥皂其實並無二致。首先，我們要得到機關首長以及機關內相關單位如：會計、總務、人事單位的同意與合作，決定生產製造某種香皂（這是政治或藝術問題）。作了這個決定之後，我們就用最好、最新的技術去從事肥皂生產的工作（這是技術問題）。肥皂做出來以後，我們不能以此為滿足，還要設法透過高明的管理和行銷技術，去打開市場，讓廣大的消費者願意花錢來買我們生產的肥皂（這是藝術問題）。市場打開了，廣大的消費者爭相搶購，利潤滾滾而來。此時，才算功

德圓滿、大功告成 (Stokes, 1986:45–55)。

　　從上述我們得知，政策分析和企業生產，並無太大區別：要把工作做好，一則要重視技術，另則要講究藝術。當然，由於政策分析牽涉到公共部門 (public sector) 的許多問題，其要比企業生產複雜許多。

　　整個政策過程中的活動：釐清政策問題、研擬政策方案、評估各政策方案的可行性、爭取對最適方案的支持，乃至於確保政策得以順利執行、評估政策對社會現狀所產生的效果 (effect)，凡此種種活動，都不是在真空狀態進行的，而它有一個工作網絡——官僚機構與政治環境。因此，政策分析人員對官僚機構和政治環境的瞭解就變得非常重要。

　　前曾述及，政策分析就是界定問題，並且提出對策。政府對政策問題要能迎刃而解，除了要講究技術條件，重視分析工作（技術層面的問題），還要能對內調和鼎鼐（組織分析的問題），以及對外折衝協調（政治分析的問題）。

　　先講對內調和鼎鼐的問題，也就是組織分析的問題。其間所牽涉到的問題是如何與長官、同事、部屬與人事、會計、總務等「太上機關」(overhead agencies) 維持一種良好的工作關係。就與長官的關係而言，我們要能秉承長官的意思，研究政策問題，提出政策方案，推動政策執行；這些工作都要做好，如此才能得到長官之信任與重用，才能在官僚機構裡，一帆風順，平步青雲，也唯有如此才能實現自己的政策理想與政治抱負。須知，跟長官關係的好壞，決定一個人在官僚機構的成敗。對於同僚，我們要能與之合作，如此做事才能事半功倍。對於部屬，我們要知「水能載舟，亦能覆舟」的道理；須知長官的權力與權威是有限的，部屬有各種抵制長官的方法，如：怠工、破壞、陰違陽奉等。有了部屬的支持，甚至部屬願為你赴湯蹈火，你才能駕輕就熟，無往而不利了。對於官僚機構主管人事、會計、出納、總務等「太上機關」（特別是這些單位的主管），一定不能與之對立、衝突；否則動輒捉襟見肘，窘態畢露，終致一事無成。與長官、部屬、同僚，及「太上機關」透過溝通、協調建立良好的工作關係，增加助力，減少阻力，這在政策過程中極其重要。

就對外折衝協調而言，其對象包括：民意代表、社區居民、利益團體、大眾傳播媒體等，其方法則有：尊重民意、建立共識、建立「贏的聯盟」等。

二、理性思考與社會互動兼容並蓄

任何人都不能預知政策付諸執行後所可能產生的結果；在以民意為主的社會，任何人都不能憑其權威，逼人就範。因此，我們不應有「任何事情由一人作成決策即可，而不必考慮他人意見」的觀念；我們也不相信，真有所謂「正確答案」及「正確政策」的存在。在決策過程中，政策分析人員應將民眾的意願，視為探測社會需求的指標。誠如，達爾 (Robert A. Dahl) 所言：「民主最重要的特徵就是，政府能夠持續回應民眾的偏好。」(Dahl, 1971:1–2) 至於「政府應該如何回應民眾偏好？」賽茲尼克 (Philip Selznick) 的意見可以作為我們的參考。他說：「政策分析人員應適時調整政策目標與政治手段，俾反映民眾的需求，並作成符合民意的決策。」(Selznick, 1984:150)

決策模式要可分為二類：一以「理性思考」為主，另以「社會互動」為主；前者對人的理性思考能力，抱持比較樂觀的看法，後者對人的理性思考能力，則比較悲觀。林伯隆 (Charles E. Lindblom) 指出，若要我們在這兩種決策模式中選擇一種，則我們寧願選擇後者。他說：「如果依據理性思考，並不能找到正確的解決辦法，則該如何制定政策與法令？或許有人會說，可依據猜測或經驗法則來解決之。但更高明的做法則是，用社會互動來謀求解決。以下二個例子可加以說明：

其一、假設一個由三人組成的小團體，正在決定到某家餐廳去吃飯。按照第一種模式，則該團體可依互動過程作成決定。例如，他們可以表決的方式作成決定；或者依合議，選定三人第一次見面的餐廳，作為聚餐地點，或依辯論、談判的方式，找出三人都能接受的方案。

其二、假設一個團體正在討論分配財源的問題。按照第一種模式，該團體的領導者會先分析問題，然後從中找出正確的解決方案。按照第二種模式，則該團體會透過某種互動過程，作出決定。例如，透過市場運作，來解決問

題。」(Lindblom, 1977:253)

　　若將上述林伯隆所言之第二種模式（互動模式）應用到政府決策上去，則政策分析人員應依政治手段，來解決利益衝突問題。所謂「政治手段」，指的就是廣徵民意、達成共識、建立贏的聯盟等協調人際關係的技巧。政策分析人員的主要任務，便是運用這些技巧，以便作出大致上能夠令人滿意，而且在某種程度可以解決問題的政策。

　　在高度政治化的多元社會，政策分析人員若欲使其工作順利進行，應先建立「多問、多聽、少下命令」的觀念。「多問」是指，建立表決與協商這類制度，以利民眾自由表達意見。「多聽」是指，設立民意調查之類的機構，以確切掌握民意動向，雷玲 (Alice Rivlin) 指出：深入瞭解民意有助於洞悉問題之癥結，並能夠據此制定出一個合理的解決方案 (Rivlin, 1971)。

　　至於作成決策的策略，林伯隆提出了所謂的「漸進主義」(incrementalism)。他說：「決策者最常用的策略是，按照循序漸進的方式，作成決策，並設法使政策目標與政治手段緊密配合。在此種策略下，決策者對於政策制定的過程，政策缺失彌補的辦法，以及政策目標與政治手段的重新評估，均甚為關心，但對於政策本身的正確性，以及政策所欲達成的目標，則不甚熱衷。」他並且指出，「在多元政治國家，決策者都是利用這種循序漸進、適時調整的策略作成決策，沒有例外。」(Lindblom, 1977:317)

　　雖然經由社會互動所形成的公共政策，仍然可能出現某種缺失，但它們究竟要比經由理性思考所形成的政策方案，更容易被民眾所接受。就此而言，社會互動決策模式實比理性思考優越。

　　一般人都以為「解決問題，需要理性思考」。他們期待，政策分析人員都必須具備理性思考的能力。艾德爾 (John Adair) 指出：「在分析的理論上，理性決策者的特徵在於，他能依據邏輯推演的結果，作成決策。」他並指出：「理性決策者進行決策的第一步是，界定問題。然後，他會檢視所有相關的資料，評估所有合理的備選方案，並作成決策。抑有進者，該項決策必須在最適當的時機作成，且須是所有備選方案中最好的解決方案。至於決策人員

是否徵詢其幕僚的意見，則視其作風而定；有些人會與其幕僚共同研究，有些人則從不與其幕僚磋商。」(Adair, 1985:4)

　　理性分析必須具備一些條件，如：完善的政府結構、正確可靠的資訊、暢通無阻的管道、決策者具備權衡各種變數之能力等等。然而，證諸實際，沒有任何一個決策體系能全部掌握這些條件。因此，儘管理性分析在邏輯分析上近乎完美，但在實際運用上，卻幾乎不可能。

　　魏雅儒指出，如果政策分析人員完全依據理性思考（邏輯分析），進行政策分析，則該項政策，必然會偏離事實。尼科萊斯 (Nicholas Nicholaids) 曾對三百三十二項政府決策進行研究。他發現，這些決策，沒有一項是經由理性思考而作成的，反而都是經由社會互動而作成的。而且，這些政策很少是最佳方案，而多是大致上令人滿意，而且某種程度上可以解決問題的次佳方案。

　　我們是否因此可以推論，理性思考可完全（或部份）被社會互動所取代？答案當然是否定的。其誠如林伯隆所言，研究、思考與科學仍應被小心呵護 (Lindblom, 1977:259–260)。雷玲 (Rivlin) 亦曾表示：「理性思考在政策分析中，確實扮演著相當重要的角色。原因有二：是它幫助政策分析人員深入分析現存制度的缺失，並提出新的解決辦法。此其一。是它能幫助政策分析人員，從成本、效益的觀點，比較各類政策選項，並作成理性的評估。此其二。」(Rivlin, 1971:31–32)

第三章　政策分析人員的角色類型與道德才能

第一節　政策分析人員的角色類型

　　拉斯維爾 (Harold Lasswell) 早在一九五一年即曾論及政策分析人員 (policy analyst) 的功能，並謂其係從事「人類根本問題」(fundamental problems of man in society) 研究，而非研究「時下流行問題」(topical issues of the moment) 之專家 (Lasswell and Lerner, 1951:8)。卓爾 (Yehzekel Dror) 在一九六七年發表的〈政策分析：公務中一項新的專業角色〉(Policy Analysis: A New Professional Role in Government Service) 一文中，對政策分析人員的功能與角色亦有所闡述 (Dror, 1967:197–203)。而在諸學者中，要以梅爾茲納、威瑪與范寧對政策分析人員功能與角色所做的討論，最值得我們重視。

　　前曾述及，梅爾茲納認為，政策分析人員的工作即在「提供與政策抉擇後果有關的資訊」。他認為，政策分析就是提供建議 (advice)，而政策分析人員就是顧問 (adviser)，其在官僚機構中，扮演幕僚顧問的角色。此與懷特對幕僚的看法頗相近似。懷特認為，幕僚的工作就是「研究行政問題、計畫、諮議、觀察，但不採取行動⋯⋯其工作是在提供建議」(White, 1939:42)。

　　我們應從功能的角度，來認定政策分析人員。行政人員的職稱、頭銜儘管不同，但是，只要他們的工作是在為政策抉擇提供相關的資訊，他們就是政策分析人員。辛德勒 (Allan P. Sindler) 在論及如何區分顧問與政策分析人員時謂：「計畫分析人員、作業研究人員 (operations researcher)、管理分析人員，由於他們的主要工作都是在蒐集、處理、分析與政策抉擇相關的資訊，因此都可以被視為政策分析人員。」

　　許多從事行政學研究的學者都曾根據某種標準，如行政人員在組織裡的行為、行政人員的「事業型態」(career type) 等，將行政人員加以分類，並進

而研究其角色行為。舉例言之，湯普遜 (Victor A. Thompson) 將行政人員分為：專家 (specialists) 與官僚 (bureaucrats) 兩類，前者對組織貢獻很大，且其在組織中的地位有愈形重要的趨勢，而後者則是組織裡的寄生蟲 (parasites)，這類人成事不足，敗事有餘，其擅長利用各種方法來掩飾自己的無知與無能，藉以苟延殘喘 (Thompson, 1961)。唐斯 (Anthony Downs) 則將行政人員分為：「行動家」(zealots)、「鼓吹家」(advocates) 以及「政治家」(statesmen) 三類。第一類行政人員是「打天下」者，而非「治天下」者；他們對組織的草創，貢獻厥偉，但卻欠缺行政管理的能力。在三類行政人員當中，要以「行動家」眼光最為短視、見識亦最為淺薄；他們的政策觀念相當狹隘，其所提出的政策，常是為滿足一己的私欲。「鼓吹家」對組織極為效忠且其政策觀念較為開明，常能提出符合組織利益的政策。「政治家」這類行政人員最為少見，他們高瞻遠矚、眼光遠大、胸襟開闊、大公無私。在制定政策時，他們能夠超越私利，甚至組織利益，而從整體社會利益著眼 (Downs, 1967)。馬維克 (Dwaine Marvick) 則根據行政人員的「事業型態」，而將其分為三類：「組織型」(institutionalists)、「專家型」(specialists) 以及「混合型」(hybrids) 三種行政人員。第一類行政人員是「組織取向」(place-oriented) 的，效忠組織，友愛同僚，滿意現狀；他們極其熱衷於個人在組織內名利的追逐。「組織型」與「專家型」兩種行政人員形成明顯的對比。前者是「組織取向」的，後者則是「工作取向」(task-oriented) 的；前者是「通才」(generalists)，在組織裡通常占據一般性的管理職位 (generalized managenial slots)，而後者顧名思義皆為「專才」，具備律師、科學家、工程師、會計師等專業訓練背景。「專家型」行政人員最大的願望，就是爭取從事獨立研究的自由與機會，俾使其專長得以充分發揮，至於個人名利，則視為身外物，對之興趣闕如。「混合型」的行政人員亦稱「政治化的專家」(politicized experts)，他們兼具上述兩者的特徵，一方面重視爭取研究的機會，以期一展長才；而另一方面則汲汲於名利的追求 (Marvick, 1954)。

　　以上是行政學學者對行政人員所做分類的概況。

在政策分析人員方面，梅爾茲納、威瑪與范寧等學者所建構的類型，特別值得我們重視。梅爾茲納根據分析技術 (analytical skill) 與政治技術 (political skill) 這兩個指標，將政策分析人員分為下述三種類型：「技術家」(technicuals) 型的政策分析人員，這類人員的分析技術能力較強，政治技術則較弱；「政客」(politicians) 型的政策分析人員，這類人員的政治技術較強，分析技術則較弱；「企業家」(entrepreneurs) 型的政策分析人員，這類人員的分析技術與政治技術均強。

梅爾茲納所謂之「技術家」型的政策分析人員與湯普遜與馬維克等學者所謂的「專家」頗相類似，其所謂之「政客」型的政策分析人員則與湯普遜所謂之「官僚」、馬維克所謂之「混合型」的行政人員頗相近似，而其所稱之「企業家」型的政策分析人員則兼具馬維克分類中「專家型」與「混合型」行政人員兩者的特質。

茲將梅爾茲納對政策分析人員所做的分類詳述如下：

一、「技術家」型的政策分析人員

這類政策分析人員是行政機關裡的學者，是行政機關的知識分子 (intellectuals)。他們常將自己編織在一個為電腦、模式、統計迴歸所層層保護下的蠶蛹裡。他們自喻為「工程師」、「科學家」，自認為其主要任務是從事政策研究。他們是「政治性最薄弱的政策分析人員」；他們認為政治不僅是一種非理性的「推銷術」(selling)，甚且是理性政策制定的障礙。「技術家」型的政策分析人員主張把分析 (analysis) 與政治 (politics) 分開，並且強調其所追求者為「最佳政策」，而非「最受歡迎的政策」。由於他們缺乏政治技術，並且對政治的瞭解又相當有限，所以在他們所作的政策分析中，時常忽略政治層面的因素。

二、「政客」型的政策分析人員

這類政策分析人員通常是擅長於運用政治技術的「通才」。他們與前述

「技術家」型的政策分析人員在許多方面皆成明顯的對比。例如,「技術家」型的政策分析人員,對名利看得很輕;「政客」型的政策分析人員,則汲汲於名利的追逐。又如,前者非常重視政策分析的品質,而後者卻有一種「反分析的偏差」(anti-analytical bias)。不過,「政客」型的政策分析人員洞悉政策過程中種種微妙的政治因素,且熱衷於政策的推銷;其所追求者為「最受歡迎的政策」,而非「最佳政策」。他們重視與「顧客」(clients) 維持一種良好的工作關係,並且深悉博得「顧客」青睞、贏得其信任的訣竅。

三、「企業家」型的政策分析人員

這類政策分析人員兼具前述兩種政策分析人員的特徵。他們一方面深切瞭解「數字」的奧妙;另一方面又擅長為人處世之道。他們秉持中道的原則,觀念相當持平:一方面重視政策分析的品質(此點與「技術家」型的政策分析人員相同),另一方面又重視如何爭取「顧客」的信任,並且深刻瞭解推銷政策之道(此點則與「政客」型的政策分析人員相同)。他們兼顧「分配公平」與「政策效率」的原則,並且兼顧政策分析的近程需要與遠程影響。他們深知,政治因素常是構成政策分析的障礙,關鍵在於,如何化解政治阻力為助力。在他們看來,一項好的政策分析,實應兼具客觀、實用兩種標準。「企業家」型的政策分析人員,將專業精神與實用主義融會於一身 (Meltsner, 1976:18-38)。

其他從事政策研究的學者,亦很重視政策分析人員的 「企業家精神」(entrepreneurship)。例如,任教於加州柏克萊大學公共政策研究所的巴戴克 (Eugene Bardach) 教授,在其所著 《政治上的技術因素》 (*Skill Factors in Politics*) 一書中,對所謂的「企業家精神」作過相當精闢的分析。巴戴克認為,「企業家」型的政策分析人員應具備分析、市場與管理的能力 (analysis, marketing and management capabilities)。一個「企業家」型的政策分析人員必須具備優異的政策分析能力,此固不待言。除此之外,他尚須具有爭取「顧客」、社會菁英分子(如民意代表),乃至於一般社會大眾支持其所提政策建

議的能力，且有推銷政策的能力。此實有賴政策分析人員事先做好市場調查的工作，仔細分析社會一般對其所提政策建議支持與反對的情形，並且做好管理（分工、協調）的工作，一方面將原本鬆散支持的力量加以凝聚，另一方面設法將阻力減至最低程度，如此逐步將一個鬆弛的聯盟變成一個高度整合的部隊 (well-integrated cadre) (Bardach, 1972:241–264)。

　　威瑪與范寧兩位學者繼承其老師梅爾茲納的志趣，並加以發揚光大。他們將政策分析人員分為以下三種類型：「客觀的技術家」 (objective technician)、「顧客擁護者」 (client's advocate) 和 「議題倡導者」 (issue advocate)。

表 3–1　政策分析人員的基本價值

類型＼立場不同	1.分析的周延性	2.對顧客責任	3.對個人美好社會觀念的執著
客觀的技術家	1.重視分析的周延性 2.分析重點在於預測政策方案的後果	顧客是「必要的惡」(necessary evils)。他們的政策前途屬於次要的問題。與顧客應保持距離。儘可能選擇機構作為服務的對象	必須說明相關的價值問題。至於在各種價值之間如何取捨，則由顧客自己決定
顧客擁護者	認為政策分析很少出現具體的結果。因此，利用這種模稜兩可的機會來鼓吹顧客的政策立場	應該忠於顧客。顧客為我提供參與政治的機會；我應對顧客忠誠	選擇與自己價值觀念相符合的顧客；並且利用長期合作的機會設法改變顧客的價值觀念
議題倡導者	認為政策分析很少出現具體的結論。因此，利用這種模	顧客為我提供一個倡導政策議題的機會。應該慎重選擇	政策分析是實現個人美好社會價值觀念的工具

	稜兩可的機會來倡導自己的政策理想	顧客,且應隨機應變	

資料來源:David L. Weimer and Aidan R. Vining, *Policy Analysis: Concepts and Practice* (Englewood Cliffs, N. J.: Prentice Hall, 1992), p. 18.

一、客觀的技術家

　　威瑪和范寧所謂的「客觀的技術家」與梅爾茲納所稱的「技術家」(technician) 型的政策分析人員幾乎同出一轍;威瑪和范寧所稱的「顧客擁護者」與梅爾茲納所謂的「政客」(politician) 型的政策分析人員頗相近似,威瑪和范寧所稱的「議題倡導者」則與梅爾茲納所謂的「企業家」(entrepreneur) 型的政策分析人員相當神似。威瑪和范寧兩位學者指出:客觀的技術家、顧客擁護者和議題倡導者三種不同的政策分析人員,對分析的完整性 (analytical integrity)、對顧客的責任 (responsibility to client) 以及對「善」的執著 (adherence to one's concept of good) 各持不同的價值立場。

　　由表 3–1 可知,「客觀的技術家」非常重視政策分析的完整性,其將政策分析幾乎視為學術性的社會科學研究:其對理論架構的建構、資料的收集、分析的技術等等,皆極為重視。其實,他們引以為傲的,就是他們擁有各種分析技術,例如:經濟學、計量經濟學、統計學、成本效益分析、作業研究等分析技術;即使在時間壓力和資料限制的情況下,他們仍會力求研究方法之正確無誤。「客觀的技術家」以嚴謹的方法與妥當的技術,去分析政策方案,並向顧客提供客觀、詳實的政策建議。他們視「顧客」為「必要的惡」(necessary evils)。他們依賴「顧客」維生,而向顧客提供週延、實用的政策建議,以為回報。他們認為應與顧客保持某種距離,而且不宜干預政治問題。他們對「善」的看法,或者說,他們對「什麼才是美好社會」的看法,相當執著,並且認為,在他們所提供的政策分析建議中,應指明各種相關的價值觀念;至於各相關價值觀念間抵換 (trade-offs) 的問題則應交由「顧客」自行裁奪。

二、顧客擁護者

「顧客擁護者」非常強調他們對「顧客」的責任。他們賴「顧客」以維生，「顧客」也為他們提供一個參與政治的機會。他們對顧客忠誠不貳，一則扮演醫生的角色，絕不傷害「顧客」，另則又要扮演律師的角色，竭盡所能地保護「顧客」，並促進「顧客」的利益。「顧客擁護者」未必會故意誤導他們的「顧客」，例如，對政策方案做錯誤的陳述，或刻意加以扭曲，然而，他們一旦瞭解「顧客」對某特定問題已經胸有成竹，甚且已經表明立場，便一定會以「顧客」的利益與立場為自己行動的依歸，並且將自己對政策方案的偏好隱而不發。

三、議題倡導者

「議題倡導者」和「顧客擁護者」對所謂政策分析的完整性看法是相當接近的：他們認為沒有必要把政策分析當作學術性的社會科學研究來加以處理；他們甚至認為，政策分析帶有某種程度的模糊性反而對他們的顧客有利，因為這給顧客相當大的活動空間。「議題倡導者」對他們自己的政策偏好相當執著，對顧客的選擇也極為審慎，深知「良禽擇木而棲」的道理。他們把政策分析看作是實現自己對美好社會的一種工具 (Weimer and Vining, 1992:16–19)。

第二節　面對權貴直言不諱的道德情操

政策分析人員要有「面對權貴直言不諱」的崇高道德情操。在我國古代，公共政策是策論、實學，旨在經世致用濟民。今日，公共政策分析則是一門研究政策分析人員如何以建言、獻策之方式，幫助「顧客」解決公共問題的應用社會科學。由是以觀，為求公共問題能夠獲得妥善處理，政策分析人員向「顧客」提出政策建議、貢獻治國良策的各種管道必須能夠暢通無阻，而且「顧客」與政策分析人員必須維持一種忠誠、互助、相輔相成的共生（而

非寄生）的關係：政策分析人員有善盡言責的道德勇氣，而「顧客」有察言納諫的雅量、氣度。

在理想中，顧客應是柏拉圖所稱之全能的、智慧的、仁慈的、時時刻刻以公益為念的「哲君」(Philosopher King)。顧客於聽取建言時，不會唯我獨尊、自以為是、固執己見、獨斷獨行，而總是能夠察納忠言、受言納諫、虛懷若谷、不恥下問，絕不因人廢言、因言廢人。在理想中，政策分析人員應有犯顏直諫的道德勇氣；面對顧客，其應能「見大人，而藐之」，「勿欺也，而犯之」，甚至冒死進諫，亦可當為。在忠於顧客的大前提下，善盡言責。

魏雅儒嘗言，追根究底，政策分析所代表的其實就是一種「精神」(spirit)、一種「倫理」(ethics)、一種「道德」。依彼見解，在作政策評估時，政策分析人員要拿出最大的道德勇氣。評估 (evaluation) 與組織 (organization) 是兩個相互矛盾、相互衝突的概念；前者追求穩定 (stability)，而後者必然會帶來變動 (change)。以是，要確實做好評估的工作，政策分析人員本身必須是一位「勇士」(brave man)；他不畏權勢，不怕困難，在經過客觀、審慎研究之後，認為改變現狀有其必要，他就會勇敢地提出改革的建議。由是以觀，評估的要義就是所謂的「評估倫理」(evaluative ethics) (Wildavsky, 1979)。

如前所述，政策分析是顧客取向的 (client-oriented)；因此，政策分析人員理應本諸「顧客第一」的原則，為顧客提供最佳的服務，亦即竭盡所能幫助顧客解決公共問題。在理想的狀況下，政策分析人員與顧客之間存在著一種互依互信、相輔相成的關係。但是，實際上，由於兩者對事物的價值判斷，以及對利益的認知，常不相同，甚至南轅北轍。此時，在政策分析人員這方面，就會出現「取向迷失」(orientation confusion) 的困境。一個人根深蒂固的價值觀倘若遭到挑戰，則其內心的安寧勢必遭受破壞，而其行為亦可能趨於激烈。若是原有的價值觀無法維持完整，則其必將陷入「取向迷失」的困境。此時，政策分析人員就會面臨價值抉擇的難題。

在人生漫長的路途中，其間充滿了是非抉擇的倫理問題，在各種專業中，這種問題更為突顯。政策分析是一門新興的專業 (emerging profession)，政策

分析人員和律師、醫師一樣，都難免要面對職業道德的問題；他必須深刻思考如何行為始符合道德標準。對政策分析人員而言，此乃意味著某種專業行為的標準、習性以及內化的道德信念。

如果政策分析人員的顧客是前述柏拉圖所謂的「哲君」，那麼，他大概就不致於面對價值衝突、價值取捨的問題，因為哲君是全能的、智慧的、仁慈的，在政策抉擇上，他總是會置公益於私利之上。因此，政策分析人員在服務顧客的實際需要上，以及在增進公益的專業理想上，兩者之間不會產生任何衝突。不幸的是，在現實世界中，哲君幾乎是不存在的，大部份的顧客都是政治賽局中的一個競爭者，他不僅對於政策問題有著自己的定見，而且一心一意地想要貫徹自己的信念，藉以鞏固甚至擴大自己的權力基礎。因此，就政治現實問題而言，政策分析人員很難遠離政治；他很難不被捲入政治是非的漩渦中。這點有著重要的實務意涵與倫理意涵。就實務意涵而言，「政策分析如果忽略了顧客的利益，則其本身勢必會被忽視。」(Analysis that ignores the interest of the client may itself be ignored.) 就倫理意涵而言，如何增進公益，是政策分析人員職志之所在。在增進公益與服務顧客兩者之間發生衝突時，政策分析人員應該如何自處呢？

第三節　價值判斷擇善固執的處事能力

這個問題可以從規範與實務兩個層面加以探討。就規範層面而言，政策分析人員要有作價值抉擇的能力，更要能擇善固執。價值 (values) 係指對於何為可欲 (desirable) 之觀念。這種觀念會影響到個人乃至於組織對事物之評估及對行動之抉擇（陳勝仁，1998:177）。於涉及價值與政策分析的關係時，唐恩 (William N. Dunn) 嘗言：「對價值作系統性、合理性、批判性的檢驗乃是政策分析的一個要素。」(The systematic, reasonable and critical examination of values is an essential element of policy analysis.) (Dunn, 1981:126) 誠哉斯言也，緣因在處理公共問題的每一個階段——認定政策問題、提出政策主張、處理政策論證 (policy arguments) 問題、建構政策方案、抉擇政策工具、處理

抵換 (trade-offs) 問題、評估政策影響——政策分析人員無可避免地要對多組相互競爭、甚至互相矛盾的「價值」，作系統性、合理性與批評性的理解、檢驗與抉擇。唐恩並指出：「探討政策問題無法擺脫價值的影響。緣因任何形式政策問題的探討，終究是以吾人對人類、社會、政府與知識本身所持之信念 (beliefs) 作為基礎。」(Dunn, 1981:129) 由是以觀，政策分析人員顯然不是價值中立的執行者，而是葉茲 (Douglas Yates) 所謂的「價值抉擇者」、「價值平衡者」(Yates, 1982)，以及古塞爾 (Charles T. Goodsell) 所謂的「價值處理者」(dealers in values) (Goodsell, 1989:575)。

面對眾多競爭、甚至相衝突的價值，究應如何抉擇？有無章法可資遵循呢？論者指出，目前沒有任何理論或者架構可以充作價值抉擇的指引，而充其量祇能針對某一特定情境，做出「創造性」的回應，藉以取得不同價值間之平衡 (Waldo, 1986:113)。古塞爾嘗言：「面對各組價值之間的衝突，公共政策人員除了瞭解並且接受不同價值在不同時間、不同狀況下各有其重要性之外，尚須以創造性的態度，在每一價值抉擇情境中，試著去尋找使相關價值都能得到部份滿足的方法。」(Goodsell, 1989) 我們對古塞爾這種說法不表苟同，因為它容易引起「道德模糊性」的爭議。

我們認為，在作價值抉擇時，政策分析人員應拿出最大的道德勇氣，堅持貫徹公平、正義的價值觀。詳言之，在面臨價值抉擇的難題時，政策分析人員應有以下各種作為：促進社會資源分配符合公平正義之原則；促成公共政策運作符合平等保護與正當程序之要求；竭盡所能扶持社會弱勢團體；重視個人自主 (individual autonomy)、自我表達 (self-expression)、自我實現 (self-actualization) 等價值觀；以及維護憲法保障各項權利。

就實務層面而言，在實際政治上，當增進公益與服務顧客兩者之間會發生衝突時，政策分析人員應該如何自處呢？赫希曼 (Albert O. Hirschman)、威瑪與范寧等幾位學者對這個問題都有所探討 (Hirschman, 1970; Weimer and Vining, 1992:20–25)。而後者對這個問題的論述，特別值得我們注意 (見圖 3–1)。

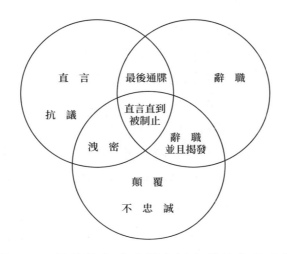

圖 3-1　價值衝突時政策分析人員的各種反應

資料來源：David L. Weimer and Aidan Vining, *Policy Analysis: Concepts and Practice* (Englewood Cliffs, N. J.: Prentice Hall, 1992), p. 22.

　　根據威瑪與范寧兩位學者的見解，於發生價值衝突時，政策分析人員首先可以利用抗議 (protest) 企圖改變既定決策。他可以透過非正式的管道向直屬長官表達意見，若直屬長官仍堅持己見，或者表示沒有權力變更既定決策，則可經由正式的管道，向有決策權的長官提出異議。另一種處理價值衝突的方式，便是辭職 (resign)。政策分析人員如果認為被交付研擬的政策在道德上至為不妥，經過左思右想，仍不得其要領時，他可以提出辭呈，以求全身而退。結合前述兩者而形成的另一種反應方式，便是向顧客提出最後通牒 (issuing an ultimatum)；先是提出抗議，提出抗議後仍舊無下文，則可讓長官瞭解，如果既定政策維持不變，則將提出辭呈求去。此外，政策分析人員尚可洩漏機密 (leak)，或者辭職，並且公布真相 (resign and disclosure)。兩者都是對顧客、組織不忠的行為 (disloyality)。此外，政策分析人員亦可選擇繼續留在自己的工作崗位上，對不合理的政策據理力爭，直到被人制止為止 (speak out until silenced)，或者暗中進行顛覆 (sabotage)。

　　總而言之，任何一種專業，經過長期發展與演變，都會形成一套倫理規

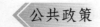

範，歷史悠久的專業都有自成一套的倫理規範。就政策分析這門專業而言，由於其係一新興的專業，故其倫理規範尚在醞釀、發展之中。

學者對政策分析這門專業倫理規範的建立都很重視，卓爾與理拉 (Mark T. Lilla) 等學者告訴我們，政策分析人員應以增進民眾福祉、支持民主政治、保障基本人權為其職志；政策分析人員應審慎選擇其顧客，並對罔顧民主、破壞人權的顧客，應敬而遠之；政策分析人員應以雲淡風輕的心情，智慧的判斷，來慎重的選擇顧客，並應不斷充實自己的專業能力，培養自己自省的能力 (Dror, 1971:119; Lilla, 1981:3–17)。

第四節　尊重市場機制與民主政治的專業精神

公共政策分析興起於經濟自由、政治民主的美國。一般而言，美國官僚機構的政策分析人員對於市場機制的運行和民主政治的運作都有一定程度的理解，並且都能給予一定程度的尊重。

這項觀察實深具意義。為能善盡其職責，政策分析人員應有這種理解：每個人的行為都是以追求「私利」(self-interest) 為出發點，並以利潤的極大化為其目標。這點必須予以承認。政策分析人員尚應理解，如果透過完全競爭市場「價格機能」(price mechanism) 這隻「看不見的手」(invisible hand)，就能達成市場供需均衡與資源合理分配的目的，則政府絕不輕率地以政策方式來干預市場的正常運作。政府唯有在經濟運作喪失完全競爭市場的條件，並且出現所謂「市場失靈」(market failure) 的現象時，基於追求社會福利極大化的考量，才會透過權威性分配社會利益的途徑，干預市場的運作。

誠如威瑪和范寧這兩位美國學者所言，吾人應盡可能以那隻「看不見的手」（即市場機制）來處理公共問題，除非市場出現公共財 (public goods)、外部性 (externality)、獨佔 (monopoly)、資訊不對稱 (information asymmetry) 等干擾因素，因而造成「市場失靈」，致使公共問題懸而不決，否則政府絕不輕言干預。

再者，即使政府有正當理由以公權力主動介入公共問題的解決，這種介

入或干預活動，應該有其限度，而且必須謹慎將事。易言之，政府以行政命令取代市場機制的各項活動必須有所節制。緣因政府的活動具有強制力，倘若不當干預市場運作，恐將擾亂價格機能，後果堪慮：不是導致市場供給過剩，就是造成市場供給匱乏。市場一旦失序，社會動盪即將接踵而至。政府若一味地加強干預行動，則其將付出極為高昂的代價。若然，則原本為匡正「市場失靈」而採取的政府干預活動，可能得到適得其反的效果。

抑有進者，政策分析人員尚應理解，政府也有失靈之時，因此，其不僅要能發覺「政府失靈」(government failure) 之肇因，尚須及時予以匡正。威瑪與范寧嘗言，「市場失靈」與「政府失靈」若能及時、有效地予以匡正，則政府增進民眾福祉、促進國家發展的職能必然會顯著增強。

一、市場失靈的肇因

自由派經濟學者一向認為，在任何一個社會，透過財貨或服務的生產者與消費者間自願性的供需關係，並且緣於生產者對利益極大化的追求以及消費者對效用極大化的追求，可以達成一個完全競爭的經濟市場。易言之，他們認為，憑藉供需關係可以使市場經濟活動達到「巴瑞圖效率」(Pareto Efficiency) 的狀態，亦即利潤或者效用皆不致於受到損失，而資源配置亦可獲得最佳效率；價格像一隻「看不見的手」主導著市場經濟活動。

惟證諸實際，完全競爭的經濟市場難以獲致，而且供需關係與資源配置的理想狀態亦難以達成。所謂「市場失靈」(market failure) 的問題於焉產生。此際，政策分析人員及其顧客始取得正當理由，以政府力量介入資源分配過程、規範市場運作機制及保障並促進公平、正義價值。有鑑於此，政策分析人員及其顧客對市場失靈的肇因應有一定程度的理解。

要而言之，市場失靈的肇因約有以下諸端：

(一)公共財提供的問題

公共財乃指某人對特定財貨的使用不會減損他人使用該財貨的數量。呼

吸空氣、使用用水、收看電視、接受國防保障等皆是顯例。公共財具備以下三種特性：非敵對性 (non-rivalry)：即財貨的供給量達於某一水準時，一人以上可以同時使用，並且獲利，不會因與他人共同使用而降低或減損該財貨的品質。例如，任一國民皆可自堅強的國防而獲得安全保障。非排他性 (unexcludability)：即對於特定財貨，人人均得使用；易言之，在物理上，或法律上，無法排除某人對該財貨的使用。例如，任何人皆可捕捉公海魚類。擁擠性 (congestibility)：即當消費特定財貨的人數增加到一定限度時，其供應水準即會下降，因而增加消費的邊際社會成本 (marginal social cost of consumption)。例如，當少數幾人在一條可以自由垂釣而且漁產頗豐的溪流釣魚時，每人在短時間內就可滿載而歸。但是，消息傳開之後，人們蜂湧而至，爭相捕魚，那麼大家必須花費更長的垂釣時間，才可能有所收穫。

由於諸如建設國防、加強外交、維護治安、提供清潔用水等公共財皆有以上三種特性，因此，私人或企業界不願或者根本不能提供，因而造成市場失靈的狀況。

㈡外部性造成的問題

外部性 (externality) 乃指因將生產成本加諸他人所造成的問題。易言之，外部性係指某一行為——生產行為或消費行為——對並不完全同意這項行為之他人所造成的影響。外部性的影響可能是負面的，但也可能是正面的。例如，某一私人工廠在生產過程中製造令人厭惡的水或空氣污染。又如，癮君子在公共場所大抽其煙，吞雲吐霧，殃及他人。這些都是外部性所造成負面的影響。外部性的影響也可能是正面的。例如，鄰居將其庭院整理得美輪美奐，過往行人看了以後都覺得賞心悅目，心情為之開朗。又如，私人興學對培育國家人才可能頗有貢獻。但是，一般而言，由於私部門往往為了生產利己的私人財貨 (private goods) 因而造成不利於眾人或社會外部性的問題，終於導致市場失靈現象的出現。

(三)自然獨佔造成的問題

在市場上，某些產品，因為生產者擴大規模，而使平均成本下降。尤其是具有規模報酬遞增的行業，其規模愈大，則平均成本愈低。這種行業遂能透過市場競爭，迫使小廠離開這種行業，最後形成獨佔情形，此稱為「自然獨佔」(natural monopoly)。自然獨佔往往會扭曲資源配置的效率，因而造成市場失靈的現象。

(四)資訊不對稱造成的問題

資訊不對稱係指由於消費者缺乏足夠的訊息與專業知識去判斷產品或所接受服務的數量及品質是否合理，因此在議價的過程中，其與生產者相比，往往處於不公平及不合理的地位。易言之，生產者可能會收費過高或提供低劣品質之財貨或服務，使消費者在缺乏正確判斷所需之資訊與專業知識的不利情況下蒙受損失。於此情況，市場競爭既無法符合市場機能充分運作的法則，市場失靈的現象於焉產生。

因上述各因素而造成市場失靈時，政府便須以政策工具介入市場運作。政策分析人員在倡導以政府機制來彌補市場機能不足時，應提示其顧客，修正市場失靈所需花費的成本是否過於高昂，以及有效達成矯正市場失靈目標所需付出的代價是否不勝負荷。

此外，政策分析人員尚須對顧客提示政府失靈現象出現的可能性。政府失靈係指政府為解決市場失靈而採取各種補救性的政策工具與干預行動時，由於其本身在制度上、結構上以及運作上，存在許多先天性的缺陷，因此無法充分達到矯正市場失靈的預期目標；政府失靈的現象因而產生。

易言之，在一個完全競爭的市場經濟，通常可以透過個人與集體選擇的方式，生產和分配財貨，而大多數人可以透過自由競爭市場或其他自願性的交換行為，獲得需求的滿足。然而，有些需求由於無法透過市場運作而獲得滿足，因而，產生市場失靈狀況，促使政府進行干預，此亦即政府制定並且

執行公共政策的重要原因。惟受到種種因素的限制，政府亦無法達成有效生產與分配資源的目標，於是產生了政府失靈的現象。由是以觀，政策分析人員及其顧客對造成政府失靈的種種原因亦應有相當程度的瞭解。

二、政府失靈的肇因

要而言之，政府失靈的肇因約有以下諸端：

(一)直接民主造成的問題

長久以來，直接民主 (direct democracy) 一直存在許多難以解決的問題。選舉結果有時可以為特定政策提供選擇方向，但是多數決制度卻面臨若干功能性問題：沒有任何一種投票制度既符合公平原則，又能一致不變。例如「投票弔詭」(paradox of voting) 反而會使政策更加模糊；投票結果無法充分代表整體意見；由於投票是多數人將成本集中在少數人身上，因而會產生所謂「多數暴政」(tyranny by the majority) 的情況；少數人的偏好強度無法由投票中顯現出來，致使其必須忍受無效率的社會選擇等等。

綜而言之，直接民主有其優點：諸如提供公民參與政治的機會，藉以使其學習並且瞭解公共事務；公民投票可以彌補代議制度的缺失，並為公民提供一種將分散議題予以整合的手段；提供一種制衡議會的機制，以免其濫用權力。但是，直接民主亦有其限制面：例如前述之投票弔詭、多數暴政、無法反映公民真正偏好等。凡此種種皆是構成政府失靈的重要因素。

(二)代議制度造成的問題

在代議民主政治下，民選官員於促成完善社會和反映選民偏好時，經常會陷於兩難的困境。例如，代議政府認為某項政策對民眾和整體社會是有益的，而民眾卻可能基於私利或短利的考量，拒絕支持。不獨於此，代議政治中的官員為了續任、或追求更高的職位、或者官僚為了追求本身機關的利益，皆有可能做出悖離民眾偏好的行為。民眾如欲有效監督代議政府，則其必須

付出極大的成本。詳言之，代議制度所引發的問題如下：

1.競租行為 (rent seeking)

由於人民監督政府有其困難，有人就會趁機主動、積極的企圖介入決策過程、影響決策制定，透過關說或利益輸送的方式，藉以從中謀利，例如，要求政府限制競爭、提高關稅、限制進口配額等。

2.區域立法者的問題 (problems of the district-based legislature)

區域代表最主要的問題在於其往往僅反映狹隘的選區利益，而難以反映全民的利益。此外，由於採行區域代表制度，為了某些有限效益，往往會付出巨大的社會成本因而造成資源浪費或社會不公的現象 ； 所謂的肉桶立法 (pork barrel legislation)、滾木立法 (logrolling legislation) 等就是顯例。再者，立法者為討好選民，往往會將有限的資源分配給多數選民，表面上似乎是利益均霑，實則造成各項政策方案因挹注其間的資源不足，而難以達成其預期目標。

3.選舉循環 (limited time horizons: electoral cycles)

一般而言，一項有效的政策應是利益現值超過成本現值，唯其如此，方可達成效率目標。然而，立法者通常會選擇一項對其將來競選連任有利的政策，讓政策利益提前到選舉之前發揮效用，而將成本出現於選舉之後。

4.裝腔作勢 (posturing: public agendas, sunk, and precedent)

民選官員深諳新聞媒體可以作為爭取選民支持的工具，並且擅長掌握時機，製造新的議題，吸引選民的關注。然而，民選官員這種為了表態而透過新聞媒體製造出來的政策議程，常是內容空洞，乏善可陳，其絕對不能與透過理性思考，謀求社會長遠利益的政策，相提並論。

㈢機關供給財貨所造成的問題

由於市場失靈的關係，政府機關必須提供各種公共財，諸如國防、外交、治安等，此種行為稱為「機關供給」(bureaucratic-supply)。然而，因為政府行政機關的預算受到民意機關的控制、預算支用未受有效監督、機關功能不

能充分發揮、行政人員能力不足、本位主義如影隨形等種種原因，致使政府無法適當提供人民所需要的財貨，因而造成政府失靈的現象。

㈣分權政府所造成的問題

目前絕大多數國家都採取分權 (decentralization) 與權力制衡 (check and balance) 制度，於是，政府不同部門，如行政、立法、司法部門間、中央與地方政府間，均依分權原則而加以設計。此種設計固然有其優點，例如，讓人民有管道表示其政策偏好、表達其政策意見，經由制衡以防止權力濫用，能夠因地制宜有效率的提供公共財等。但卻因此也可能造成拖延時日、貽誤事機的結果，並可能產生資源分散、政策不易執行、監測政策結果困難等種種問題。

總之，政府固然可以透過政策工具的運用介入市場運作，以解決市場失靈的問題，但是因為受到各種難以克服因素的影響，許多與政府本身相關的問題無法迎刃而解，因而造成政府失靈的情形。

總而言之，政策分析人員及其顧客皆應深諳市場機制與民主政治運行之道，並且其應予以一定的尊重；應儘可能地讓那隻「看不見的手」去處理公共問題；除非市場因為受到公共財、外部性、獨佔、資訊不對稱等因素之干擾而出現失靈現象，否則絕不輕言干預。即使政府取得正當理由，以公權力主動介入公共問題的解決，其亦必須有所限制。政策分析人員及其顧客尚應理解，政府亦有失靈之時；為使政府處理公共問題能夠收到預期的效果，種種政府失靈的現象應及早察覺，並應設法予以匡正。倘若市場與政府失靈癥狀皆能有效矯正，則政府增進民眾福祉、促進國家發展的功能必然會顯著增強。

第五節 解決公共問題的真才實學

最後，政策分析人員除應具備「面對權貴直言不諱」的道德勇氣、兼顧公平正義與效率效益的價值抉擇能力、尊重市場機制與民主政治的專業精神

外，其尚應具備解決公共問題的真才實學。前曾提及，公共政策這門新興的應用社會科學旨在應用相關的知識與技術，妥善處理各種公共問題，希望藉此創造、維護並且增進全民福祉。因此，為能善盡職責，政策分析人員必須具備解決公共問題的知識與技術。關於這點，本書第一章第三節已經有所論述，故不擬在此贅言。

第四章 研擬公共政策方案

前曾述及，政策分析旨在提出一套足以緩和，甚至解決公共問題的政策方案。政策分析是一種技術 (craft)，亦是一種藝術 (art)。就政策分析是一種技術而言，其具有理性 (rational) 與分析性 (analytical) 的特質；其所重視者包括：政策選項 (alternatives) 的建構、抵換的問題、極大化 (optimization) 的問題、資料 (data) 的蒐集與分類、模型 (models) 的建構等，且其強調各種「工具」(tools) 的使用。

政策分析也是一種藝術。就此而言，決策者與政策分析人員個人的直覺判斷 (intuition) 或政治本能 (political instinct) 在解決公共問題的決策過程中占據一席地位。美國通用電子公司的董事長傑遜 (R. P. Jensen) 曾說：「在每一個決策上，數學分析固然有其作用，然而，數學分析還要加上我自己的直覺判斷，始能有成。」(On each decision, the mathematical analysis only got me to the point, where my intuition had to take over.) (Linstone, 1984:54) 美國費塞廣播公司 (Fetzer Broadcasting Co.) 董事長費塞 (J. Fetzer) 亦說，一位勝任的決策者，「在辦公室走一圈，你的直覺就會告訴你，是否一切都很順利。」(Walk through an office, and intuition tells you if things are going well.) (Linstone, 1984:54–55) 抑有進者，政策分析要能竟其功，決策者及其政策分析人員除需憑藉其直覺判斷外，尚需發揮其調和鼎鼐、折衝協調的政治智慧與政治手腕。總而言之，政策分析既是技術，亦是藝術，兩者相輔相成，不可偏廢。

政策分析人員的職責究竟為何？政策分析人員究竟如何始能善盡厥職？此乃政策分析這門應用社會科學最具關鍵性的問題。

關於何者構成政策分析人員的主要職責，依威瑪與范寧兩位學者之見解，政策分析人員的主要職責乃是向顧客提供有關公共決策的建議 (Weimer and Vining, 1992:2)。班恩認為，政策分析人員的工作（職責）在於幫助顧客解決特定的公共政策難題 (Behn, 1982:428)。他進而指出，政策分析人員的工作

為：處理影響政策抉擇相關的價值問題；研擬具有創意的政策方案；釐清各項政策行動可能產生的後果及存在於其間的不確定性 (uncertainty)；發展預測政策後果的技術；設計促成政策採納 (policy adoption) 的政治策略與執行方法 (Behn, 1982:429)。魏雅儒的見解與班恩頗相近似。魏雅儒認為，政策分析人員的職責在於發現問題癥結所在，研擬政策方案，建立篩選政策方案的各類標準 (criteria)，依據這些標準權衡政策方案的利弊得失，設計執行政策的方法，以及評估政策執行的後果（朱志宏，1983:46）。辛德勒認為，政策分析人員的職責乃在於利用資訊 (critical intelligence) 以及適當的方法 (appropriate methodology) 去分析政策方案抉擇之後果；譬如，若選擇甲案，後果會如何？選擇乙案，後果會如何？丙案、丁案……情形又是怎樣？

要而言之，政策分析人員的職責約有以下諸項：
- 研擬政策方案
- 設計政策工具
- 提出政策方案
- 評估政策方案之政治可行性
- 設計並且運用政治策略
- 監督政策執行
- 進行政策評估

本書對於上述政策分析人員的職責將逐一加以解析，並將闡述政策分析人員善盡職責之道。政策分析人員的首要職責在於妥善研擬公共政策方案。關於如何妥善研擬公共政策方案，美國加州柏克萊大學公共政策研究所（Graduate School of Public Policy, 簡稱 GSPP）所發展出來的 Eight-Fold Path 非常具有參考價值。Eight-Fold Path 這個結構性的途徑 (a structured approach) 中，包含八個要素：
1. 認定問題 (identify the problem)
2. 建構備選方案 (construct the alternatives)
3. 設定篩選方案準則 (select the criteria)

4.預測方案後果 (project the outcomes)

5.蒐集資訊 (assemble the evidence)

6.處理抵換問題 (confront the trade-offs)

7.作決定 (decide)

8.說故事 (tell the story) (Bardach, 1994)

以下關於研擬政策方案的討論，將以上述這個結構化的途徑為其基礎，而分別說明認定政策問題、確立政策目標、建構備選政策方案、設定篩選方案準則、預測政策方案後果、蒐集政策資訊、處理抵換問題、決定提出方案時機等相關問題。

第一節　認定政策問題

為解決某一特定公共問題，我們首先必須瞭解問題癥結之所在。這就是 Eight-Fold Path 所謂的認定問題 (identify the problem)。問題認定是政策分析的第一個步驟。梅爾茲納將問題認定此一階段的政策分析工作稱為「政策分析前之分析」(preanalysis)。在這個階段，政策分析人員應當設法對於問題本身以及解決問題之方法，取得一個初步的瞭解 (Meltsner, 1976:122)。一般以為，在政策分析過程中，最困難的部份是尋求一個解決公共問題可行的方案，其實，問題認定才是政策分析最重要、最困難的一個步驟 (Wildavsky, 1979:3)。政策分析好像弈棋，問題認定就好像下第一步棋，第一步棋如果下錯，後果可能不堪設想，所謂「一步錯、步步錯」。問題認定得當與否，會影響到後續的政策分析工作，如政策目標的確立、分析架構的建構、收集資訊的方向和政策方案的產生等。唐恩也曾指出：政策分析首要之任務在於認定問題，認定問題是整個政策分析過程中最重要的一環。政策分析人員如果忽略了問題認定的工作，而將其大部份的時間與精力用於尋找解決問題的方案，這根本是一種本末倒置的做法，不僅將造成資源的流失，減低解決問題的效果，並且可能增加觸犯「第三類型錯誤」(Type III Error) 的機會。須知，唯有以正確的解決方案，解決經過正確認定的問題，問題才有可能迎刃而解。

誠如唐恩所言，政策分析失敗，常肇因於「以正確的政策方案，去解決錯誤認定的問題，而並非以錯誤的政策方案，去解決正確認定的問題。」(Dunn, 1994:151–152)

一、政策問題的性質

一般認為，政策問題是一種客觀存在的情況，因此，只要確定某一既定案例的事實 (facts)，就可以瞭解問題癥結之所在。其實不然。問題認定絕非是如此輕易的工作。為正確認定問題，政策分析人員首先須要瞭解政策問題的特性。依據唐恩的見解，政策問題有以下幾種特性 (Dunn, 1994:140–142)：

(一)相互依賴性 (inter-dependence)

政策問題不應被視為一種獨立的個體，而應被視為整個問題系絡的一個部份，問題系絡中的各個部份是相互依賴的。由此可知，特定政策問題與其他相關問題之間具有一種相互依賴性，彼此之間會互相影響。因此，在尋求解決問題的政策方案時，政策分析人員必須採取「總體」的觀點，將特定問題視為整個問題系絡中不可分割的一個部份，再設法加以處理。

(二)主觀性 (subjectivity)

政策問題的外在條件經常被人們選擇性地加以認定、分類、解決和評估。不同的人對相同的客觀情勢，可能會抱持不同的看法。以是，政策問題實乃人們心智的產物，其係經由人們判斷轉化而成。

(三)人為性 (artificiality)

政策問題的存在，繫於人們的判斷。換言之，政策問題乃是人類社會活動的產物，其隨人為的認定而存在，問題若離開了界定它的人或團體，它就不可能存在。

㈣動態性 (dynamics)

政策問題具動態性，一個特定問題解決以後，很可能又有一個新的問題，取而代之。再者，即便在問題解決以後，也不能保證老的問題不會死灰復燃。其實，問題情境若發生變化，則已經解決的問題，也可能轉變成尚待解決的問題。

二、政策問題的類型

唐恩曾經將政策問題分為以下三種類型：結構良好的政策問題 (well-structured problems)、中度結構良好的政策問題 (moderately-structured problems) 與結構不良的政策問題 (ill-structured problems)，而其判斷標準則為決策制定者、政策方案、效用或價值、結果與機率（見表 4-1）。

表 4-1　政策問題之類型

標　　準	問題結構		
	結構良好	中度結構良好	結構不良
決策制定者	一個或極少數	一個或極少數	眾多
政策方案	有限	有限	無限
效用或價值	共識	共識	衝突
結果	確定	不確定	未知
機率	可計算	不可計算	不可計算

㈠結構良好的政策問題

所謂結構良好的政策問題係指比較簡單、有前例可援、具重複性而且後果比較容易預測的政策問題。易言之，這類政策問題僅牽涉到一位或少數幾位決策者，可供抉擇的方案為數有限，決策者對方案付諸執行後所可能獲致之效用或價值有相當程度的共識，且其後果大致可以在確定的情況下加以估

算。政府機關所處理的例行性、作業性問題皆屬於此種類型的政策問題；例如，「究竟我們應該採用何種類型的核能發電機組，才能發揮最大的供電效用，以降低環境污染之危害？」又如，某一行政機關決定要汰換公務車輛，祇要考量以舊車換新車所需費用即可。

(二)中度結構良好的政策問題

所謂中度結構良好的政策問題，其與結構良好的政策問題同樣牽涉到一位或少數幾位決策者，可供抉擇的方案為數有限，決策者對方案付諸執行後所可能獲致之效用或價值有相當程度的共識。至於其與結構良好的政策問題不同之處則在於，方案執行結果難以在確定情況或較小風險之狀況下計算出來。大部份亟待政府處理的政策問題，如社會福利問題、衛生醫療問題，皆是屬於此種類型的政策問題。

(三)結構不良的政策問題

所謂結構不良的政策問題則牽涉到眾多的決策者，可供抉擇的政策方案林林總總、不一而足，決策者對方案付諸執行後所可能獲致之效用或價值不僅缺乏共識而且充滿衝突，方案執行結果無法確知，其間所涉及的風險和不確定性極其複雜而且難以估計。易言之，結構不良的政策問題是無前例可援、方案眾多、意見紛陳、缺乏共識、衝突迭起、後果無法未卜先知的政策問題。「中國統一」問題顯然是屬於此種類型的政策問題。

三、問題建構的技術

政策分析人員所須處理的政策問題以結構不良的問題居多；為了妥善處理結構不良的問題，政策分析人員必須訴諸正確的問題建構的技術。過去，許多政策制定者總是將太多的資源與精力花費在答案的找尋上，最後答案雖然找到了，但是由於問題認定錯誤，致使千辛萬苦找到的答案，付諸東流。因此，艾考福 (Russell L. Ackoff) 嘗言：「成功的問題解決繫於針對正確的問

題找出正確的答案。我們的失敗，與其說是因為解決了一個錯誤的問題，倒不如說是針對正確的問題，找到了一個錯誤的答案。」(Ackoff, 1974)

因此，正確建構問題不僅可以減少政策資源的浪費，尚且大有俾益政策問題的解決。

在認定政策問題時，政策分析人員所感受到的政策情境必須符合人類的認知與感受，且其所發現的問題特徵與實際問題的性質也必須若合符節。在認定問題的過程中發生錯誤，雷發 (Howard Raiffa) 稱之為「第三類型錯誤」。一位勝任其職的政策分析人員應該避免觸犯這種錯誤 (Raiffa, 1968)。

正確建構問題既然如此重要，政策分析人員究應如何建構政策問題呢？這基本上牽涉到建構問題技術方面的問題。政策問題的建構技術不一而足，限於篇幅，僅就腦力激盪法、多元觀點分析法、假定分析法及類比法等四種比較常用的分析方法，加以說明。這些方法都是為處理結構不良問題所設計出來的技術，通常稱為「第二類型的分析方法」(Methods of the Second Type)，以便與專門解決第一類型問題的「第一類型的分析方法」(Methods of the First Type) 加以區別。

(一)腦力激盪法 (brainstorming)

此法係由奧斯本 (Alex Osborne) 為激發創造力、強化思考力而設計出來的一種技術，一般包涵下列幾個步驟：成立腦力激盪小組：邀請對特定政策問題有專門研究的專家參加；設計腦力激盪階段：劃分「觀念創造」(idea generation) 與「觀念評估」(idea evaluation) 兩個截然有別的階段；在觀念創造階段，一切活動必須自由開放，讓參與者充分發表意見，以期激發創新建議；而在觀念評估階段，則對上一階段所提出的各種政策建議（方案）根據可行性標準進行評估；排列觀念的優先順序 (prioritize ideas)，再將它們納入問題認定與政策方案的政策建議報告。

㈡多元觀點分析法 (multiple perspective analysis)

多元觀點分析法，係指政策分析人員在認定問題情境時，有系統地應用個人、組織以及技術三種觀點，對問題癥結與解決方法，明察秋毫地加以瞭解的一種方法。它對於處理結構不良的政策問題特別有用。

詳言之，多元觀點分析法同時著重以下三種觀點：個人觀點 (personal perspective)：從個人的察覺、需求及價值觀去檢視問題及其解決方法。組織觀點 (organizational perspective)：從標準作業程序、法令規章等組織觀點去檢視問題及其解決之道。技術觀點 (technical perspective)：以「最適模式」(optimization models) 去觀察問題情境與解決方法，並且運用機率理論、成本利益分析、決策理論、計量經濟學、系統分析等技術，去瞭解問題並提出解決方案。

類似一般所謂的多元觀點分析法的「三角定位法」(triangulation)，則是結合政治、倫理、組織、文化、社會、心理、技術等各方面的觀點，去深入瞭解問題並且尋求解決問題的方法。

㈢假定分析法 (assumptional analysis)

假定分析法為旨在整合政策分析人員、政策制定者以及其他利害關係人對特定政策問題各自所持、相互衝突的假定，藉以消弭政策歧見的一種技術。此法包涵五個連續性的階段：利害關係人的確認 (stakeholders identification)：即政策分析人員對政策利害關係人加以確認，並且按照其所涉及的利害關係的程度排列出處理上的優先順序：例如，老人福利政策的利害關係人為政府相關部門、老人、納稅義務人等，而第一優先的利害關係人，厥為貧病交加、孤苦無依的老人。假定的呈現 (assumption surfacing)：即政策分析人員從政策問題與政策建議間之因果關係著眼，檢視其間明示或隱含的假定，並將其逐一列出。例如，發放老人福利年金（政策建議）旨在處理老人問題（政策問題）。在這兩者之間，明示的假定係：「政治人物基於愛心，希望建立一個老

有所終的社會。」然而，一個隱含的假定則可能是「政治人物基於爭取選票的考慮，希望藉發放老人年金，以吸收選票，俾其能順利當選」。假定的挑戰 (assumption challenging)：即蒐集並且評比各種假定，以決定何者可以接受，何者則否。例如，上述兩個假定，基本上是兩個對立的假定 (counter-assumption)：一為公益，另一則為私利，孰是孰非，如何取捨，值得仔細考慮。假定的彙整 (assumption pooling)：在此階段，政策分析人員一則將最重要的、最不確定的假定予以集中；另則將確定的假定所衍生的政策建議予以彙整，以期得到各政策利害關係人的認同。假定的整合 (assumption synthesis)：在此階段，政策分析人員試圖匯合出可以讓所有利害關係人都能接受的共同假定，據以設計解決政策問題的綜合方案。

㈣**類比法** (synetics)

類比法係指透過自由的意見交換，企圖找出兩個或兩個以上問題相似之處，亦即相似性的調查 (investigation of similarities)，俾利政策分析人員於建構政策問題時，對相似之處做出創造性的使用。研究顯示，許多看起來是新的問題，其實早就已經發生過，而舊的問題，往往可以指出看似新問題的解決答案。此法的一項前提假設是，瞭解問題之間的類似關係，可以增加政策分析人員處理政策問題的能力。

在建構政策問題時，政策分析人員可以訴諸四種比擬 (analogy)：個人比擬 (personal analogy)：所謂個人比擬，係指政策分析人員設身處地，將自己想像為其他政策利害關係人，藉以深刻體會問題的實際情境。例如，政府環保部門的政策分析人員想像自己是公害污染地區的受害民眾，藉以體會污染問題的嚴重性。直接比擬 (direct analogy)：所謂直接比擬，是指政策分析人員直接將兩種或多種問題情境加以比較，藉以深化對於所欲探討問題情境之瞭解。例如，將嗜毒者的治療與傳染病的控制做一種直接比擬。象徵性比擬 (symbolic analogy)：如果無法找到實際問題狀況兩相比擬，則可將某一既定的問題情境與另一象徵的問題情境加以比較。例如，將生物系統與政策系統，

來加以比較。奇想比擬 (fantasy analogy)：政策分析人員完全發揮自由想像力，將問題情境與某一想像情境相互比較。例如，國防政策分析人員，為了研擬「戰區飛彈防禦系統」(Theater Missile Defence System, TMD) 策略，必須發揮充分的想像力，然後根據這種想像，研擬軍事戰略計畫。

四、認定問題的注意事項

具體言之，為做好問題認定的工作，政策分析人員應掌握以下幾個要點：

㈠以「不足」(deficit) 或「過量」(excess) 來表達問題

例如，在表達問題時，我們可以說，「無住屋者（無殼蝸牛）人數太多」、「農業用水不足」、「無住屋者（無殼蝸牛）人數正在逐漸增加」、「農業用水正在逐漸減少」等等。「太多」、「不足」、「逐漸增加」、「逐漸減少」等字眼，有助於我們對問題情境或狀況的認定，並有助於我們對將來（短期或長期）可能出現問題的關注。

㈡用「評估性」(evaluative) 的陳述來描述問題

例如，在描述問題時，我們可以說，無住屋者（無殼蝸牛）人數太多，令人引以為憂，因為這不僅違反了「住者有其屋」的原則，並且可能會造成社會不安；或者說，如果農業用水繼續呈現短缺現象，則將影響農產品的收成，後果堪虞，應亟謀對策。

㈢用「量化」(quantification) 之方式來描述問題

在描述問題時，我們應以具體數據來加以表示。例如，在提出無住屋者人數太多這類問題時，政策分析人員應進一步以具體數據，來說明無住屋者人數的多寡。政策分析人員在收集相關資料時，應盡可能地收集「量化」資料，並應對資料作量化處理。

㈣用嚴格的科學方法來認定問題

我們應該瞭解，許多問題不是一般民眾所能察覺到的，而是要政策分析人員透過嚴格的科學方法，才能加以認定的。例如，某地區的空氣品質惡劣，一般民眾可能沒有特別的感覺，或即使有所感覺，也可能不知道其真正的肇因為何。此時，政策分析人員就應利用科學方法對空氣品質之優劣，加以認定、分析，俾找出問題的肇因，並提出解決問題的對策。

尚值得一提者是，在認定問題時，政策分析人員應避免觸犯以下兩種缺失：

1. 在描述問題時，不要在語意中暗示解決問題的方法，這種做法會限制我們尋找解決問題方案的空間。舉例言之，在描述無住屋者人數太多的問題時，我們不要說：「可以為無住屋者提供的房子太少了。」因為這種說法，會限制我們只能從提供房子給無住屋者，來解決問題，而忽略了其他更多、更好的政策方案。又如，在描述學生人數逐年增加的問題時，我們不要說興建新學校的速度太慢，因為這種說法會壓縮我們尋求其他更多、更好的政策方案的空間，甚至會被誤以為，唯有興建學校，才能解決學生人數太多的問題。

2. 在認定問題時，不要把問題本身和問題情境混為一談。例如，就吸毒問題而言，吸食毒品所以會被認為是一個嚴重的社會問題，主要是因為吸毒會造成戕害身體、破碎家庭、犯罪等問題。所以，在分析吸毒問題時，我們應該釐清吸毒問題本身與吸食毒品可能導致的後果，兩者之間的關係，並進而研究吸食毒品是否真會導致上述種種嚴重的後果。這才是一種比較嚴謹的做法。

五、問題分析的三個步驟

尚值得一提者是，威瑪和范寧兩位學者曾說：政策分析實包含兩種主要活動：問題分析 (problem analysis) 與方案分析 (solution analysis)。就問題分

析而言，其包含三個主要步驟：㈠瞭解問題、㈡確立政策目標以及㈢選擇分析政策目標的方法 (Weimer and Vining, 1992:206–222)。茲將這三個步驟說明如下：

㈠瞭解問題

在一般情況，顧客 (client) 面對問題時，他看到的，只是問題的癥候或表象，未必會注意到問題背後真正的原因。政策分析人員的工作，即在於發現問題背後的真正原因，並就這些原因提出合理的解釋。為達此目的，政策分析人員必須收集充分的資訊和證據，俾找出問題癥候與公共政策之間的因果關係。換言之，政策分析人員必須對問題做適當的定位，並且做適當的建構。政策分析人員在建構問題 (construct problem) 時，必須注意以下兩點：

1. 必須注意避免掉入「化約論」(reductionism) 的陷阱，亦即政策分析人員在分析問題時，不應只限於單一因素的解釋，而應做多因素的考量，這包括：政治、經濟、社會、環境、心理等種種因素。

2. 必須牢記，任何一個有用的分析架構，其必能幫助政策分析人員整合各種政策目標，並澄清各種價值觀念，進而結合分析，以獲致明確的結論。

㈡確立政策目標

確立政策目標可能是政策分析過程中最為艱難的一項工作，其原因在於，政策目標往往是多元的、衝突的、模糊不清的，特別是所謂的結構不良的政策問題，這種現象尤其突顯。再者，政策目標往往具有「規範性」(normative)，其常涉及到多種不同的價值觀念，非常容易引起爭議。為做好確立政策目標的工作，政策分析人員必須掌握以下兩項原則：

1. 將政策目標視為政策分析的產物

對政策分析人員而言，最佳狀況是在政策分析之前，顧客就告訴他政策目標為何。如此，政策分析人員就可以省掉許多複雜而且棘手的工作。梅爾

茲納告訴我們：政策分析人員在可能的情況下，應設法徵詢顧客對政策目標的見解，這對政策分析人員確立政策目標將有莫大的幫助 (Meltsner, 1976:82–85)。問題是，顧客自己對政策目標往往缺乏一定的見解，即便其胸中已有腹案，他也可能不願意在政策分析之前，就將其對政策目標的見解透露給政策分析人員。聰明的顧客更知道政策目標往往是多元的，而且政策目標具有「規範性」，常會引起各種爭議。因此，顧客希望自己置身事外，而令政策分析人員充當「馬前卒」，由政策分析人員去解釋這些富爭議性，且牽涉到價值觀念的目標。以是，政策分析人員乃不得不將確立政策目標視為自己責無旁貸的工作，並應妥善處理政策目標多元性、「規範性」等種種問題；他應將確立政策目標視為政策分析過程中的一項重要工作。

2.釐清目標和政策之間的關係

目標是我們所想追求的價值，而政策則是獲致這些價值的策略和方案。目標是用來評估政策得當與否的，目標和政策絕不可混為一談，否則將無法正確評估政策。威瑪和范寧兩位學者告訴我們，政策分析人員在確立政策目標時，應儘可能地將目標加以抽象化，而在規劃政策方案時，則應儘可能地將其具體化。他們指出，目標反映的是人類的價值，具規範性，而策略和方案則是達到目標的具體方法，其必須與目標緊密相連，但兩者之間的關係，必須釐清，絕不可加以混淆 (Weimer and Vining, 1992:218)。

下節將對確立政策目標做更為詳盡的說明。

㈢選擇分析政策目標的方法

在政策目標確立以後，政策分析人員就要開始斟酌究竟應該採用何種方法來分析政策目標。一般人常以「效率」作為政策目標。假如「效率」是主要的政策目標，則政策分析人員可以考慮採用「成本效益分析法」(cost-benefit analysis)，以共同的貨幣單位，來衡量各種政策方案的成本 (Gramlich, 1984)。如果除了「效率」之外，尚有其他政策目標，則政策分析人員可以考慮採用「多元目標分析法」(multigoal analysis)，以選擇相關的標準，將目標

轉化為目的和限制，來比較各種政策方案的優劣。關於此點，容後詳述。

第二節　確立政策目標

一、政策目標的意義

在政策分析的過程中，確立政策目標是一項重要工作。政策目標 (policy goals) 所指涉者，乃是理想化的未來事務狀態。具體言之，政策目標所指涉者為：

1.未來個人狀況或行為 (conditions or behaviors of individuals) 的改進：例如，環境教育政策的目標是在於提升國民的環保知識與環保意識，俾其能成為「環保人」，藉以配合國家環境政策的發展。

2.未來社區或社會特質 (systematic properties of communities or societies) 的改進：例如，我國六年國建計畫政策目標為「提高國民所得、厚植產業潛力、均衡區域建設、提升生活品質」。此處所謂的社區或社會，就是指中華民國臺灣地區，而所謂的系統特質，則是我國邁向已開發國家的進步狀態。

3.未來機構或組織特質 (properties of institutions or organizations) 的改進：例如，政府精簡的政策目標在於減少政府機關的冗員，藉以節省財政負擔，俾政府機關的特性能朝「人員少，效率高」的方向改進。

二、政策目標的來源

憲法、法律、行政命令，乃至於政策利害關係人皆可能構成政策目標的來源。茲分述如下。

(一)憲　法

作為國家根本大法的憲法常是政策目標最重要的來源。例如，我國《憲法》第十三章「基本國策」中有關國防、外交、國民經濟、教育、文化等之

規定，乃是我國公共政策目標的主要來源，由是以觀，實踐公共政策，就是在實行憲法。

㈡法　律

立法機關通過的法律亦是政策目標的主要來源。政府機關所推行的公共政策，其目標常是經過立法機關同意，甚或由其訂定。

㈢行政命令

政府行政機關依法所頒佈的行政命令亦是政策目標的主要來源。例如，我國環保署所頒佈的《一般容器回收清除處理辦法》，即揭示其政策目標為循環利用可用的資源性垃圾。

㈣政策利害關係人

在公民社會 (civil society) 發達的國家，政黨、利益團體、大眾傳播媒體，乃至於一般民眾等政策利害關係人所表達的政策意見，亦常是政策目標的來源。

三、確立目標的方法

如前所述，政策目標常由顧客決定。對政策分析人員而言，由顧客決定政策目標，既方便，又省事。然而，基於崇尚民主、尊重民意的考量，顧客亦常舉辦民意調查，或召集公民顧問委員會 (citizen advisory committee)，如美國艾森豪 (Dwight D. Eisenhower) 總統所成立的國家目標委員會 (U.S. President's Commission on National Goals)、美國住宅及都市發展部 (U.S. Department of Housing and Urban Development) 所成立的達拉斯市目標 (Goals for Dallas) 委員會，藉以徵詢一般民眾、社會賢達、專家學者、政策利害關係人等對政策目標的意見與建議，俾收廣採博諮、集思廣益的實效。對於陌生而且複雜的事務，顧客亦會利用德菲法 (Delphi Technique) 這類技術，

以徵求專家學者的見解。

　　德菲法係以古希臘阿波羅神廟（太陽神廟）廟址德菲 (Delphi) 命名。德菲法又稱 「專家判斷法」 (expert judgment)。 一九四八年， 美國蘭德公司 (Rand Corporation) 的研究人員首先發展出德菲技術，後來逐漸為政府部門及工商企業界所採用作為一種預測的技術。此項技術原為軍事策略而設計，後來逐漸推擴至教育、科技、運輸、交通、太空探測、住宅、預算及生活品質等領域。值得注意的是，此項技術原來著重於實證資料的研析，到了一九六〇年代，其延伸至對價值問題的研判。一般以一九六〇年代為基準，將德菲法分為傳統德菲法與政策德菲法兩種。

　　由於以成立顧問性質的委員會廣徵意見的做法，效果並不彰著，傳統德菲法乃應運而生。 在應用上， 傳統德菲法秉持以下五項基本原則： 匿名 (anonymity) 原則：參與其事專家學者的身分絕對密而不宣，嚴格遵守匿名原則；重複 (iteration) 原則：主事者蒐集參與者意見之後，即公布週知，如此重複進行數回，其間允許參與者斟酌他人意見，藉以修正自己的意見；控制性回饋 (controlled feedback) 原則：要求參與者回答預先設計好的問題，並對集體判斷論證做總體性的評估 ； 統計性團體回應 (statistical group response) 原則： 對參與者意見進行綜合判斷時， 通常視其 「中數」 (median)、「離勢」 (dispersion) 及 「次數分配」 (frequency distribution) 等情況而定 ； 專家共識 (expert consensus) 原則：此法主要目的即在形成專家間之共識。而傳統德菲法的實作程序則有如下述：慎選專家；以問卷進行書面意見表達與相互溝通；將潛在的政策目標以量表 (scale) 方式加以呈現；再請專家學者根據此一量表陳述意見。第一次問卷答案收齊後，加以整理，並統計結果，讓所有參與其事的專家學者皆能知曉，然後再進行第二回合問卷，並視需要，重複為之，將最後一次問卷調查結果，加以整理，期能取得專家對政策目標的共識。

　　一九六〇年代後期，傳統德菲法有了新的突破，新的政策德菲法乃應運而生。政策分析人員為期在資訊不足的情況下，尚能妥善處理複雜的政策問題，乃邀集專家學者、行政機關代表、民意代表、利害關係人代表等進行腦

力激盪，並將結論提供決策者，作為其決定政策目標或選擇政策方案之參考。政策德菲法除了採取傳統德菲法的重複和控制性回饋等原則外，尚採取以下各項原則：選擇性匿名 (selective anonymity) 原則：參與者只有在預測進行的前幾個回合採匿名原則，而在辯論政策替選方案時，他們必須公開為其論點辯護；明智的多元倡導 (informed multiple advocacy) 原則：選擇參與者的主要標準為「利益」(interest) 與「通曉」(knowledgeableness)，而非「專業知識」，即盡可能遴選代表各方利益的消息靈通人士來參加政策德菲作業；兩極化的統計回應 (polarized statistical response) 原則：在總結參與者意見時，著重於各種不同意見及衝突論點的衡量；結構性衝突 (structured conflict) 原則：基於衝突為政策論證正常特點之假定，此法特別著重各種不同意見及衝突論點，試圖探測各種可能的政策方案；電腦會議方式 (computer conferencing) 原則：必要時可以使用電腦處理參與者匿名互動的連續過程。而政策德菲法的實作程序如下：議題明確化 (issue specification)；遴選倡導者 (selection of advocates)；設計問卷 (questionnaire design)；分析第一回合的問卷結果 (analysis of first-round results)；發展後續問卷 (development of subsequent questionnaires)；組織團體會議 (organization of group meeting)；準備最後報告 (prepare final report)。

第三節　建構備選政策方案

簡而言之，政策分析就是認定問題，提出對策。這裡所謂的「對策」，在學術用語上稱為「備選方案」(alternatives)，或稱為「政策選項」(policy options)，或稱為「一組備選的行動」(alternative course of action)，或稱為「為解決或疏緩問題所提出的備選的政府干預策略」(alternative strategies of intervention to solve or matigate the problem) (Bardach, 1994:11)。

一、政策方案的特性

妥善研擬政策方案是政策分析人員的主要職責之一。所謂政策方案，係

指可能為政策制定系統所採納的行動（或不行動）。政策方案具有下述各項特性。

- 政策方案具有相互排斥的特性：例如，選擇甲案，就不能選擇乙案，緣因兩者之間存在一種負相關的關係；倘若想要甲、乙兩案並陳，則須另行設計足以融合甲、乙兩案的丙案。
- 政策方案與政策目標必須緊密契合。
- 政策方案必須有助於政策問題的解決或改善。
- 政策方案涵蓋從採取激烈行動 (radical action) 到靜觀其變、不採行動 (inaction) 整個範疇。

針對問題，提出對策，或者說，針對問題，建構備選方案，誠非易事，這需要政策分析人員具備豐富的創意和想像力。有鑑於此，梅爾茲納說：政策分析人員應是「創造家」(analyst as innovator)，並說：「一個沒有對策的政策分析人員，就好像一個沒有油井的阿拉伯王子。」(A policy analyst without alternatives is like a sheik without oil wells.) (Meltsner, 1976:132–133) 在梅爾茲納看來，兩者都是毫無身價可言的。梅爾茲納告訴我們：政策分析人員不僅要研究「備選方案」（或「對策」），尚須創造「備選方案」（或「對策」）(Not only is the policy analyst supposed to examing alternatives, but he is supposed to creat them.)；並且說，政策分析人員在思考備選方案時，「天空才是界限。」(Sky is the limit.) (Meltsner, 1976:133)

如前所述，為使自己成為一個錦囊妙計的策士，政策分析人員必須具備豐富的創意和想像力，此外，其尚須具有勤奮的精神和無比毅力，這就是所謂的「勤能補拙」。為使自己成為一個錦囊妙計的策士，政策分析人員應對既有的政策方案勤加研究。西洋有一句諺語：「太陽底下沒有新鮮的事物。」(There is nothing new under the sun.)。金頓 (John Kingdon) 指出：所謂創造，也不過是把既有的方案重新組合，在適當的時間，以新的面貌，加以呈現而已 (Kingdon, 1984)。梅爾茲納進一步說，政策分析人員要能「洞燭機先，掌握時機，適時提出一個時機業已成熟的觀念。」 (Seize idea whose time has come.) (Meltsner, 1976:134)

二、政策方案的來源

巴戴克 (Eugene Bardach) 告訴我們，備選方案（或對策）的構想大致來自以下幾種來源 (Bardach, 1994:11)：

1. 主要政治人物的談話，如：總統、行政首長、國會議員、高級黨工、工商界領袖等人的談話。針對各種公共問題，前述政治人物經常會在各種場合，表達他們對解決公共問題對策的構想；政策分析人員對於他們所提出的政策構想，不僅應該注意，而且應該加以研究。必要時，政策分析人員亦可對這些政治人物進行訪談，藉以瞭解他們對解決公共問題對策的構想。

2. 政治、經濟、社會環境經常是變動不居的。所謂「環境變遷」，其實包括以下各種狀況：選舉後所產生的政治變遷，以及選戰中被挑起的議題；由於景氣循環所造成的失業率及通貨膨脹率的變動；由於政府預算寬鬆或緊縮所引起的變動；人口因素的變動等。對因政治、經濟與社會環境變遷所引起的議題，政策分析人員應密切注意，並應加以研究。

3. 巴戴克並且告訴我們，政策分析人員在思考備選方案時，應注意下述問題：「我們能否採用某種系統 (some system) 來掌握某一特定問題？」(Can we explicate some system that holds this problem in place or keeps it going?) (Bardach, 1994:12) 換言之，我們應該有系統地來處理問題，包括對備選方案（或對策）的思考。假如我們能夠界定並且掌握某一「問題系統」，我們就能找出可能採取的「干預點」(intervention points)：政策介入，並產生作用。例如，針對經常發生交通擁塞的交通系統，經由分析，我們得知，交通擁塞是因為在這個交通系統中有太多的「阻塞點」(choke points)，例如：橋樑、隧道等，此時，我們就能針對這些「阻塞點」，提出干預的政策，例如，採取使用者付費的政策，甚至

提高使用費率，以反映使用者使用此一交通系統的成本，減少交通擁塞發生的機會。對政策問題做有系統的分析，並且找出其中的「干預點」，這種作法對備選方案或政策的產生，具有重大的價值。政策分析人員不僅能經由此一程序而掌握問題與方案之間的關係，並能透過對問題相關因素的充分掌握，而使其將來在向顧客提出政策建議時，能夠提供更具有說服力的證據。

三、建構方案的方法

要而言之，研擬政策方案的方法有文獻檢視法、個案比較研究法、經驗調查法、結構型團體創意激發法與腦力激盪法等五種。茲分述如下。

㈠文獻檢視法

政策分析人員應勤於檢視與政策問題相關的官方檔案文件、學術論著、報章雜誌與電視評論等文獻，廣泛蒐集資料，積極吸收新知。唯有如此，政策分析人員始能掌握住問題癥結之所在，並且設計出實際可行的政策方案。

㈡個案比較研究法

西諺云：「太陽底下沒有新鮮的事物。」我們也常說：他山之石，可以攻錯；殷鑑歷歷在目，務須牢記於心。其實經過細究，我們就會發現，許多政策都是「舊瓶新酒」。有鑑於此，對於相似個案加以比較研究，並從中吸取精髓，實不失為研擬政策方案的一種良策。

㈢經驗調查法

在研擬政策方案的過程中，抱殘守缺，坐困愁城，絕對是下下之策。舉目環視，學富五車高明之士所在多有，有些甚至近在咫尺。有鑑於此，在研擬政策方案的過程中，政策分析人員應抱著虛懷若谷、虛心求教的態度，多多借重有學問、有經驗的學者專家與實務家。具體的做法則有結構型訪問法

(structured interview)：每個問題的選項與問題號次都是固定的，受訪者只要在指定答案範圍內填答即可；焦點訪問法 (focused interview)：政策分析人員針對某個主題，事先設計好若干開放性的問題 (open-ended questions)，再請受訪者以此為焦點，發表意見；非結構型訪問法 (nonstructured interview)：政策分析人員在沒有特殊設計的情況下，請受訪者無拘無束地自由發表意見。

㈣結構型團體創意激發法 (structured group process)

此係由戴爾貝克及其同僚 (Delbecq and Ban de Ven) 發展出來的一種類似腦力激盪法的激發創意技術，分成兩個階段進行：首先將參與成員分成若干高同質性的小團體，再按照腦力激盪的程序，進行激發創意。例如，將參與者分為老、中、青三組，再徵詢他們對社會福利的政策意見。其次，將參與成員打散，將之分為若干高異質性的小團體，再按照腦力激盪的程序，進行激發創意。例如，將全體成員打散，以居住地區劃分為都會區、城市區與鄉村區三組，再徵詢其政策意見。最後，將徵詢得到的政策方案，依優先順序加以排列。由於此種技術參與者多，且可以相互比較同質性與異質性團體的激盪效果，因此，其所創造出來的方案，往往亦較腦力激盪法為佳。

㈤腦力激盪法 (brainstorming)

奧斯本 (Alex Osborne) 在一九三〇年代所創設的腦力激盪法，至今仍被運用於問題建構與方案研擬方面的工作。奧斯本深信，數量可以繁衍品質 (quantity breeds quality)，經過千錘百鍊，才能產生理想的政策方案。依奧斯本之見解，腦力激盪法之所以能夠產生這種效果，實緣於其能發揮連鎖反應效果 (chain reaction effect)、競爭衝擊效果 (rivalry impact) 與積極強化效果 (positive reinforcement) 等三種特性。

腦力激盪的作業程序則包括：

1. 參加腦力激盪作業的團體成員，必須對特定政策問題情境具有深刻的瞭解，也就是一般所說的「專家」。

2.意見激發與意見評估兩個程序必須嚴格分開，否則，在意見激發階段，未臻成熟的批評與辯論，可能會妨礙廣泛的團體討論，以致無法產生寶貴的意見。

3.意見激發階段的各項活動，必須盡量保持公開，並且要鼓勵參與者能夠知無不言，言無不盡。

4.第一階段意見激發窮盡之時，始可進行第二階段的意見批評與辯論。

5.第二階段意見評估結束之後，須將各種意見列出優先順序，並且整合成一項提案，此項提案應當包含問題與對策兩個部份。

四、建構方案的注意事項

在備選方案建構完成以後，政策分析人員應設法將方案分析內容加以「概念化」(conceptualization) 與 「簡化」(simplification)。至於如何「概念化」與「簡化」，說明如下：

㈠概念化

所謂「概念化」，就是將備選方案所包含之基本策略，用簡明、易懂，且具說服力的辭句，加以表達。例如，美國環保局 (Environmental Protection Agency, EPA) 在成立之初，其首任局長即將其主要政策方案用下述簡明、易懂，且具說服力的辭句，加以表達：「讓州政府放手去做——由聯邦政府來提供經費！」(Let the states do the work.—Let the Feds give them the money!)、「揪出污染黑手！」(Sue the bastards!)（所謂「黑手」，指的就是那些製造污染的工廠和企業）。美國環保局首任局長的前述作法，就是 「概念化」 很好的例證。

㈡簡　化

所謂「簡化」，就是區分「備選方案」的「基本因素」(basic element) 與其「變數」(variants)。例如：強制執行、財政補貼或賦稅優惠等政策方案，

其「基本因素」就是一套「干預策略」，政府當局希望透過這套干預策略，來改變民眾的行為，至於強制執行、財政補貼或賦稅優惠等政策方案的「變數」，就是主事機關的行為、其他相關機關的支援、以及非營利機構的配合等。前述強制執行等政策方案，在形成政策並付諸執行時，有賴主事機關的大力推動，其他相關機關的支援，以及非營利機構的配合。區分備選方案的「基本因素」與其「變數」，有以下兩項優點：政策分析人員在建構備選方案時就知道應該優先處理「基本因素」的問題；在行有餘力時，再去處理其他相關的「變數」。如此按部就班、循序漸進，始能收到事半功倍的效果。此其一。將與備選方案相關的「變數」孤立出來，分別處理，有助於政策分析人員對「變數」的「規模」(scale) 與「範圍」(scope) 取得一定程度的瞭解。此其二。

　　非常值得注意者是，在建構備選方案的過程中，政策分析人員應經常與其顧客進行溝通。透過溝通，政策分析人員便能夠讓其顧客瞭解政策方案的方向與內容，有了這種瞭解以後，顧客才比較可能願意接受這項政策方案。不過，一般而言，顧客是非常忙碌的，他們不可能用太多的時間來與政策分析人員就某特定備選方案反覆推敲，不斷論證。因此，政策分析人員如何在最短的時間內讓顧客瞭解備選方案的內容，並使其願意接受這項備選方案，就是一項重要的工作了。

　　就政策分析人員如何使其顧客能在最短的時間內，瞭解方案的內容，並表示願意接受這點而言，以下幾點建議值得參考：

(一)與顧客建立良好的互動關係

　　在備選方案提出之前，政策分析人員藉由備忘錄 (memo) 的方式，先與顧客對於備選方案的方向與內容進行溝通。一方面，讓顧客對備選方案取得一個概括的瞭解，另者，政策分析人員亦可利用這個機會，得知顧客對政策方案的反應與評價。

㈡保持顧客對備選方案的關注

由於忙碌的關係，顧客通常無法全心關注政策分析人員研擬中的各項備選方案，此時，政策分析人員可藉由向顧客經常提供備忘錄的方式，來吸引顧客對備選方案的注意。

㈢建立顧客對政策分析人員的信任

政策分析人員在向其顧客推介備選方案時，如果每次都能做到言之有物、條理分明、簡單易懂，則一段時間下來，必能得到顧客的信任與依賴，這對政策分析人員而言，不僅是一種肯定，並能使其工作變得更為方便、有效 (Weimer and Vining, 1992:237–241)。

第四節　設定篩選方案準則

在建構備選方案的工作告一段落之後，接著而來的，就是對提出來的各項備選方案，進行篩選的工作，以收去蕪存菁的實效。篩選備選方案要有準則 (criteria)，有了準則，我們才能對各項備選方案的優劣 (goodness) 加以評估。有人說：「可行的政策就是最好的政策。」言下之意，就是備選方案是否可行是其取捨唯一的準則。其實，這種說法失之於籠統，備選方案是否可行固然是取捨的一個準則，但並非唯一準則，此外尚有其他準則，必須一併考量。

巴戴克告訴我們，篩選備選方案的準則可以分為兩大類別，一類是「評價性的準則」(evaluative criteria)，另一類則是「實際性的準則」(practical criteria)。前者涉及價值的問題，其重點在於檢視某一特定備選方案對民眾生活實際上可能產生的影響及其可能造成的衝擊。換言之，評價性的準則側重於政策方案可能產生的後果 (consequenses)，諸如：效率、效益、公平、正義等皆屬於評價性的準則。實際性準則與價值無關，其重點在於檢視備選方案經採納後，付諸實行時，其是否可行 (workability, feasibility)。易言之，實際

性準則的重點不在於備選方案可能產生的後果，而在於備選方案的執行過程 (process)，諸如，降低政策執行時的政治風險和成本、降低其他執行的風險、增加執行的機會等 (Bardach, 1994:14)。茲分述於後。

一、評價性準則

在做政策分析時，經常被用來篩選政策備選方案的評價性準則約有以下幾種。

㈠效率與效益的準則

根據這個準則，能夠使個人福利極大化 (maximize individuals' welfare) 的備選方案，就是「好」的備選方案。在經濟學的用語上，這就是「極大化個別效用的總和」 (maximize the sum of individual utilities)。「極大化淨福利」(maximize net benefits) 的備選方案，就是「好」的備選方案。值得注意的是，「效能」(effectiveness) 和「效率」(efficiency) 兩者的涵義不盡相同。「效能」是指達到目標的程度，或達成所欲結果的程度，其重點在於「質」(quality) 的達成。而「效率」則是指在經濟理性的考量下，產出與成本之間的比值，比值愈大則邊際效益愈大，其重點在於「量」(quantity) 的達成。「成本效率分析」 (cost-effectiveness analysis) 以及 「成本效益分析」 (cost-benefit analysis) 是兩種經常被用來測量備選方案效能與效率的方法。

㈡公平、正義的準則

根據這個準則，符合公平、正義原則的備選方案，就是「好」的備選方案。此處，我們所關心的問題是：備選方案經採納並付諸實行後，其所造成的社會利益分配是否公平？其是否確實幫助了生活匱乏的政策標的團體？其所產生的成本，或「負面外部效果」(negative external effect)，是否加諸於最少的受惠團體？依此準則，促成社會利益公平分配的政策，就是「好」的政策；確實幫助生活匱乏對象的政策，就是「好」的政策；執行成本或「負面

外部效果」加諸於最少的受惠團體的政策，就是「好」的政策。

(三)社會制度與社會價值準則

根據這個準則，凡是符合社會上多數人所珍惜的社會制度與社會價值的備選方案，就是「好」的備選方案。一般而言，社會上多數人所珍惜的社會制度與社會價值包括：家庭制度、自由市場制度、資本主義制度、宗教自由、言論自由、經濟自由、機會平等、隱私權保障等價值。

二、實際性準則

至於經常被採用作為篩選備選方案的實際性準則，則有以下三種：

(一)降低合法性風險

一項可行的政策必定不能違反憲法以及其他相關的法令規章。

(二)降低政治風險和成本

一項可行的政策方案，必須在政治上是可以被接受的，或至少它不會遭受排斥。政治不可行的情況有兩種：反對政策方案的人太多；支持政策方案的人太少。為了確保政策方案政治上的可行性，政策分析人員必須發揮其政治智慧，運用其政治判斷，並運用其政治手腕，增加對政策方案支持的程度，並減少反對政策方案的程度 (Nakamura and Smallwood, 1980)。

(三)降低執行風險、增加執行機會

為使備選方案在付諸執行時，風險降到最低，機會增到最大，則備選方案必須具備下述兩個條件：備選方案必須定得周延、詳實 (robustness)，俾在執行過程中，其能經得起任何嚴厲的考驗。此其一。備選方案在規劃時要留有改善的餘地 (improvability)。論者指出，「即使最能幹的政策規劃專家，在政策設計的階段，也不可能鉅細靡遺地訂好各項規定。」(Even the best policy planners can not get all the details right at the design stage.) (Bardach, 1994:17) 再者，在設計階段就對政策細節詳為規定，反而會增加其執行時的風險，並且降低順利執行的機會 (Mayer, 1985:162–170)。這就是為什麼要「立法從寬」的道理。總之，為減少備選方案執行上的風險，並增加其順利執行的機會，備選方案一則要定得周延詳實，另則也要保留改善的餘地。此其二。

三、潛在適用性準則

在篩選備選之政策方案時，政策分析人員尚須注意政策方案潛在適用性的問題，而政策方案潛在適用性，則須視下述四項準則而定：

㈠資源可獲得性 (availability of resources)

執行政策方案所需要之預算、設備與人力是否充裕、充分？是否需要爭取上級或其他機關的補助或協助？

㈡技術可獲得性 (availability of technology)

執行政策方案所需要之技術水準或科技知識是否足夠？是否需要自國外取得必要的技術與相關知識？

㈢價值可接受性 (value acceptability)

政策方案是否能為社會大眾與民意代表所接受？

㈣目標達成正確性 (adequacy of achieving goals)

政策方案是否能夠正確達成政策目標？其達成目標的程度如何？

在各備選之政策方案中，凡能符合資源可獲得性、技術可獲得性、價值可接受性、目標達成正確性等四項準則者，即有可能雀屏中選。

第五節　預測政策方案後果

諸項備選方案經過審慎篩選以後，若干政策方案（至多二、三個方案）業已脫穎而出，政策分析過程於此已完成泰半。但是為了審慎起見，政策分析人員尚應對選定的政策方案，就其可能產生的實際效果，加以預測。

一、預測方案後果的困難性

依據巴戴克之見解，「預測政策方案可能產生的實際效果，是政策分析過程中最為艱困的一個階段。」(Projecting the outcomes is the hardest step in the eight-fold path.) (Bardach, 1994:19) 即便是經驗老道的政策分析人員，也常會感到力不從心、力有不逮，其他人則更是避之猶恐不及。這是因為預測特定政策方案可能產生的實際效果，不僅有其實際上的困難，尚有其心理上的障礙。就實際上的困難而言，政策效果實在難以未卜先知。就其效果而言，公共政策是「未來取向的」(future-oriented)，某項政策方案能否達成預期的政策目標，且其對社會現況能否產生實際的衝擊 (impact)，於規劃階段，實在難以逆料。普瑞斯曼 (Jeffrey Pressman) 與魏雅儒 (Aaron Wildavsky) 兩位學者曾說：「公共政策乃是為獲致某種難以達成的目標而發起的政府行動。在初步條件——即『政策假設』(policy hypothesis) 的階段——達成時，政策即已存在。『政策』一辭意味著將一種假設轉變為政策行動。初步的假設條件 (the initial premises of hypothesis) 已經得到授權，至於預期的效果，要等到實際執行的時候才能看出。」(Pressman and Wildavsky, 1973: XIV–XV) 由此可知，公共政策其實是一種「假設」(hypothesis)，其通常是以「假若」(if)……「那麼就」(then)……的方式，加以表達。例如，假若我們提高公車費率，那麼公車司機服務的態度就會改善，至於調高公車費率後，公車司機服務的態度是否真的會有所改善？那就難以未卜先知了。此外，在預測政策方案對社會現狀可能產生何種衝擊時，我們還有一種心理上的障礙。一般而言，我們是不敢面對現實的，甚至有人說，我們總是在逃避現實，因為面對現實，而現實

又不是那樣美好，就可能會讓我們感到焦慮不安，甚至惶惶不可終日。我們總願意朝好的方面去設想，寧願相信推出的政策方案終能達成規劃當初所設定的目標，而不願去想，其在執行過程當中，可能遭遇重重挫折，甚至無疾而終。

由上述可知，固然預測特定政策方案的實際效果，是政策分析一個重要歷程，但是因為我們有實際上的困難以及心理上的障礙，因此，常常會找一些藉口，想要逃避。

然而，預測特定政策方案對社會現狀可能產生的衝擊的確是政策分析過程中一項重要的工作，必須予以面對、正視。抑有進者，我們應以既不悲觀，也不過分樂觀的態度，來面對這項工作。巴戴克說，「我們的目標是以務實的態度去作好預測的工作。」(Realistic projection is our goal.) (Bardach, 1994:20)

二、預測未來的意義

政策方案設計完成以後，我們自然希望能夠瞭解政策未來 (policy futures) 的發展狀況。此項艱鉅的工作，唯有賴妥善運用適當的預測技術，始能竟其功。

㈠預測的意義

預測是對社會的未來狀態提供資訊的方法。此一概念可以從以下三個角度加以分析：預估 (projection)：即以目前和過去歷史發展趨勢，來推論社會未來狀態的一種方法。其可經由統計分析方法（如時間序列分析 (time-series analysis)），亦可運用個案比較研究法，有時尚可訴諸權威，來推論社會的未來可能發展情況。一般而言，預估是以經驗性的資料 (empirical data) 為其基礎。預計 (prediction)：即以明確的理論假設，預測社會未來狀態的一種方法。此類理論假設也許是「理論定律」(the theoretical laws)，例如「金錢效用遞減率」 (the law of diminishing utility of money) ；也許是理論命題 (theoretical proposition)，例如「社會秩序混亂乃是因為期望與達成期望能力間的差距所

引起」的這種命題；也許是比擬性的主張 (analogies)，例如「政府的成長正如同生物有機體的成長一樣」這種比擬性的主張。預計的主要特徵在於，其係從因果關係，或類比性，去預測事件發生的可能性。推測 (conjecture)：即以主觀的判斷 (subjective judgment) 為基礎，來推測社會的未來狀態。此種主觀的判斷常是直覺性的。此處所謂的判斷，是指利用過去、目前或未來的經驗、目標、價值、意向等，來推測社會的未來狀態。例如預測者基於人類需要更多「閒暇」的看法，而預測公務人員每週上班五天乃是大勢所趨。

(二)未來的意義

預測的對象是社會的未來狀態，所謂「未來」具有下述三種不同型態：「潛性未來」(potential future)：即未來可能發生的社會狀態。這種未來在實際發生之前一直處於未確定的狀態。「合理未來」(plausible future)：即可能發生的社會未來狀態。這種未來是建立在自然科學和社會因果關係的假設之上，如果決策者不刻意去干預事件的發生，則這種未來可能發生。「應然未來」(normative future)：即政策分析人員或決策者的未來需求、價值、機會等觀念相互一致的潛性未來與合理未來。應然未來的明確化，可以使政策分析人員縮小潛性未來和合理未來的範圍，使預測的後果，更能朝向特定的目標和目的發展。

三、預測方案後果的方法

(一)趨勢外推法 (trend extrapolation)

這是一種以過去所發生過的事實來推斷未來可能發生情況的方法。其假設前提是，如果沒有干預（新的政策措施或不可預見的事件），那麼過去發生過的事情，未來可能會再發生。此乃根據「歸納邏輯」(inductive logic) 所形成的一種預測方法。諸如古典時間序列分析法 (classical time-series analysis)、黑線技術 (black-thread technique)、最小平方趨勢估計 (least-squares trend estimation)、大幅變動方法 (catastrophe methodology)、非線性時間數列 (nonlinear time-series) 等皆屬於趨勢外推的統計方法。

(二)理論假設法 (theoretical assumption)

這是一種透過一套經過系統化建構並可訴諸實際驗證的法則或命題來預測未來可能發展狀態的方法。此乃根據演繹邏輯 (deductive logic) 所形成的一種預測方法。諸如理論假設法 (theoretical assumption)、因果模式建構法 (causal modelling)、投入產出分析 (input-output analysis)、迴歸分析法 (regressional analysis)、區間估計 (interval estimation)、相關分析 (correlational analysis) 皆屬於理論假設的預測方法。

(三)主觀判斷法 (subjective judgment)

這是一種透過洞察力所獲得的知識來預測社會未來狀態的方法。此乃根據回溯邏輯 (retrospective logic)，對社會未來狀態提出某種主張，然後再回頭去尋找資訊的一種預測方法。諸如前述之傳統德菲法、政策德菲法等皆屬於主觀判斷的預測方法。

前曾述及，我們因為常有一些心理上的障礙，所以總想迴避預測政策後果的工作，即便是必須面對這項工作，我們也總是設法朝好的方面去想，而不願從壞的方面去想。巴戴克告訴我們：「為了使我們不致於過分樂觀，我們應該有系統地檢查政策將來所可能遭遇的困難。」 (To counter bias against natural optimism, systematically review possible adverse scenarios.) (Bardach, 1994:20) 一項經過精心設計的政策方案，在付諸執行時可能因為以下種種因素，而終歸失敗：必要的科學或科技知識付諸闕如；必要的預算被挪用於其他用途；必要的政治支持因情勢變更而逐漸流失等等。從另外一個角度來看，為了保證政策方案在某種程度上能夠達成規劃當初所設定的目標，政策分析人員應設法取得必要的科學及科技知識，爭取必要的人力、財力和物力，並維持必要的政治支持。總之，政策分析人員在面對預測政策效果的工作時，

應該臨淵履薄、居安思危、未雨綢繆、制敵機先。

　　為了做好預測政策效果的工作，政策分析人員尚應設身處地，站在政策利害關係人 (stakeholders) 的立場，從他們的角度，來觀察問題，以瞭解他們對政策可能產生的反應，並據此研擬恰當的政策方案。茲舉一例加以說明：就一項市政府計畫調高停車費率的政策而言，這項政策方案的利害關係人包括：使用私人汽車的通勤者、搭乘公共汽車的通勤者、市立停車場、私人停車場、一般市民、市郊地區的居民等。對於前項政策方案，各政策利害關係人都可能有不同的反應。我們應該瞭解這些反應，並根據這些反應，妥善研擬對策。例如，使用私人汽車的通勤者，他們很可能反對這項政策方案，而要求民意代表出來阻擾這項政策方案，或要求市政府提出興建更多市立停車場的計畫。為了避免偏高的停車費率，他們有可能將汽車停放在市郊地區，那麼市郊地區的居民會有什麼樣的反應呢？搭乘公共汽車的通勤者會有什麼反應呢？私人停車場的主人會有什麼反應呢？一般市民又會有什麼反應呢？對政策分析人員而言，瞭解這種種反應，並研擬妥善的對策，是一項重要的工作。語云：「知己知彼，百戰百勝。」

　　在我們相當程度能夠掌握政策效果以後，我們應該將政策效果、預測情形用矩陣方式 (matrix form) 加以表達，一方面列出各政策方案，另方面列出各方案可能產生的效果。

第六節　蒐集政策資訊

　　巴戴克告訴我們，政策分析人員有兩項重要的工作：思考（有時單獨思考，有時集體思考，和同事一起做腦力激盪）和蒐集資料 (data)，特別是蒐集那些可以轉化為資訊 (information) 和證據 (evidence) 的資料 (Bardach, 1994:24)。梅爾茲納曾說，對政策分析人員而言，「思考是無可取代的。」(There is no substitute for thinking.) (Meltsner, 1976:122) 思考比蒐集資料來得重要，然而，蒐集資料的工作也絕不可等閒視之，在政策分析每一個階段（包括：問題認定、確立政策目標、建構備選方案、預測政策方案後果等），政策

分析人員都應該要花很多時間閱讀相關文獻與檔案，到圖書館搜尋相關的資料，分析統計資料，以及進行訪問等。因此，如何以經濟、有效的方法，去蒐集與政策方案相關的資料，是政策分析過程中一項相當重要的工作，而其要領則在於：蒐集那些能夠轉化為資訊與證據的相關資料。資料、資訊、證據三者的意義不盡相同，應該加以區分。資料就是「事實」(facts)，或者說是「事實的代表」(representations of facts)；資訊則是「有意義的資料」(data that has meaning)，而證據則是足以影響或改變人們信念的資訊。

我們之所以須要蒐集證據，無非是基於兩種考慮：第一，利用證據來評估具體政策情境的各種特徵；例如，某特定機關的工作量、這個機關的預算、其管轄地區人口變化的情形、其首長的政治意識型態、其中堅幹部的工作能力，以及在某些特定政策問題上與該機關有合作關係的其他機關的狀況。第二，利用證據來評估一般認為施行效果不錯，而且情況類似的政策方案。兩者都有助於我們預測政策方案可能產生的實際效果。

政策分析人員在蒐集相關資料時應把握以下幾項原則 (Bardach, 1994:24)：

㈠先思考再去蒐集資料 (think before you collect)

思考與蒐集資料是相輔相成的，不可偏廢。我們不要一頭鑽進資料堆裡去，而應在採取蒐集資料的實際行動前，先想清楚我們需要什麼資料？我們為什麼需要這些資料？如此，蒐集資料才能得心應手，也才有實效。政策分析人員經常犯的一種錯誤就是花一大堆的時間，去蒐集一些毫無用處的資料。

㈡蒐集有證據價值 (evidentiary value) 的資料

這也就是蒐集那些能轉化為證據的資料（證據是足以影響或改變人們信念的資訊）。

(三)為了避免白費力氣在收集一些毫無用處的資料上,在蒐集資料之前,我們應先自我檢討一番

蒐集進來的資料對於解決政策問題真有幫助嗎?辛辛苦苦蒐集進來的資料比我們憑空臆測所得到的瞭解要好多少?千辛萬苦蒐集進來的資料真有它的價值嗎?蒐集資料雖然消耗時間,有時又所費不貲,但是經過仔細評估後,認為確實有其必要,值得去做,那麼就應該當機立斷、馬上去做,不要猶豫不決,也絕不能縮水。

(四)他山之石,可以攻錯

我們正在做的研究未必是舉世無雙、獨一無二的。我們常說,「太陽底下沒有新鮮的事物」,他人也許早已做過類似的研究了。因此,我們要參考、借鏡別人的辦法,最好還能推陳出新,提出更好的辦法,以收「他山之石,可以攻錯」的效果。

(五)採用類比的方法 (analogies)

有時,有些研究在表面上看來和我們正在做的研究相去甚遠,但經仔細觀察,卻發現有許多相似之處,這些研究就有借鏡與參考的價值。例如,行政革新,可以從企業管理找到許多啟示與靈感。

(六)及早著手

資料是有時效性的。而且,能夠為我們提供資料,答應接受我們訪談的人,往往都很忙碌,所以最好能劍及履及,及早著手,以便及時完成資料蒐集的工作。

第七節　處理抵換問題

經過篩選以後,如果某一特定政策方案脫穎而出,一枝獨秀,而且顯然

優於其他備選方案，此時，並沒有所謂的抵換的問題。否則，政策分析人員，必須面對在各備選方案之間，如何處理抵換的難題，而在「魚與熊掌，不可兼得」的窘境之下，作一抉擇。

在處理抵換問題時，政策分析人員通常須要考量存在於金錢 (money) 與財物 (good) 或服務 (service) 的數量、品質與成本之間取捨的難題。例如，延長圖書館夜間開館時間，從原來晚上八時閉館，延長到晚上十時閉館，這是造福學生的一種作法，值得肯定。然而，為此，學校每年須增加五百萬元的圖書館經費。延長開館時間與否，必須在「服務」與「金錢」之間，作一抉擇。又如，要求工廠裝置防污設備，以保障民眾健康，這是造福民眾的一項良政，但牽涉到增加私人生產成本的問題，因此，是否要求工廠裝置防污設備，必須在增加工廠生產成本與維護社會利益之間，作一抉擇。

經濟學家告訴我們，抵換一般發生在邊際效益上 (at the margin)。茲舉一例加以說明。例如，警政單位必須從下述兩個備選方案，選擇其一：

甲案：每年撥一百萬美元，作為警察夜間巡邏加班費之用，如此，每年可以減少兩百件竊盜案。

乙案：每年撥二十五萬美元，以加速警車汰舊換新，如此，每年可以減少五十件竊盜案。

此時，警政單位的決策者必須面對的邊際抵換的問題，即每件竊盜案的防止費用為五千美元，若警政單位設定之目標為每年一百五十件，則其邊際成本總額為七十五萬美元。

處理抵換問題之所以為一項棘手的工作，原因在於：備選方案常具「多元素性」(multiattribute) (Stokey and Zeckhauser, 1978)，且常具多重目標。此其一。抵換主體之間，往往不易「共量」(commensurable)，例如，將「服務」轉化為「金錢」，甚或將「生命」轉化為「金錢」，都極為不易。此其二。

為妥善處理抵換的問題，我們可以採用損益 (break-even) 分析，或轉折點 (switch point) 分析等方法。例如，以「金錢」與「生命」之抵換關係而言，生命何價？這是一個極為棘手的問題。很多人對這個問題，避之猶恐不

及，但是政策分析人員有時必須面對這個問題；他可以利用量化評估 (quantitive estimate)，以及應用損益分析的方法，來處理這個問題 (Bardach, 1994:27-28)。茲舉一例加以說明：在汽車上裝置一個新的安全設置，以增加行車安全，裝配新的安全設置，每年概估要支出五千萬美元，而採用了這種新的安全設施後，每年可以拯救二十五條生命（即每年可以減少二十五件車禍死亡事件）。此時，每一條生命的邊際效益價值，為二百萬美元。因此，在回答生命何價這個問題的時候，我們可以回答說：在統計學上，每一條生命的價值是二百萬美元。生命能否用金錢來加以量化，誠然是一個極具爭議性的問題，甚至有人會認為，這是一個在道德上絕對無法接受的問題，但是，政策分析人員必須勇敢面對這類問題，並且想出最好的辦法，來處理這個問題。

綜上所述，所謂抵換，就是對備選方案的多元素性、多重目標以及多種可能產生的實際效果，進行比較、權衡、判斷，以決定何者為最適方案。由是以觀，抵換既是一種事實認定的行為，也是一種價值判斷的問題：抵換既是一種事實的認定，因此，政策分析人員應從多元理性（技術、經濟、法律、社會理性等）的概念著手處理。而抵換又是一種價值判斷的問題，所以政策分析人員應發揮其政治智慧，運用其政治判斷，去作最為適當的決定。

第八節　決定提出方案時機

在政策分析的過程中，決定提出方案時機這項工作，旨在檢視前述各項分析工作，如認定公共問題、確立政策目標、建構備選方案等等，是否都已獲得妥善處理。在此一階段，政策分析人員應設身處地，從決策者的角度，來斟酌決策是否已臻成熟？向決策者提出政策方案的時機是否已經成熟？假如到了這個階段，你仍舊感到躊躇不前，猶豫不決，難下決定，那麼這就表示，前述各項分析工作尚有不足之處，而必須對不足部份予以加強。由此可知，政策分析過程是一個「試誤」(trial and error) 過程 (Bardach, 1994:29)。政策分析工作誠然是周而復始的，政策分析人員要瞻前顧後、左思右想、反覆檢視，以至有成。

第五章 爭取支持政策方案

第一節 爭取顧客對政策方案的支持

一項政策方案經過前章所述各個分析階段，反覆檢討，重新修正、強化、調整後，現在我們儼然已經掌握了處理政策問題的錦囊妙計。隨之而來的一項重要工作，就是如何表達、呈現我們的政策方案，如何爭取政策利益關係人對政策方案的認同與支持。

一個完整、周延政策分析的論述，必須探討「政策接納」(adoption) 與「政策執行」(implementation) 等相關問題。換言之，政策方案形成以後，政策分析過程仍未完成；舉凡如何爭取顧客、立法機構以及其他利害關係人對政策方案的支持等項後續政策活動，仍尚待進行。

一位成功的政策分析人員必定擁有兩個法寶，一為「科學技術」，另一則為「政治藝術」。前者奠定政策分析人員理性分析的信度與效度，而後者將使一切變得更為圓滿，更為順暢。切記！再好的政策方案，都必須透過爭取認同與支持的實踐與力行，方能見到「智慧」的成果。在說服、溝通、陳述事實時，我們應記取千里馬與伯樂的故事，而忘掉姜子牙與文王的邂逅，別期待伯牙與鍾子期的奇遇，而要多學孔子、孟子的熱情，化被動為主動，善用「科學技術」與「政治藝術」這兩個法寶。

在說服顧客，使其認同，並且支持特定政策方案之前，我們必須先問自己三個問題：1.對誰說？；2.說什麼？；3.怎麼說？以下將從這三個問題的討論，勾勒出我們應如何瞄準對象、言之成理、爭取注意，進而打動芳心的一些要訣。

所謂「溫故而知新」，在進入正題之前，讓我們再舊話重提一番。前曾述及，威瑪和范寧兩位學者對政策分析所下的定義是：政策分析就是向顧客提供與公共政策有關的建議 (Policy analysis is client-oriented advice relevent to public decissions.)。他們指出,「政策分析的產品就是建議。」(The product of policy analysis is advice.) 梅爾茲納也曾經指出 : 分析 (analysis) 就是建議 (advice);分析人員 (analyst) 就是顧問 (adviser)。梅爾茲納進而指出,政策分析就是政策分析人員向顧客提供解決公共問題之建議。此處所謂的「顧客」,在官僚機構 (bureaucracy),指的就是上司,也就是在官僚機構裡,擁有決策權的長官。而政策分析人員,就是一般所謂的「幕僚」。依據懷特之見解,幕僚的工作就是研究問題,研擬計畫,及提供建議。梅爾茲納尚且指出,顧客和政策分析人員兩者間之關係好比是消費者 (consumer) 和生產者 (producer) 兩者間之關係——顧客是消費者,政策分析人員是生產者,政策分析的產品就是建議。顧客和政策分析人員兩者之間,存在著某種共生的關係;其間存在著某種相互依賴 (mutually dependent) 的關係。顧客依靠他的政策幕僚,提供政策建議,幫助解決公共問題;而政策幕僚則希望透過提供有用的政策建議,爭取長官的信賴,俾其在官僚機構當中,不僅能保住現在的官位,甚且可以平步青雲、更上層樓。依據班恩 (Robert D. Behn) 之見解,政策分析人員的工作,即在於幫助他們的顧客,解決特定的公共政策難題。班恩告訴我們,假如你沒有顧客,你的工作就不算是政策分析的工作。班恩甚且將政策分析與學術性的社會科學研究做了一番比較。他說:政策分析品質的優劣,由顧客來做判斷;而學術性的社會科學研究品質的好壞,則是由同儕來評斷。政策分析品質的優劣取決於長官(或顧客)對政策分析的產品(建議)能否接受,而社會科學研究品質的優劣則取決於其能否達到累積知識、建立原則、形成理論,以及追求真理的目標。經由這番比較,我們對政策分析的特質,便有了更深一層的瞭解 (Behn, 1982:428)。

政策分析是由規劃 (formulation) 與溝通 (communication) 兩項活動組織而成。誠如威瑪與范寧兩位學者所言,「政策分析是包含規劃、溝通有價值建議的一種過程。」 (Policy analysis as a process involves formulating and communicating use for advice.)

簡言之,政策分析的產品是「建議」(advice);而政策分析人員的主要職

責便在於使顧客接受這項建議。為達此目的，政策分析人員向顧客所提供之政策建議 (recommendations) 不僅內容要擲地有聲，且其格式 (format) 也要妥當。就政策建議要有內容而言，政策分析人員應簡明扼要地回答以下三個問題：

    1.針對某一特定的公共問題，我的顧客應採取什麼行動。

    2.採取這種行動的理由為何。

    3.採取這種行動的方法為何。

這就是 What、Why 和 How 的問題。就政策分析要重視格式而言，威瑪和范寧兩位學者告訴我們，格式妥當與否，相當程度決定顧客是否會採納我們所提出的政策建議。舉例言之，顧客對經濟分析、統計分析，以及其他技術性問題瞭解的程度，參差不齊，有些顧客對前述問題的瞭解較多，有些顧客則否。有鑑於此，政策分析人員應根據顧客對經濟與統計分析以及其他技術性問題瞭解的程度，來撰寫他們的政策建議。

一般而言，顧客都具備以下三種特徵：

    1.他們都希望在政策分析過程當中能夠扮演某種角色，但又不願意自己親手來做政策分析的工作。

    2.顧客都很忙碌，並且經常承受許多來自外界的壓力。

    3.顧客對沒有經過考驗的政策建議都心存疑慮，存有戒心。

政策分析人員在向他們的顧客提出政策建議時，絕對不能忽視上述顧客的三種特徵 (Weimer and Vining, 1992:236–237; Meltsner and Ballavita, 1983:29–57)。

基於上述，政策分析人員應有以下幾點認識：

第一、基於顧客都希望能在政策過程中扮演某種角色，而又不願意自己親手來做政策分析工作這點瞭解，政策分析人員應該在政策分析過程中，定期向顧客就政策分析工作的進度提出報告。至於向顧客報告的頻率，則須視個案而定。有些顧客比較關心政策分析的進度，態度又比較平易近人，在這種情況，政策分析人員向顧客報告進度的頻率可以高一些，否則就應該有所

節制。如果顧客是一個好的聽眾，那麼，政策分析人員就可以考慮採用向顧客做口頭報告的方式，不然則以書面報告為宜。簡而言之，政策分析人員應運用智慧，以最恰當的方法，讓顧客在政策分析的過程當中產生一種參與感，而且不論是口頭報告或者書面報告，都要掌握用字遣詞深入淺出的原則。報告要簡明扼要，而不拗口，不累贅。切記！少在顧客面前賣弄自己的專業知識。

第二、如前所述，一般而言，顧客都是十分忙碌的，並且經常承受來自外界各種沉重的壓力，因此，政策分析人員如何在顧客百忙之中，仍舊能夠抓住他對政策建議的注意力，就變成一門很大的學問了。再者，政策分析人員務須確切掌握政策分析的時效性 (timeliness)。政策分析人員向顧客所提供之建議不僅要言之有物，並且要注意時效，兩者最好能夠兼顧，如果不能，則應以時效為主要考慮因素。一項言之有物、擲地有聲的政策建議，如果不能適時提出，其結果必然是功虧一簣、前功盡棄。抑有進者，政策分析人員為加強與其顧客之間的溝通，尚應注意以下幾點：

- 書面報告要有「摘要」(executive summary)。
- 書面報告要有「目錄」。
- 大標題與小標題要標示清楚。
- 要妥善準備數據、圖表。

威瑪和范寧兩位學者特別強調，政策建議要簡潔有力、言簡意賅。他們並提出以下幾點政策分析人員所應注意的事項：

- 政策分析人員務必要把顧客牢記在心；政策分析人員不可或忘，政策分析是為顧客而做的。
- 政策分析人員對其所提出之政策建議，務必要做到條理分明、組織嚴謹；例如：主要的資料要擺在「正文」，次要的資料則擺在「附錄」。
- 政策分析人員所提出的政策建議，務須注意要段落分明、析理周延。
- 政策分析人員所提出的政策建議，標題要標示清楚，標題最好能有創意，別出心裁。

- 政策分析人員所提出的政策建議，內容要妥善安排，避免出現頭重腳輕、顧此失彼的現象。例如：「政策分析」，一般而言，應包涵「問題分析」與「對策分析」兩大部份；在提出「政策分析」與「對策分析」時，兩者在政策報告所占的比例應力求均衡。
- 政策分析人員所提出的政策分析要引經據典，以加強其說服力。
- 政策分析人員所提出的政策建議，用字遣詞要力求簡潔，盡量減少艱澀難懂的專門術語，而要用平鋪直述的方式，來分析問題，擬就對策。
- 政策分析人員不可「報喜不報憂」。我們知道，政策分析是「未來取向的」(future oriented)，因此，政策建議能否達到預期的目標，實在是難以預料。我們既然無未卜先知的能力，在研擬解決公共問題的對策時，中間難免有不確定的部份，對於不確定的部份，政策分析人員不應避諱，而應面對，並且如果可能的話，應該說明如何釐清不確定的部份。
- 政策分析人員所提出的政策建議，切忌長篇大論，更不可天馬行空、不著邊際、不知所云。
- 政策分析人員所提出的政策分析建議，要開門見山，切忌故弄玄虛，故作神秘狀 (Weimer and Vining, 1992:240)。

前曾述及，一般而言，顧客對沒有經過考驗的政策建議，是心存疑慮的，不敢貿然採用。為了克服顧客這層心理上的障礙，政策分析人員最好能及早在顧客的心目中，建立起卓越的信譽；對一個信譽卓越、表現非凡的政策分析人員所提出來的政策建議，顧客便不至於猶豫不決，更不會拿到以後就輕率地將之束諸高閣。

為了在顧客心目中能建立起卓越的信譽，政策分析人員應注意以下兩點：第一，如前所述，政策分析人員所提出的政策建議，要能引經據典，如此，其所提建議才具有說服力。就此而言，政策分析和學術研究一樣，應重視註釋與註解。第二，對政策建議當中在理論上、資料上、分析上、預測上所涉及的不確定性 (uncertainties) 或模稜兩可 (ambiguities) 的部份，政策分析人員

不可避諱，而應面對，並在可能的情況之下，釐清這種不確定或模稜兩可的部份。

第二節　爭取利害關係人對政策方案的支持

如何爭取政策利害關係人對特定政策方案的支持，這牽涉到政治可行性 (political feasibility) 的評估和政治策略 (political strategy) 的運用等問題，威瑪、范寧、梅爾茲納、巴戴克 (Eugene Bardach)、魏傑 (Darind Weger) 等人對這些問題均有所討論，值得我們重視 (Weimer and Vining, 1992; Meltsner, 1972; Bardach, 1972; Weger, 1986)。

一、評估政治可行性

梅爾茲納在〈政治可行性與政治分析〉(Political Feasibility and Policy Analysis) 一文中指出，為了確實評估某一特定政策方案的政治可行性，藉以爭取政策利害關係人對特定政策方案的支持，政策分析人員應該準備一份清單 (check list)，並應在這份清單上，列出以下幾個要點：

- 哪些人是特定政策方案的關係人 (relevant actors)？
- 他們對這項政策方案是持支持的立場？還是持反對的立場，抑或是持中立的立場？
- 他們支持（或反對）的理由為何？
- 他們各自擁有哪些資源（或籌碼）(resources)？
- 就這項政策方案而言，其決策場 (political arenas)（立法、行政或司法機關）為何？(Meltsner, 1972:859–867)。

威瑪和范寧兩位學者進而將評估政治可行性的工作，分為以下四個部份加以說明 (Weimer and Vining, 1992:314–315)：

㈠列出政策關係人

在某一特定政策方案上，哪些個人以及團體是所謂的政策利害關係人？

根據威瑪和范寧的見解，一般而言，受到政策方案重大影響者，以及政府主事機關，皆為政策關係人，他們並以下述例子來說明這個問題。他們指出，在一項向市議會提出之禁止公司行號雇主對其雇員以隨機取樣方式進行使用毒品檢驗的政策方案，下述皆為此一政策方案的利害關係人：代表員工利益之工會、代表雇主利益之商會、其他公益團體、市長和市議會的議員、市議會的法律顧問、衛生局長和其他衛生局的官員，以及大眾傳播媒體。對前項禁止公司行號雇主對其職員以隨機取樣的方式進行毒品使用篩檢的政策方案，工會可能持支持的立場，而商會則可能持反對的立場；以保障勞工權利為宗旨的公益團體可能持支持的立場，而以保障社會安寧與秩序為宗旨的公益團體則可能持反對的立場；市長和市議會，則因其職責所在，對前述政策方案，也會採取一定的立場；市議會的法律顧問雖然沒有投票權，但是他們對此一政策方案所表達的法律意見，通常也會得到尊重；大眾傳播媒體則會以發表社論等方式，對前述政策方案表達他們贊成或者反對的立場。

　　為了確實評估政策方案的政治可行性，政策分析人員的首要任務即在於將政策關係人逐一列出。如前所述，在列舉政策關係人時，舉凡有重大利害關係者，以及政府方面的主事機關，皆應列入，不可有所遺漏 (Stokes, 1986:45–55; Miles, 1978:399–403)。如果政策分析人員是一位新手，則為了瞭解誰是政策關係人，他應該向有經驗的老手多多請教。此外，政策分析人員應設法與政策關係人取得直接聯繫，藉以瞭解他們的立場，以及他們可能採取的行動，並且進而評估這種立場或行動對政策方案可能產生的衝擊。

㈡瞭解政策關係人所持之立場及持該立場之理由

　　威瑪和范寧把這個問題看作是政策關係人動機 (motivations) 和信仰 (beliefs) 的問題；他們並且表示，政策利害關係人的動機和信仰是顯而易見的。例如，在前述禁止公司行號的雇主對其雇員以隨機取樣之方式進行毒品使用篩檢的政策方案，工會顯然會持支持的立場，而商會則很可能持反對的立場，社會上有些公益團體，基於保障勞工權益之理由，會持支持的立場，

而另外一些公益團體，基於維護社會安寧與秩序的理由，則可能持反對的立場。政策分析人員如果發現某政策關係人贊成或反對之理由不夠充分，立場有些動搖，他們就可以本諸「以理服人」的原則，對這些人曉之以利、動之以情，藉以改變其採取對政策分析人員及其顧客有利的立場。

至於政府主事機關人員之動機與信仰，其實也不難瞭解。一般而言，民選市長與市議員對特定政策方案的立場與行動，一般都是出自政治因素的考量。例如，採取某種立場或行動，對其競選連任有利還是有弊？採取某種立場或行動，對其政治升遷有利還是有弊？至於事務官，通常他們是基於專業(professionalism) 以及維護機關利益等因素的考慮，而決定其立場或行動的。

政策分析人員為瞭解政策關係人所持之立場，及其持該立場之理由，應儘可能的設身處地，從政策關係人的角度來觀察問題——假如我是某一特定政策關係人，我會採取什麼立場？假如我是某一特定政策關係人，我會採取什麼行動？

㈢評估政策關係人的資源或籌碼

政策關係人的資源或籌碼不外乎以下幾種：雄厚的財力、豐沛的選票、專家的意見、輿論的力量等等。就政府主事機關而言，民意代表在法案三讀時有投票權，在委員會舉行聽證會時，他們可以發表意見，甚至提出建議。政務官，如民選市長，對議會三讀通過的法案有否決權，而且在法律執行的過程當中，有裁量權。以上種種皆是政策關係人所可能擁有的有形、無形的資源或籌碼。

㈣選擇決策場所

所謂「決策場所」(political arenas)，指的就是對特定政策方案有決策權的立法、行政或司法機關。決策場所各有其 「決策規則」 (set of rules about how decisions are made)，這些決策規則有些是成文的，例如，立法機關的議事規則或行政機關的行政程序；有些則是不成文的，例如，立法機關的不成

文行為規範,行政機關的行政傳統。因此,瞭解不同決策場所成文與不成文的決策規則,是妥善評估政治可行性與運用政治策略的一個主要課題。

不同的決策場所對特定政策方案所持的態度與立場可能有所區別。舉例言之,在一九五〇與一九六〇年代,美國的民權組織推動《民權法案》(*Civil Rights Laws*) 不遺餘力。彼時,立法機關對《民權法案》的態度是冷漠的,甚至是仇視的,其所採取的立場,是反對的立場。基於此種認識,推動《民權法案》的美國民權組織就作了如下的決定:捨棄態度仇視的立法機關,轉而訴諸對《民權法案》持正面態度的政府司法部門。事後證明,這種選擇的確是明智之舉。

由上述可知,熟悉決策場所的決策規則,瞭解決策場所對特定政策方案所持的態度與立場,並進而據此慎重選擇決策場所,是政策分析人員在評估政治可行性時一項重要的任務。

在任何一項重大政策方案的決策過程當中,政策關係人因為經濟利益、政黨或派系利益以及意識型態之不同,而會採取不同、甚或對立的立場,乃至於衝突迭起。有時,更因各方固執己見,相持不下,甚而出現僵局。費雪 (Roger Fisher) 和尤瑞 (William Ury) 兩位學者指出,衝突是一種「欣欣向榮的行業」;他們進而指出,今天,願受他人操縱的人,愈來愈少,每個人都想參與攸關自己利益的決策制定過程,甚至想影響這個過程,而每個人的利益殊不相同,因此衝突迭起,須要運用談判來解決各方的歧異 (Fisher and Ury, 1983)。這就牽涉到政治策略運用的問題。

為爭取各政策關係人對政策方案的支持,政策分析人員應巧妙地運用政治策略,發揮調和鼎鼐、折衷協調的功能,以化解衝突,形成共識,俾使政策方案得以順利通過,付諸執行,產生實效。

二、運用政治策略

一般而言,政治策略有以下四種: 1.求同存異 (cooptation); 2.妥協 (compromise); 3.操縱政治抉擇的情境 (heresthetics) 以及 4.雄辯 (rhetoric)。

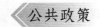

茲將這四種政治策略敘述如下。

(一)求同存異

　　參與並想影響決策過程者，應懷抱「毋必、毋意、毋固、毋我」的情操，以開闊的胸襟，彈性的作為，來包容異見，求同存異。在決策過程中最忌諱者，莫過於「順我者昌，逆我者亡」，排除異己，固執己見。論者指出，求同存異是達成協議的最佳途徑。威瑪和范寧兩位學者曾說，「讓別人相信，你所提出的政策方案，已經接納了他們的建議，是最常使用的政治策略。」(Getting others to believe that your proposal is at least partly their idea is perhaps one of the most common political strategies.) (Weimer and Vining, 1992:319) 在立法機關，跨越黨派甚至派系的連署 (cosponsorship) 行動，就是一種懷柔的做法。在行政機關，為了妥善處理某一特定公共問題，而成立的涵蓋各種不同意見的個人或團體代表的委員會，也是一種懷柔的做法。而行政首長也可以高明的政治手腕，與持反對立場者，進行推心置腹的懇談，而達到化解衝突，推動政策的目的 (Selzinck, 1949:13–16)。

(二)妥　協

　　妥協是一種透過對政策方案做實質修改，以增加其政治可行性為目標的政治策略。換言之，在政策方案得不到一定支持的情況之下，透過對該方案實質性的修改，使其能為各方接受，是一種政治策略的運用。在運用這項政治策略的時候，以做小幅度的修改，為其原則，並以爭取足夠使該項方案順利通過的支持，為其上策 (Riker, 1962:32–33)。妥協的方法不外乎下列兩種：1.刪除政策方案中有爭議性的部份；2.在政策方案中加入反對者的意見（或建議）。在一般情況，我們是透過談判 (negotiation) 來達成協議的 (Raiffa, 1982:11–19)。

　　費雪和尤瑞兩位學者在《哈佛談判術》(*Getting to Yes: Negotiating Argument Without Giving In*) 一書中對如何做有效的談判提供了具有實用價

值的建議。

　　費雪和尤瑞兩位學者告訴我們，在談判時，千萬不要在立場上討價還價。他們以美國甘迺迪政府「美、蘇禁止核子試爆談判」為例，說明立場上的爭執 (positional bargaining) 絕非明智之舉，因為它不僅會阻礙談判的進行，甚至可能使談判陷入泥沼而不可自拔。其次，立場上的爭執，會使談判者忽略了各方利益的調和，以至於無從達成協議。再次，立場上的爭議，會演變成一種意志力的比賽，甚至會演變成一場戰爭。談判的各造，如果都想以不屈不撓的意志力，來迫使對方改變立場，這種做法，祇會在談判的各造之間，製造憤懣的情緒，使雙方的關係變得更為緊張，甚至破裂。

　　費雪和尤瑞認為，在談判的過程當中，在立場上討價還價，是談判最大的忌諱。這兩位學者告訴我們，談判的重點，應該放在利益上，而非放在立場上。他們以一九七八年以色列和埃及在大衛營簽定和約，突破談判僵局作為例子，來說明這個道理。在一九六七年「六日戰爭」後，以色列占領了埃及的西奈半島；一九七八年以、埃兩國在談判締結和約時，他們的立場是南轅北轍的：以色列堅持繼續佔有西奈半島，而埃及則堅持西奈半島重歸埃及主權。如果以、埃各自堅持自己的立場，而做立場上的堅持，那是絕不可能達成任何協議的。由於以、埃雙方放棄了立場上的爭執，而開始討論雙方利益的問題，終於使談判出現了新的契機。以色列的利益，基本上是安全的利益，他們不想讓埃及的坦克部署在自己國家的邊境上，讓自己隨時可能遭受攻擊的威脅。而埃及的利益，基本上是主權的利益，自從法老王時代以降，西奈半島就是埃及的一部份，在西奈半島被希臘人、羅馬人、土耳其人、法國人和英國人占領了數世紀之後，埃及才在近代取得對西奈半島完整的主權，因此，埃及是絕不能再把西奈半島任何一個部份的主權拱手讓給外國的征服者。在一九七八年，埃及總統沙達特和以色列總理比金在大衛營以調和雙方利益，而非爭執雙方立場的方式，達成了一項重大協議。根據這項協議，西奈半島歸還埃及，同時把西奈半島大幅地區劃為「非軍事區」，以確保以色列的安全，埃及的國旗可以在西奈半島各處飄揚，但是坦克車絕不能接近以色

列。以上是談判利益，而非談判立場，終於獲致成功達成協議的一個好例子。

　　費雪和尤瑞兩位學者尚且指出，談判者不可或忘，我們談判的對手，他們是有情緒、有信仰、有私人利益的；談判者也不可或忘，政策方案的內容如何，以及以何種方式提出政策方案，都會影響到談判的成敗。例如，假設你的談判對手曾經在公開的場合表示反對徵稅，因此為了「面子問題」，他是絕不會同意任何增稅的建議的。在這種情況之下，要求這個談判對手接受一項增稅的政策方案，是不切實際、徒勞無功的。在這種情況，我們應該設想一種可以保住談判對手面子的折衷方案；例如，不把新增的稅目叫作「燃料稅」，而把它看作是一種「使用者付費」，那麼，談判對手對這個經過修改的政策方案，接受的可能性就大為增加了。

㈢操縱政治抉擇的情境

　　賴克 (William H. Riker) 在 《政治操縱的藝術》 (*Art of Political Manipulation*) 一書中創造了 "Heresthetics" 這個名詞，它指的是，運用對政治抉擇情境的操縱 (manipulation of the circumstances of political choice)，來達到促使某一特定政策方案順利通過的目的 (Riker, 1986)。

　　操縱政治抉擇情境方法不一而足，茲舉其大者，說明如下：

1.控制議程

　　控制議程是操縱政治抉擇情境的一種方法，威瑪和范寧兩位學者指出：「控制議程是一種強而有力的政治策略。」 (Manipulating the agenda can be a powerful political strategy.) (Weimer and Vining, 1992:322) 在立法機關，議長、委員會主席有權決定如何安排議程；在行政機關，機關首長握有這種權力。就美國國會常設委員會主席而言，他有權決定是否要就某一特定法案（政策方案）舉辦聽證會，聽證會應討論哪些議題？議題討論的優先順序如何？應該邀請哪些人來參加聽證會？他們發言的順序為何？凡此種種問題，委員會主席握有重大的決定權。他並可以利用對議程的控制，護航某一特定法案（政策方案）讓它安全上壘；他也可以將其裁判出局。由是以觀，如果說常設委

員會主席對政策方案握有生殺予奪之大權，這種說法並不為過。當然，議長、常設委員會主席或行政首長也可以直截了當的將某一議題列入議程；其亦可利用冗長辯論或再議等拖延戰術，橫加阻撓，甚至讓它胎死腹中。

2.借力使力

「借力使力」，是另一種操縱政治抉擇情境的方法。一九六二年，在美國參議院，基范佛 (Estes Kefauver) 參議員針對一項管制藥品使用的法律，提出了一項修正案，這項修正案在送達司法委員會之後，因為主席伊斯蘭德 (James Eastland) 的反對，而被束諸高閣。為了打破這個僵局，基范佛參議員乃動員輿論和美國工會 (AFL-CIO) 的支持，並爭取到甘迺迪總統的支持，對司法委員會主席伊斯蘭德造成無比的壓力。伊斯蘭德在承受不起外界偌大壓力的情形下，終於使該修正案起死回生，重新列入委員會議程，最後並獲得審查通過。

3.變更議題

「變更議題」是另一種操縱政治抉擇情境的方法。和其他政治策略一樣，這種政治策略的運用，須要高度的創意和智慧，且其巧妙是存乎於心的。

賴克以一八五八年林肯 (Abraham Lincoln) 和道格拉斯 (Stephen A. Douglas) 競爭角逐美國聯邦參議員寶座為例，說明了如何巧妙運用這種政治策略。在一八五八年那次聯邦參議員的選舉，選舉情勢起初對林肯是極為不利的，林肯是少數黨（共和黨）的候選人，而他的對手道格拉斯則是多數黨（民主黨）的候選人。在一八○一年到一八六九年這段期間，民主黨執政達五十二年之久，而共和黨佔據白宮寶座僅十六年。當時的民主黨，是一個以保障並且增進農民利益為主要訴求的政黨，而共和黨則被認為是一個謀求商人利益的政黨。當時的美國，還是一個農業社會，因此以保障農民利益為主要訴求的民主黨，自然佔據優勢。面對這種劣勢，林肯究竟要如何突破困境，反敗為勝呢？林肯主要的政治策略，就是改變選舉議題，不在農民利益或商人利益的保障，這個傳統的選舉議題上，大作文章，而提出一個嶄新的議題——主張解放黑奴。這個新的主張，打破了民主黨、共和黨傳統的分野，

並且造成多數黨（民主黨）內部的分裂，林肯乃爭取到部份民主黨的支持，順利當選美國聯邦參議員。賴克對林肯備極推崇，形容他是一位雄才大略、辯才無礙，而且擅長操縱政治抉擇情境的偉大政治家 (Riker, 1986:1–9)。

㈣雄　辯

　　憑藉無礙的辯才，加上充分詳實的資訊，以說服他人接受某一特定政策方案，是最常使用的一種政治策略。所謂「真理愈辯愈明」，因此，政策辯論對政策方案常常能夠產生一種釐清的作用。但是另一方面，如果在政策辯論時，提供不實資訊，或嚴重扭曲事實，則也可能使政策辯論淪為狡辯，並可能使政策方案更加混淆不清。不過，以不實資訊，甚至刻意扭曲事實，來醜化某項政策方案，有時也不失為一種政治策略（或政治謀略）的運用，並且或許可以達到阻撓該項政策方案通過之目的。問題是，這種政治策略的運用，是可議的，是有違職業道德的。政策分析人員經常會陷入一種忠於顧客、服務顧客和追求真理、造福社會的兩難困境。面對這種困境，政策分析人員究竟應該如何選擇？威瑪和范寧兩位學者告訴我們：「誠實是最好的政策。」(The best way to appear honest is to be honest.) (Weimer and Vining, 1992:325) 這句話是針對馬基維利 (Machiavelli) 的一句話有感而發的。馬基維利曾經說過，對政客而言，表面上顯得誠實，比德行本身還要重要 (Machiavelli, 1947:50–52)。質言之，當政策分析人員在面臨上述兩難困境時，政策分析人員究竟應如何拿捏分寸，基本上須視政策分析人員自己能否做出明智判斷而定。我們的建議是，在面臨上述困境時，政策分析人員應以追求真理、造福社會為其主要考量，並且身體力行「誠實是最好的政策」的訓示。

第三節　爭取立法機關對政策方案的支持

　　政策過程途徑 (policy process approach) 經常給人一種按部就班、循序漸進、井然有序的印象。例如，首先是政策規劃，其次是政策合法化，再次是政策執行，最後是政策評估。其實，誠如林伯隆 (Charles E. Lindblom) 所言，

政策過程的各個階段 (stages) 經常是相互重疊的 (overlapping)。政策分析人員應把這個很重要的概念牢記在心。因此，政策分析人員在規劃政策方案時，就應著手進行政策合法化的工作，設法贏得立法機關對政策方案的支持。在一個民主、法治的國家，一個經過立法機關審查通過的政策方案，才能取得合法地位，其才能為民眾所普遍接受，且其於付諸執行時才會比較順利。所以，政府行政部門在規劃政策方案的同時，就應仔細策劃如何爭取立法機關對政策方案的支持。鍾斯嘗言，政策分析人員為爭取立法機關對特定政策方案之支持，約有以下三種情況：

1. 政策方案本身雖堪稱完善，但是因為政治策略有欠妥當，以致於在爭取立法機關對政策方案支持的過程中遭到挫敗，結果是功虧一簣。這是下策。

2. 政策方案雖未臻完善，但是因為政治策略無懈可擊，因此獲得立法機關支持，順利審查通過。此乃中策。

3. 不僅政策方案完美無缺，而且政治策略也無懈可擊，在這種情況，由於各種因素都考慮到了，故無往不利、順暢無比。這是上策。

立法機關握有同意或拒絕行政機關所提政策方案的大權。如前所述，政策方案經過合法、正當的程序，為立法機關所審查、通過，其即成為一項「合法的」(legitimate) 政策，對於政策利害關係人始具拘束力，其始能順利付諸執行。

一、合法性 (legitimacy) 與合法行動 (legitimation) 的意義

任何一個政治系統都採取兩種合法的形式。一是合法性 (legitimacy)，一是合法行動 (legitimation)。前者使政治過程得到授權或者取得合法化的地位。後者則是使政府行政部門所提政策方案得到授權或者取得合法化的地位。

合法行動這個觀念的涵義極為複雜，故有加以釐清的必要。合法行動是一種過程 (process)；合法行動最適當的定義是：「遵循為一般人所認知的原則或為一般人所接受的準則。」(conforming to recognized principles or accepted standards) (Jones, 1977:91) 以是，在一個社會被認為是合法的行動，在另一個社會則未必被認為是如此，緣因究竟何者為「被認知的原則」，須視特定社會的傳統、法規以及文化發展而定。由於每一個社會的傳統、法規及文化發展都不相同，故其為一般人所認知的原則或準則也就有所差異。

一個政治系統的存續，實繫於「合法行動之合法性」這個觀念上。這個觀念牽涉甚廣，權威 (authority)、同意 (consent)、義務 (obligation) 等問題皆牽涉在內。彼特琴 (Hanna Pitkin) 曾在一篇討論「義務」與「同意」這兩個觀念的文章裡，提出了幾個發人深省的問題：為什麼一個人要服從另一個人的命令呢（包括政府的命令）？在何種條件下，一個人應該服從他人的命令？由誰來決定這些條件？誰應有最後決定之權？

這些問題都是極其重要的問題，但卻都不易回答，而且很容易引起誤解。彼特琴曾說：「事實上，無人有最後決定之權，因為根本就沒有『最後決定之權』這回事。但是為了說明這一點，我們必須對語言的功能，以及對為什麼我們一直堅持確有最後決定之權，做更為深入的研究。」(Pitkin, 1966:52) 這番話曾引起相當的爭議。如果真的沒有最後決定之權，那麼又如何能使政治系統合法呢？

實則，彼特琴的意思，並非是沒有最後決定之權，而是合法與否，要看情形而定。關於這一點，鍾斯曾做過進一步的闡述：「諸位對於自己有義務接受權威的程度，一定各有見解。同時，諸位的見解一定會因不同的環境而異。譬如，諸位開車時，是否曾闖過紅燈？諸位是否曾違背宿舍規章？請捫心自問，諸位做了這些或其他類似的違規事件，動機何在？對這些違規行為，諸位一定能夠自圓其說。雖然諸位的行為違背了法規，但是你們未必因此否定了政治系統的合法性。諸位違背法規，可能是為了一時方便，可能是因為這麼做不會受到處罰，可能是出於無知。但是諸位仍然承認被違背的法規是合法的。諸位違背法規，也可能是為了要證明這些法規是不合法的——雖然你們並不否定建立合法過程的基礎。諸位違背法規，也許是為了表示要重新建立一個新秩序——根本否定既存的『合法化的合法性』。」(Jones, 1977:86)

　　由此可見，合法與否，不僅因時、因地而可能有所不同，合法行動尚且有兩個不同的層次 (levels)。第一層次關係到基本政治過程的合法性 (the legitimacy of basic political process)，而第二層次則關係到政治過程本身的合法性。

　　一種測量合法性的方法，是給予政府及其政策的支持。伊斯頓 (David Easton) 將支持分為特定 (specific) 支持與普遍 (diffuse) 支持兩種。特定支持是指，因為人們感覺到政府的產出 (output) 符合他們的需要，而向政府表示的一種「親善的態度和傾向」(favorable attitudes and predisposition)。普遍支持則是指，系統成員對政府所抱持的一種親善的態度，或是「善意的貯藏」(a reservoir of favorable attitudes or good will) (Easton, 1965:237)。伊斯頓曾言：「灌輸人們一種合法性的感覺 (a sense of legitimacy)，或許是獲得他們對權威或政權普遍支持唯一最有效的方法。社會成員願意服從權威，遵守政權制定的規則，原因不一而足。最可靠的支持是來自社會成員認為他接受並服從權威並且遵守政權制定的規則是對的、是應該的這種信念 (conviction)。這反映出一個事實，即他們認為這和他個人的道德原則，以及個人在政治領域內的正義感是互相一致的。」(Easton, 1965:278) 因此，合法性 (legitimacy) 對政治體系是極其重要的。合法過程能否發揮效力，端視合法性存在與否而定。抑有進者，合法性的性質如何會影響到整個合法過程。

　　由上面這段討論，我們可以得知，對於一件事情或一種過程合法與否的認識，是一種「學習得來的態度」(attitudes that are learned)。因此，社會可以教導社會中的每一成員，何者合法，何者不合法。誠如伊斯頓所言，合法性的基礎是人們學習得來的態度。梅爾曼 (Richard M. Merelman) 在討論學習 (learning) 與合法性 (legitimacy) 兩者間之關係時，對「合法行動之合法性」這個觀念做過說明。梅爾曼對「合法性」所下的定義是：「人民歸諸政體的特質」(a quality attributed to a regime by a population)。他進而指出，「特質是政府產生合法性能力的結果，產生合法性的能力並非合法性本身。」(Quality is the outcome of the government's capacity to engender legitimacy; the capacity to produce legitimacy is not legitimacy itself.) (Merelman, 1966:548) 梅爾曼為合法性所下的定義與上述第一層次的合法行動頗相近似——兩者皆關係到基本政治過程合法性的問題。梅爾曼所提出的警告：「產生合法性的能力並非合法性本身」，則與上述第二層次的合法行動相似：兩者皆關係到如何使特定政策或行為得到合法化的問題。因此，政府官員在統治過程中，可用教導的方法，告訴人民，什麼是合法，什麼是不合法的。誠如梅爾曼教授所說：「人民在習慣接受政府訓練並且從政府得到象徵性的鼓勵之後，就會賦予政府合法性。這需要一段很長的時間，但是政府一旦得到了合法性，也就不易喪失。」

由此可見，合法性與合法行動之間存在著一種動態的關係。因為，人民是否接受政府對某些特定公共問題上所採取的行動，最終一定會影響到他們對政治系統的觀感。一個政治系統的特定產出，可以培養、維繫、強化政治系統的合法性。誠如梅爾曼所言，人民所學習到的一些合法性的符號 (symbols of legitimacy)，如政治平等、多數決、代議政治、政治參與等等，與政府的政策產出之間不能有太大的差距存在。人民的期待與政府的產出亦不能發生長期、嚴重的脫節現象。兩者間若短暫脫節，情況尚有改善轉圜的餘地。但是，如果人民的期待與政府產出之間的鴻溝愈來愈大，那就很可能嚴重影響到人民對政治系統根本的支持。

在民主國家，政策合法化的工作係由立法機關擔任。立法機關係一代表人民利益，並且經過精心設計的機構，其主要職責即在於接受或拒絕行政部門所提出的政策方案。立法人員是合法化過程的核心人物，但不是唯一的參與者。除立法人員之外，利益團體、非營利組織——如智庫 (think tanks) 等都可能參與立法過程。因此，到底那些人是政策合法化過程的參與者？這個問題很難回答，須視公共政策之內容與性質而定，惟於一般情況，立法人員是政策合法化過程中的主要參與者，則絕不容置疑。

對政策分析人員而言，爭取立法機關對特定政策方案的支持是一項重要的工作，但也是一份十分艱鉅的工程。為了順利而且有效地推動這項工作，政策分析人員必須做到以下幾點：認識立法機關的特性、功能和立法程序；

瞭解立法人員的角色行為；營造有利的立法環境；做好立法準備與起草工作；加強立法技術；妥善設計並且運用立法策略。茲分別詳述於後。

二、立法機關的特性、功能與立法程序

政策分析人員對立法機關的特性、功能與立法程序應該要有一定程度的認識，如此，其在立法機關推動政策方案（法案），才有章法，才會順利，而且才能收到實效。

㈠立法機關的特性

議會制度起於何時？如何形成？迄今仍無定論。在古希臘時期，斯巴達已有貴族院的制度，雅典亦有參議院的存在，其性質雖有異於現代的議會制度，然其對今日議會制度之形成很有啟示作用，殆無疑義。考諸歐洲議會史，今日的議會制度實係由封建時代的三級議會發展而成。蓋三級議會係由各級納稅人的代表組織而成，聚集一堂，共商稅捐事宜，經過長期的演變，乃形成今日的議會制度，而其組成分子，則由各級代表逐漸擴大，遂成為今日之全民代表。展望未來，公民參與議會制度的管道還會不斷增加，而且會走上制度化 (institutionalization) 的軌道，公民參與議會制度的強度也會日益加深。

長期以來，對於議會制度的研究僅止於制度上的描述。今日，若干政治學者則採用系統理論 (system theory) 的概念 (conceptual scheme)，來研究立法機關的種種問題。「系統」(system) 係由若干人所組成，這些人為了達成某種根據文化所建構、為「眾人所分享的符號」(culturally structured and shared symbols) 界定之目標所發生的互動行為 (Jewell and Patterson, 1977:4)。依政治學者伊斯頓 (David Easton) 的見解，政治系統 (political system) 乃係以權威性價值分配為目的之政治過程，並且是社會互動的集合體。依伊氏之見解，「互動」與「目標」是系統概念的兩個要素。議會之所以自成一個系統，緣於議會系統成員間之互動頻仍；議會系統成員互動目標為制定法律、監督行政機關以及為民服務 (Rieselbach, 1973)。立法學者裘爾和派特遜更進一步指出，

立法系統與政治系統中的其他次級系統 (subsystems)，如行政系統、選舉系統、司法系統等，有顯著重疊的現象（見圖 5–1）。

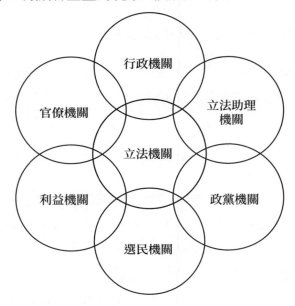

圖 5–1　立法系統結構

資料來源：Malcolm E. Jewell and Samuel C. Patterson, *The Legislative Process in the United States* (New York: Random House, 1977), p. 4.

　　從圖 5–1 中可以清楚看出立法系統的開放性 (openness) 與易參與性 (accessibility)。誠如裘爾所言，「立法者的地位非常獨特，他們是各種需求集結的焦點 (the focal points of demands)，而他們的職責即在調和這些需求 (reconciliation of these demands)。」(Jewell, 1970:463) 質言之，立法者位居接受系統外之支持和需求的中樞地位，並且和行政機關、政黨、選民、利益團體等發生互動關係。另則，行政機關、政黨、選民、利益團體對立法者的需求未必相同，甚至可能互相衝突。例如，行政機關希望立法者對政府提案不要過分刁難，甚且希望其能支持政府提案，然而，選民（或利益團體）則可能有不同的需求，而希望立法者能夠維護他們的權益，並且通過對他們有利

的法案。此時，立法者的職責，即在調和這些不同的需求。

㈡立法機關的功能

立法機關功能的問題就是立法機關的活動（或立法人員集體的活動）對整個政治體系所產生之影響的問題；亦即立法機關（或集體立法人員）的所作所為對整體社會所產生之影響的問題。

早在十九世紀，穆勒 (John Stuart Mill) 就曾經表示，議會是公民申訴怨情和表達意見的場所，而議會的主要功能，即是利用議會輿論來監督政府，控制政府 (Mill, 1962)。另一位英國學者柏齊浩 (Walter Bagehot) 認為，英國國會有以下五種功能： 1.選舉首相的功能； 2.教育民眾的功能：議員在議會的表現對教育人民如何實踐民主政治可能產生重大的影響； 3.傳播資訊的功能：議會將政府政策向選民宣示，以增加選民對政府施政的瞭解，並藉以爭取選民對特定政策、乃至於對政府的支持； 4.表達民意的功能：議會將人民的需求反映給政府，俾政府在制定政策時能夠斟酌民意；以及 5.制定法律的功能 (Crossman, 1963:150–153)。

迨二十世紀， 立法學者研究立法功能的興趣， 有增無減 。 費德烈克 (Carl J. Friedrich) 在 《憲政政府和民主政治》 (*Constitutional Government and Democracy*) 一書中提到，美國國會的功能有二： 討論和代表民意 (Friedrich, 1950) 。 懷勒 (Herman Finer) 在 《現代政府的理論和運行》 (*The Theory and Practice of Modern Government*) 一書中提到，國會有制定法律、 監督行政機關和司法 （如議會行使調查權） 等三種功能 (Finer, 1949)。 雷索巴哈 (Leroy R. Rieselbach) 在 《國會政治》 (*Congressional Politics*) 一書中指出，制定法律、 監督行政機關和代表民意， 是美國國會三項主要的功能 (Rieselbach, 1973)。

大衛森 (Roger H. Davidson) 在 〈國會在美國政治系統中之地位〉 (Congress in the American Political System) 一文中，將美國國會功能分為主要功能和次要功能兩種。主要功能又可分為三種：

1. 立法政策制定的功能。

2. 合法的功能：在美國代表地區、經濟、和職業利益的各個團體在國會都有代言人，為其所代表的團體爭取利益。任何一項法案都是社會各階層和各個團體的代表所共同參與及互相妥協的結果；經由此種程序而制定的法律乃具有高度的合法性，因而易為人民所接受。

3. 建立共識 (consensus-building) 的功能：由於國會議員背景互異，且其所代表的利益又不盡相同，因此，在制定法律時，易起衝突，為了兼顧各種不同的利益，必須訴諸妥協的過程，俾一項法律能在具有共識的前提下，使各方都能接受。國會若能建立共識，則有助於降低甚至解決社會衝突。

根據大衛森的見解，國會的次要功能亦有三種：

1. 行政監督的功能：國會可利用其對行政機關經費預算和人事的控制，來監督行政機關；國會尚有調查權，可設立臨時性的調查委員會，對行政機關之不當措施進行調查，以達監督行政機關的目的。

2. 表達民意的功能：國會在審查一項爭議多端的法案時，常舉行聽證會，使可能受到法案不利影響的個人或團體，有機會派遣代表，列席作證，以表達他們的立場，達到使法律具客觀性與適當性之目的，且兼具鬆弛社會緊張情緒的效果。

3. 做選民的差僮 (errand boy) 的功能：議員常不辭辛勞為選民排難解紛，幫助解決選民的問題 (Davidson, 1970:129–178)。

裘爾 (Malcolm E. Jewell) 和派特遜 (Samuel C. Patterson) 兩位學者對立法功能的見解，最值得我們注意。這兩位學者將立法機關的功能與政治系統的維繫與整合排比並論，而探討所謂「功能後果」(functional consequences) 的問題，亦即探討立法機關的功能對政治系統可能產生後果的問題。

依裘爾和派特遜二人之見解，社會衝突的處理 (management of social conflict) 和整合 (integration) 是立法機關兩項主要的功能。他們認為，立法機關倘若能夠妥善處理社會衝突並做好整合的工作，則對政治體系可能產生積

極、有益的效果 (Jewell and Patterson, 1977:3-29)。

詳言之，裘爾和派特遜認為，議會可採用下列四種方式來處理社會衝突的問題：

1. 審議的 (deliberative) 方式：議員可利用對法案進行正式辯論的機會或在其他社交場合，表明自己的立場，並與採不同意見者互相溝通，以消除歧見，減低衝突。

2. 決策的 (decisional) 方式：當在議會中因團體間的利益發生衝突時，議會可制定法律來加以解決。

3. 裁判的 (adjudicative) 方式：政府某項措施若對人民造成在金錢上、財產上的損害時，議會可以制定私法案 (private bills)，對受到政府措施不利影響的個人給予物質或精神上的賠償，以達到安撫民心的目的。

4. 緩和的 (cathartic) 方式：議會可舉行聽證會來緩和或鬆弛社會上的緊張情緒；在舉行聽證會時，代表不同利益的個人或團體，有了一個公開場合來表達他們的意見，或者宣洩他們的怨情，這對於緩和社會緊張情緒，以及對於處理社會衝突皆具有很大的助益。

根據裘爾和派特遜的看法，議會整合的功能，可經由下列三種方式達成：

1. 代表 (representation) 的方式：議員可以擔任選民的「差僮」(errand boy)，幫助選民解決問題。這種服務選民的做法，不僅可以增加議員再度當選的機會，尚且可以獲得人民對議員、立法機關乃至於整個政體的支持。

2. 合法的 (legitimation) 方式：議會具有兩種特質，第一，議會是民意機關，受人民的付託，擔任代表民意的工作。其次，議會是在肅穆的氣氛中根據有條不紊的議事程序進行其立法工作。因為議會具有以上兩種特質，所以經過議會同意而頒布的政策皆具合法性 (legitimacy) 容易得到人民的支持。

3. 授權 (authorization) 的方式：前已述及，議會是一個具有高度合法性的機關，因此，行政機關制定的政策倘若能夠得到立法機關的授權，則

其所制定的政策亦具有合法性，而且較易獲得人民的支持，這對政體的整合很有幫助。綜而言之，立法機關的主要功能之一就是表達民意，宣洩民怨，乃至於做選民的「差僮」，為選民排難解紛，幫助選民解決疑難雜症。易言之，立法機關的功能即在處理社會衝突，促成社會整合。

㈢立法（政策合法化）程序

1.立法機關的立法程序

在世界各國議會，為使議事程序能井然有序，並能循序漸進，故從法案提出到最後的表決，皆有一定之程序。茲就各國議會提案、辯論、質詢、投票表決等立法程序，敘述於下：

⑴提　案

正式之立法過程始自提案。提案厥為議員政策主張、政綱、政策理想、選區或團體利益能否實現而形成正式法律關鍵性的階段。即使一項法案在立法過程中功敗垂成，但議員及其政黨也因此有了一項能向選民交代比較具體的「績效」。以是，如何規範提案實在事關緊要。

各個議會有關提案的議事規則不盡相同。有規定由議員提出者，有規定由委員會提出者，亦有規定由政府提出者；有規定議員個別提案者，亦有規定議員聯署提案者。赫爾門 (Valentine Herman)、曼岱 (Francoise Mendel) 兩位學者歸納整理五十六國議會有關提案的規定（如表 5–1）。

表 5–1　各國議會提案的規則

提案者	議會數目
議　員	54
委員會	20
政　府	41
國家元首	19

地方、聯邦之州政府	7
選　民	4
司法機構	9
社會與經濟組織	6
其　他	6

資料來源：Valentine Herman and Francoise Mendel, eds., *Parliamaents of the World* (London: Macmillam, 1976), p. 597.

就歐美各國的議會而言，在美國國會，僅參、眾兩院的議員有權提案，總統的立法提案須由國會議員提出。

在英國的平民院，提案有「議員提案」(private member's bills) 與「政府提案」(government bills) 之分。易言之，個別議員與政府皆有提案權，但政府提案絕對優先於議員提案。論者指出，英國平民院演變至今，立法幾是政府行政部門獨有的一種功能。西德眾議院 (Bundestag) 規定議員不能單獨提案；提案必須得到二十六位議員的聯署。義大利國會則規定，委員會有提案權；委員會不僅享有提案權，尚有權制定法律，而無須經過全院的通過。義國國會三分之二法律皆係由委員所制定。美國與西德兩國國會的委員會皆無權提案，但皆能對法案作重大的修改。

⑵辯論與質詢

早在十九世紀，穆勒 (John Stuart Mill) 即曾表示，英國平民院的主要功能在透過「議會輿情」(parliamentary opinion) 所產生的影響力來監督控制政府。依穆勒之見，英國平民院就是「國家的大質詢申訴」(a grand inquest of the nation)、「民怨的委員會」(a committee of grievances)、「輿論的國會」(a congress of opinion) (Mill, 1962)。「國會輿論」得以塑造的場所不一而足，議員可以利用在報章雜誌撰寫專文、舉行演講會、參加座談會，或者在大眾傳播媒體發表講話等議場外之場合來發抒己見，亦可利用辯論、質詢等正式場合發表意見，提出建議，甚至批評。如此對政府形成一股輿論壓力，深受學者的重視。議員主動立法的現象固然不復常見，但誠如巴特 (Ronald Butt) 在

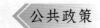

《國會之權力》(*The Power of Parliament*) 一書中所言，由於議員能利用辯論與質詢等議會正式場合 (formal parliamentary forums)，對政府政策提案與施政情形提出建議，甚至加以批評，其在立法過程上仍有相當的貢獻 (Butt, 1967:22)。克里克 (Bernard Crick) 亦嘗言，所謂國會控制政府 (parlia-mentary control)，並非意指國會能強迫政府下臺，而是指國會可以利用辯論與質詢以監督政府行政，影響公共政策 (Crick, 1970:41)。

就美國國會而言，裘爾與派特遜兩位學者指出，美國國會的主要功能是處理社會衝突 (management of social conflict) 與社會整合 (integration)；為處理社會衝突，在方法上國會主要是訴諸「討論的」(deliberative) 的方式，亦即議員利用聽證會 (在功能上與英國國會的質詢相同) 來緩和社會緊張的情勢；在舉行聽證會時，議員可以「詰問」(cross-examine) 政府官員，表達民意，而出席聽證會的個人或團體亦能利用這個公開的場合表達意見，甚至宣洩民怨。學者認為，凡此皆有助於紓緩社會緊張情勢，並能調解社會衝突 (Jewell and Patterson, 1977:3–29)。

英美國會主要依賴辯論與質詢 (或聽證會) 以發揮議會功能，已如前述。英國平民院之情形尤其如此。英國平民院既是所謂「輿論國會」或俗稱的「講話場地」(a talking shop)，故若謂英國國會議員的主要工作是辯論與質詢，絕非誇張。

在英美等國國會發展的初期，在辯論時常出現一片混亂、甚至暴力的場面。一位早期美國國會研究的權威學者亞歷山大 (DeAlva Stanwood Alexander) 對初成立的美國眾議院曾有一段如下的描述：

「在答覆了 Henry Clay 一項極為嚴重的指控後，眾議院前議長 White 回到了自己的座位。說時遲那時快，一記拳頭迎面而來，White 鼻青臉腫，一場混戰旋即展開。在一片混亂中，有人開鎗擊傷一名議場守衛。另一位傑出的議長，也是一名傑出的政治家 John Bell，也有類似的慘痛經驗。總之，在眾院議場內議員互毆的事端層出不窮，主席時常無法制止。」 (Alexander, 1916:115–116)

　　為使辯論的進行能井然有序，英美各國的國會皆訂有規則，而英國平民院規範辯論之規則尤其周延。在英國平民院，舉凡辯論時，議員發言的時間、態度、內容，甚至聆聽他人發言時之行為，皆有一定規定 (May, 1976)。就議員發言的時間與態度而言，英國平民院規定議員只能對議長發言，不能對他人發言，且必須用英語；為保持辯論的精神，議員不可朗讀事先準備好的講稿，但可參看筆記發言；議員發言須就地起立，無遮掩；但患病或虛弱者得請求坐著發言（此項議員建議，並得到全體議員之默許），且議員不可走動發言；至於議員發言順序的決定，也有十分詳細的規定。

　　就議員發言之內容而言，英國平民院規定，議員發言時不得使用叛國的或煽動性的言詞，其發言，亦不得侮辱王室；於前述情形，發言者如不撤回或解釋，並作令人滿意的道歉，得予斥責或判處入獄；在法院審理中的案件不得在議會中討論；除非提出實質動議，在辯論時不得對國王、王室中人、各自治領土的總督、議長、國會兩院議員、英國法院等人之行為有所討論。由以上可見，當時議員所受到的限制也是很大的。

　　在英國平民院，議長在辯論時扮演至為重要的角色。英國議會政治健全，主要是在歷史上出了若干位傑出的議長，他們德高望重，又熟諳法規，並且慎謀能斷。對於存在著暴動危機的議場氣氛，得適時而有力地控制住。議會不是一直平靜無波的，但議長的權威，終使議會在人民心目中建立了良好的印象。在英國平民院議長為維持會場秩序，握有貫徹議事規則的實權；「議長是行政官員，負責徹底執行各種規則。」(May, 1976:436)

　　在英美等國國會，對法案的辯論皆有時間上的限制。在美國眾議院，議員發言須先得到議長之許可 (recognition)，若重覆先前已發表之言論將受到制止；眾議院程序委員會 (Rules Committee) 對涉及公益或撥款等重大法案，並規定辯論時間；辯論時間在二到四小時不等，端視法案之複雜性而定，多數黨和少數黨各得一半的時間。在美國參議院，限制較寬，因而產生「阻撓立法」(filibuster)，或俗稱「講話馬拉松」(talkathon) 的現象；停止辯論的動議 (motion of cloture) 須得五分之三參議員之同意，始告成立。

在英國平民院，政府安排法案審查與辯論的先後順序，細節問題則由議會各主要政黨領袖經協商後決定，法案辯論時間由多數議員通過一項決議案之方式決定（此與美國眾議院法規委員會之決議相同）。各主要政黨領袖再依「公平的規範」(norms of fairness) 分配辯論時間，政府與在野黨通常各得一半時間。

　　就質詢方面的規則而言，英國平民院在開議期間，以每週四天，每天一個小時的時間作質詢之用，是謂「質詢鐘點」(question hour)。而美國國會並無質詢時間，但其常設委員會得舉行聽證會；就功能而言，美國國會的聽證會與英國國會的質詢時間相同。美國國會舉行聽證會的主要目的是在集思廣益。議員可在聽證會聽取政府的政策立場，詰問政府官員，並可表達自己的政策見解，甚至宣洩怨情。在學理上，聽證會有一種「緩和的」(cathartic) 或「安全瓣」(safety-valve) 的功能。在舉行聽證會時，政府官員通常先行作證，提出證詞 (testimony)。隨後是其他有關人員。議員詰問證人 (witnesses) 有一定程序，最先發問的常是委員會的顧問 (counsel)，隨後兩黨議員輪流從資深到資淺提出問題。

　　⑶表　決

　　立法過程至投票表決告一階段，各國議會，投票表決方式也有不同的規定（如表 5-2）。

表 5-2　各國議會表決之規則

表決規則	議會數目
口頭表決	18
舉手表決	27
起立表決	29
點名表決	18
點名（用投票機器）	36
秘密投票	28

資料來源：Valentine Herman and Francoise Mendel, eds., *Parliamaents of the World* (London: Macmillam, 1976), p. 411.

由上述可知，投票表決有從全然無法辨認議員立場的口頭表決，到顯現議員立場的舉手，起立投票到列入記錄的點名投票，方式不一而足。

投票表決的問題看似單純，其實，其間蘊含了議會應個別或集體對選民或社會全體負責的不同理論。美國國會習慣採用不僅公開，且列入記錄的點名投票方式，以示議員個別的對選民負責。以第九十四屆國會（一九七五至七六年）為例，眾議院舉行了一二七三次點名投票，而參議院為一二九〇次。西德國會列入記錄的投票次數則每一會期不過四、五次，顯示在西德立法機關，為集體對全體社會負責。

2.立法機關的決策型態

立法機關是採合議制之決策方式。立法人員之決策行為主要是以投票行為 (voting) 來表達。綜觀世界各國立法機關之投票型態，主要可分為四類：⑴個人主義的投票型態；⑵執政黨與反對黨壁壘分明的投票型態；⑶多黨聯盟的投票型態；⑷全體一致的投票型態。

茲將此四類投票型態分述如下：

⑴個人主義的投票型態

個人主義的投票型態之典型立法機關是美國國會。在美國國會，參、眾兩院議員每一個人都是獨立的決策者。他們或者根據黨的指示；或根據選民的意思；或根據自己的良心來作決定。但美國國會集體決策的結果，卻是很難預測的。這和黨派壁壘分明的投票型態是截然有異的。在黨派壁壘分明的投票型態中，集體決策的結果是可以精確預測的。

美國國會個人主義投票的趨勢非常明顯，這件事可從所謂的「政黨投票」(party voting) 投票率很低看出。政黨投票的定義是百分之九十執政黨之議員，持一種投票立場（贊成或反對）；而百分之九十反對黨之議員，則持相反之投票立場（反對或贊成）。

在一八八一到一九〇七年這段時間，美國國會政黨投票的現象很少出現，即使，我們把政黨投票的定義放寬：以執政黨過半數議員持一種投票立場，而反對黨過半數議員持另一種投票立場；所謂的政黨投票在美國國會出現的

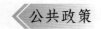

比例也僅有三分之一。換言之，政黨投票在所有投票中僅占三分之一。

　　一九五〇年代以後，美國國會政黨投票的現象更有減少的趨勢，就其原因，有下列諸端：國會政黨領袖之影響力降低；法案之主題日趨複雜；決策過程益為分化；國會主要政黨（特別是民主黨）內部派系林立 (Loewenberg and Patterson, 1979:217-218)。

　　學者研究指出，美國國會主要政黨內部分化 (party polarization) 的程度與法案主題有關，民主共和兩黨在所謂的政府管理議題 (government management issues) 上，對立程度最高。這些議題包括：經濟政策問題、賦稅與財政政策問題、經濟活動管制問題以及天然資源使用問題等等。而在社會福利層次上，兩黨對立程度較低，包括：教育政策、勞工政策、國民住宅政策、救濟貧窮政策以及都市建設政策等問題。在民權政策方面，兩黨對立程度更低，民權政策主要反映選民之意願，與政黨立場關係不大 (Clausen, 1973)。

　　為了加深我們對合法化過程的瞭解，美國國會值得我們做進一步的探討。在全世界的立法機構中，美國國會的立法過程可以說是最複雜的 (Keefe and Ogul, 1973; Jewell and Patterson, 1977; Zink, 1961)。

　　首先，在評估美國國會多數聯盟的建立時，必須注意的是，要區分政策規劃與政策合法化這兩個階段，誠非易事。前曾述及，政策規劃並不因政策合法化過程的開始而告一段落。一個政策法案在國會提出，絕不表示政策規劃過程業已告一段落而合法化過程行將開始。

　　其次，美國國會在建立多數聯盟時，必須建立若干個多數聯盟 (several majorities must be constructed)。美國國會是一個為了使社會上每一個重要團體都能對政策制定有所影響而設計的政治系統；在這種政治系統，社會上每個重要團體都可以表達他們的立場，但是沒有任何一個團體可以凌駕於其他團體之上。在這種政治系統，政策制定過程，極為複雜；為了獲得國會的授權、撥款，從參、眾兩院中任何一院的小組委員會算起，少則要建立十餘個「多數」，多則要建立五、六十個「多數」。

　　第三，為同一個政策方案建立多數，常需採用不同的策略。例如，設法使眾議院有管轄權的常設委員會，如農業委員會，同意一項政策方案所需採用的策略，與設法從該院程序委員會 (Rules Committee) 得到一項有利的裁決所需採用的策略，就可能大不相同。再者，設法使眾議院同意一項政策方案所需採用的策略與設法使參議院同意一項政策方案所需採用的策略，也可能大異其趣。

　　第四，在美國國會，為了建立多數，因時間不同，所需採用之策略也可能有異。許多重要政策的制定，往往費時多年。在這段漫長的時間裡，委員會的主席以及委員都可能有所更動，政黨領袖也會新陳代謝。人事與程序既然都發生了變化，建立多數所需採用的策略，當然也要隨之而變。例如，在一九五〇年代，要想使眾議院之程序委員會同意一項激進派所提出的政策提案，誠非易事。然而，到了一九六一年至一九六五年，因為程序委員會委員的結構與權限發生了重大的變化，整個狀況都改變了 (Polsby, 1963: Chaps. 6, 7; Mackaye, 1963)。對激進派的議員來說，程序委員會不再是一個障礙。

　　在討論國會合法化過程時，我們尚需考慮一些「非多數」(non-majoritarian) 與「超多數」(extra-majoritarian) 的因素。美國國會常設委員會主席經常單槍匹馬就可以瓦解一個「多數」：他可以拒絕召開委員會會議；他可以將法案送交一個對該法案持仇視態度的小組委員會去審查；他可以拖延、否決，或用其他方法阻撓聽證會的舉行；他可以選擇對對手最不利的時機，進行法案的審查。對於這種種做法，其他人並非是全然束手無策。例如，他們可以要求委員會主席「釋放」(discharge) 被主席所擱置的法案。但是，由於主席位高權重，加之，基於對主席可能採取報復行動的顧忌，所以諸如「釋放」的行為，其實也不多見。

　　美國參議院聲名狼藉的「阻撓立法」(filibuster) 就是「超多數」的最佳例子。以民權法案的合法化過程為例，每當有人提出審查民權法案的動議時，就會有參議員長篇大論地發表演講，企圖杯葛。只要參議員精力充沛，他就可以不斷地演講下去。但是他不能「在同一天不離開參議院，就某一辯論中

的議題，發言兩次以上」，所以幾個志同道合的參議員就會接二連三地相繼發表漫長的演講。此時，欲中止辯論的進行，相當困難：十六位參議員必須簽署一個中止辯論的動議，此一動議需得三分之二「在場投票」(present and voting) 參議員的同意。直到一九六四年，一小群的南方民主黨參議員利用這個程序，就能一再否決民權法案。

尚值得一提的是交易 (bargaining) 行為。在美國國會，正因為交易行為非常普遍，所以「多數建立」的結果 (outcome) 往往是一個眾人都能接受，但是沒有任何一個人感到完全滿意的政策。抑有進者，多數聯盟中的每一份子，支持一項政策的動機也各不相同。有些人支持一項政策，是因為他們確信這項政策足以解決問題；有些人是基於互惠的考量而支持一項政策；還有些人則是為了私人利益而支持一項政策。

最後值得一提的是，政黨在美國國會多數聯盟建立的過程中所扮演的角色 (Sorauf, 1964; Jones, 1970; Ripley, 1969)。有人認為，美國政黨微不足道，甚至根本就不存在。當然，政黨是否存在，完全要看我們對政黨下何種定義而定。如果，美國政黨確實是微不足道，甚至根本就不存在，那麼為什麼還有那麼多人自稱他是民主黨員或共和黨員呢？

其實，在美國國會，政黨主要的功能是「便利」(facilitate) 而非「保證」(guarantee) 多數聯盟的建立。因此，政黨設置各種組織，如黨團 (caucus)、各種類型的委員會（政策與指導委員會、政黨研究小組等）、助理政黨領袖制度等，其目的皆在便利政策合法化的完成。

由以上討論可以得知：政黨領袖不會特別關懷特定政策的實質內容；但是，對於政策制定的程序，他們都很在行：他們精通建立「多數聯盟」的技巧，擅長妥協；對參、眾兩院程序上錯綜複雜的細節規定，都能瞭若指掌。誠然，政黨「便利的角色」(facilitating role)，因多數黨、少數黨而異。一般說來，多數黨在建立一個支持政策的多數時，很有發揮的空間；而少數黨則在建立一個反對政策的多數時，較有活動的空間。同時，政黨「便利的角色」，在參、眾兩院各不相同。一般說來，眾議院政黨的地位比較重要。

⑵執政黨與反對黨壁壘分明的投票型態

執政黨與反對黨壁壘分明的投票型態之典型立法機關包括英國平民院、德國眾議院、義大利國會等。一般而言，內閣制國家國會的決策過程分為兩個階段：一是在黨團決策階段。在此階段中，決定黨之政策方針，並允許黨籍國會議員發表意見。二是為院會決策階段。在此階段，黨籍國會議員進行集體投票，並且不容許有個別投票或者是反對該黨政策立場的投票情形出現。例如在英國國會，倘若黨籍國會議員竟然投票反對黨的政策立場，這種現象就叫做「分裂」(division)，也就是所謂的 "The House is divided."，在一九四五到一九七四年這三十年間，上述的「分裂」現象經常出現，而且有增加的趨勢 (Loewenberg and Patterson, 1979:220–221)。

關於「分裂」現象，下面幾點值得注意：執政黨國會議員比反對黨國會議員更可能發生「叛黨」的行為；工黨國會議員比保守黨國會議員更可能發生「叛黨」的行為；多數黨愈壯大時，其國會議員「叛黨」可能性愈大。「叛黨」是要受到黨的制裁 (sanctions) 的，其方式包括：開除黨籍、喪失其在國會的職務、政黨在下次選舉時不再予以提名等 (Jackson, 1968:187–189)。

⑶多黨聯盟的投票型態

在政黨林立的國會，由執政政黨的聯盟來對抗反對政黨的聯盟這種投票型態，就會經常出現。

關於多黨聯盟的投票型態，以下兩點是值得注意的：

a.在文化同質性較高的國家，如丹麥、瑞典，其國會投票的型態是左派政黨持一種立場，右派政黨則持相反立場，而形成左、右對抗的局面。這常是一種意識型態的對抗。

b.在文化異質性較高的國家，如荷蘭，除上述這種意識型態的投票行為外，尚有所謂「階級投票」(class voting) 以及宗教投票的投票型態 (Clausen and Holmberg, 1977:170)。

⑷全體一致的投票型態

全體一致的投票型態主要出現在一黨獨大的國家。值得注意的是，諸如

英、美、德國，全體一致的投票型態並非絕無僅見。例如，一九七〇到一九七四年間，英國國會有四分之三的法案是全體一致通過的；一九五〇年代與一九六〇年代，德國國會有百分之八十至百分之九十的法案是全體一致通過的；在此同時，美國國會也有三分之一的法案是全體一致通過的。

三、立法人員的角色行為

自從一九六〇年代以還，美國立法學者由於受到行為主義的衝擊，非常熱衷於個人認知 (perceptions)、態度 (attitude) 和行為 (behavior) 的研究。由於立法角色理論強調立法者個人的認知、態度和行為，立法角色的研究乃成為立法研究中的一個重要課題。

開立法角色研究先河者為沃基 (John Wahlke)、尤勞 (Heinz Eulau)、布坎農 (William Buchanan) 和佛格遜 (Leory C. Ferguson) 等四位學者。他們對美國四個州（加利福尼亞州、俄亥俄州、紐澤西州和田納西州）的州議員所作的角色分析對後來立法角色的研究有著深遠重大的影響 (Wahlke et al., 1962)。自從他們的著作 《立法系統：立法行為的探索》 (*The Legislative System: Explorations in Legislative Behavior*) 一書於一九六二年間問世以後，學者們競相研究立法角色，一時之間，蔚為立法研究的主流。學者們做過立法角色分析的國家，除了美國和加拿大以外、遍及於歐洲（如英、法、德、奧等國）及亞洲（日本、韓國、中華民國、新加坡、泰國、印度等國）等地區。這些為數龐大，且分布極廣的立法角色研究，其採用之理論架構與研究方法，大體上仍以沃基等四位學者所作的立法角色研究為基礎。

社會學家林頓 (Ralph Linton) 認為，角色 (role) 是因一個人在社會中所佔有的位置 (position) 而引起的一種權利和義務關係 (Linton, 1936:114)。權利和義務的發生乃起源於本人以及他人對其所占據之位置的一種期待 (expectations)。何謂立法角色？立法學者裘爾說，立法角色乃是因一個人占據立法者的位置所引起的權利、義務與職責的期待，包括立法者本身以及他人（如選民、政黨領袖、行政首長、遊說人員等）對立法者的期待。

在各種角色中要算立法者的角色最為複雜。裘爾曾說：「在一個組織中，占據任何位置者固然都會發現，他人對其有各種期待，並會向他提出各種需求。然而，立法者位置特殊之處，在於其為立法系統中許許多多的行為者需求集中的焦點。」舉凡選民、行政機關、政黨和社會團體等，皆會向立法者提出各種需求。如前所述，行政機關可能要求立法者支持政府提出的政策方案，至少不要對之過分刁難。而選民（或利益團體）則可能期望立法者在議會內盡量為他們爭取利益，並通過有利於他們的法案。立法者的任務即在於調和各種需求，並儘可能地使每一個向他提出需求的人都能感到滿意（或至少不會感到被忽視或受到排斥）。由於立法者的時間、精力、甚至能力皆有限制，故很難滿足每個人（或團體）的需要。因此，他必須斟酌各種需求孰先孰後、孰輕孰重；他必須理解對於向他提出需求的個人或團體，他有那種權利、義務和責任。從角色理論的觀點來看，立法者面對著來自四面八方的需求，就會出現許多不同的角色，而形成一個角色網絡，立法者即處於此角色網絡的核心位置，扮演著許多不同的角色 (Wahlke et al., 1962:14)。

沃基等四位學者界定並探討了五種立法者的角色，非常值得我們注意。茲分述如下：

㈠目的角色 (purposive roles)

此係指立法者在從事立法工作時所抱持之實質目標。目的角色又可分為四類：「民眾保護者」(tribune) 角色：持此種角色之立法者，以傾聽民意、發掘民隱、以及伸張、保護選民利益為其主要職責和最高目標。「發現者」(inventor) 角色：持發現者角色之立法者，以主動發掘民間疾苦，解決人民問題為己任。「墨守成規者」(ritualist) 角色：持此種角色之立法者，著重議會本身的工作，並且重視法律條文中權利和義務履行的情形。「掮客」(broker) 角色：持掮客角色之立法者，擅長於立法遭遇窒礙難行的困境時，居間調停，推動妥協、交易這類穿針引線的工作。

㈡代表角色 (representational roles)

此一以議員與選民間關係為中心觀念的角色,係指議員在議會內作決策時所持的態度。立法者可分為以選民意思為決策依歸的「代表人」(delegate),憑自己良知與專業判斷來作決定的「受託人」(trustee),以及到底以選民意思作為決策依據, 還是依自己判斷來作決定需視情形而定的 「政治人」(politico) 等三類。

㈢區域角色 (area roles)

此一角色係指立法者對其所代表區域的認知。有些立法者認為,其僅代表特定的地理選區;而有些立法者則認為,其所代表者,範圍不僅限於自己選區,尚且包括省(或州),乃至全國。

㈣政黨角色 (party roles)

政黨角色係指立法者對其政黨所持之態度。此一角色又可分為三類:忠於政黨,且對政黨的指示,言聽計從的「政黨人」(party man),不受政黨約束, 且其在議會內的言行舉止相當特立獨行, 甚至我行我素的 「獨行者」(maverick) , 以及可能接受政黨指示 , 但亦可能自作主張的 「中庸者」(neutral)。

㈤團體角色 (group roles)

團體角色是指立法者對企圖影響立法決策之利益團體所持之態度。團體角色亦可分為三類:「便利者」(facilitator):持此種角色的立法者,對利益團體相當友善,願意給利益團體方便,甚且可能採納利益團體的政策立場。「抵制者」(resister):持此種角色的立法者,對利益團體不甚友善,甚且可能對之加以排斥。「中庸者」(neutral):持此種角色的立法者,對利益團體既不特別照顧,也不刻意排斥 (Wahlke et al., 1962:3–13)。

　　大多數立法角色的研究，其所探討者，僅是立法者的角色傾向，而非其實際行為。誠然，在理論上，角色傾向與實際行為之間應該會有某種程度的一致性。譬如說，有代表人角色傾向的議員，在實際作決定的時候，應該會以選民意向為其決策依歸。在各種立法角色中，要推以議員和選民間之關係為其中心觀念的代表角色，為最重要；因此，在重新檢討立法角色理論時，代表角色遂成為研究焦點之所在。就此點而言，艾爾帕 (Eugene J. Alpert) 在一九七九年所發表的〈代表角色理論的重新構想〉 (A Reconceptualization of Representational Role Theory) 一文最值得我們注意 (Alpert, 1979:587–604)。

　　過去沃基等學者是從客觀的立場來觀察立法者的行為，認為其行為是一種「角色扮演」 (role playing)，而艾爾帕則採用主觀決策制定的途徑 (subjective decisionmaking approach)，重新界定代表角色的概念。他認為，立法者行為所顯示者，例如依據選民意思或者根據自己判斷來作決定，都是一種理性選擇 (rational choice) 的結果。他認為，立法者會很審慎地（很理性地）來決定他應擔任何種角色。每一位立法者都明瞭，他的政治前途掌握在選民手中，如果他確切知道選民意思為何，並以此為決策依歸，必能贏得選民的好感與支持。有鑑於此，立法者在決定擔任何種角色時，最重要的一個考量因素就是，如何使選民意見的不確定性 (uncertainties) 減至最低限度，緣因唯有如此方能確實掌握選民意思，並且據此制定決策，俾增加自己贏得下次當選機率 (probability)。根據這個理論，艾爾帕將立法者分為「情報的擴大者」 (information maximizers)、「情報的減少者」 (information minimizers)，和「情報的維持者」 (information maintainers) 三類。茲分述如下：

1.情報的擴大者

　　這類立法者，由於選區意見不確定性的程度很高，無法確實掌握選民意思，然而，為了贏得選民支持，亟欲將選民意見之不確定性減至最低程度。這類立法者行為的表徵是，重視輿情、發掘民情、迎合民意。沃基等學者，從客觀的立場來觀察立法者的行為，而將有此種行為表徵的立法者，視為「代表人」。其實，從主觀理性決策的觀點而論，此種行為乃係源自立法者一種將

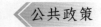

選區意見不確定性減至最低程度以達成其政治目標（競選連任）之考慮。

2.情報的減少者

這類立法者所代表選區輿情不確定性的程度較低，選民意思較易掌握，而且其因為誤判選民意思而遭受懲罰（例如於下次選舉時，拒絕給予支持）的可能性亦較低。這類立法者的行為表徵是：常依自己判斷來作決定。此即沃基等學者所界定之「受託人」。

3.情報的維持者

這類立法者所代表選區意見不確定性的程度介於上述兩者之間，且其對選區意見瞭解的程度亦介於上述兩者之間。此即為一般所謂的「政治人」。

艾爾帕從主觀理性決策的觀點，強調立法者在決定擔任何種角色時，會經過一番審慎、理性的思考，並設法將選民意見不確定性減至最低程度，以確保自己當選連任的機會，確實有其獨到之處。不過，在探討代表角色的時候，除了選區意見不確定性這個因素之外，政策問題「顯著性」(saliency) 這個因素，實亦不容疏忽，緣因其相當程度會影響到立法者的行為，從而影響到他到底是重視民情抑或是獨斷獨行的決定。質言之，對一個在選民心目中顯著性很高的政策問題，立法者在作決定時，必須格外的審慎，因為此時若判斷錯誤，則後果恐甚為嚴重。因此，對一個高度顯著性的政策問題，立法者可能會特別重視民情。反之，對顯著性較低之政策問題，立法者就可能會覺得他有較大自由活動的空間。庫克林斯基等學者對政策議題顯著性問題的研究非常值得我們重視 (Kuklinski and Elling, 1977:135–147; Kuklinski, 1979:165–177)。

四、營造有利的立法環境

政府爭取立法部門對特定政策方案（法案）的支持，是一項重要、艱鉅的工作。緣因政府行政部門和立法部門的關係，經常是一種對立、衝突的關係。須知，行政是「做事的行業」(doing profession)；行政人員是腳踏實地、實事求是「做事的人」(doers)，而立法者則是好高騖遠、眼高手低的「政治

講話人」(political talkers) (Chase and Reveal, 1893:93−94)。在立法規劃上，兩者考慮的因素不盡然相同。行政人員比較能夠照顧全局，希望能夠制定增進全民利益可久可遠的政策；而立法者則喜討好選民，凡事常從小處著眼，追求近利。抑有進者，為了打響自己的知名度，立法者往往不擇手段，竭盡所能地批評、詆毀政府行政首長及其政策。對政府而言，立法者好比芒刺在背，是揮之不去的陰影。因此，所謂「府會一家」衹是一種「迷思」(myth)。

在這種情況下，要爭取立法者對特定法案的支持，誠非易事。然而，儘管如此，仍有促使立法者與行政人員維持良好工作關係的誘因。其實，立法者有求於政府之處甚多，譬如立法者希望政府行政首長能夠尊敬他們；立法者希望透過其與政府的良好關係，為自己選區爭取更多的建設經費，並為自己選民爭取更多的工作機會；當一項公共政策成功時，立法者希望能與政府行政首長分享榮耀。由是以觀，政府行政部門與立法部門之間的確存在著一種共存共榮 (symbiotic) 的關係。政府行政部門應該妥善利用這種關係，藉以營造一種有利的立法環境。

具體言之，政府行政部門應該做到以下幾點：

1. 爭取有影響力之立法者（如：主審委員會主席及其他有影響力之委員、派系領袖及在野黨黨鞭等人）對特定政策方案之支持，俾收事半功倍的效果。

2. 建立與有影響力之立法者密切而且友善的關係。有了私誼，推動公務，始能事半功倍，駕輕就熟。具體的作為包括：向立法者提供與政策方案相關的資訊與資料；讓他們瞭解政府行政部門的政策立場；經常和他們保持連繫，並儘可能給予方便。

3. 建立與有影響力之立法者助理的密切關係：立法助理在立法過程中所扮演的角色，不容輕視；立法助理有「非選舉產生之代議士」(unelected representatives) 之稱。因此，為了順利推動政策方案，應與立法助理建立良好的工作關係，經常保持聯繫，並且給予方便 (Malbin, 1979)。

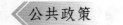

4.此外，建立與新聞界、企業界、學術界、勞工界等政府特定服務對象之良好關係，對於塑造一個有利的立法環境，亦至為重要。

五、做好立法準備、起草工作

立法準備 (preparation of legislation) 係指法案提出立法機關前之初步立法任務。在一般民主國家，從立法目的之決定、法案的草擬、法案的正式提出等初步立法階段，大都在行政機關各部會局署內進行。因此，與其說是由國會主導立法，毋寧說是由政府行政部門越俎代庖早已作成決定。

立法起草 (legislative drafting) 係指擬定法律草案之手續。在內閣制國家，絕大部份之法律草案皆係由行政部門所擬定，然後依法向立法機關提案。我國現制亦然，大部份法案係由行政院所提出，其次為考試、司法、監察各院。立法委員主動提案者僅佔少數，惟近年來隨著民意高漲，立法院自主意識抬頭，立法委員主動提案有逐漸增加之趨勢。

六、加強立法技術

立法來源 (source of legislation) 係指導致法律（政策）制定之環境因素。在一個民主社會，影響立法之環境因素不一而足、多元而且錯綜複雜：行政機關、政黨、利益團體、學者專家、一般民眾皆是構成立法環境的因素 (Jewell and Patterson, 1997:4)。

立法技術一詞在西方國家稱為「立法起草」(legislative drafting)，乃指應用法學原理，依照一定體例，遵循一定的格式，運用妥當的詞語，以顯現立法目的，並使立法原則或國家政策轉換為具體法律條文的技巧。良好的立法技術，能維持法律的安定性，實現社會正義，化解政治衝突，故現代民主法治國家無不重視此一專門領域之研究 （古登美、沈中元、周萬來，1997:342）。

(一)立法技術之功能

立法技術之功能，非僅限於將立法原則轉換為具體法律條文之技巧層面的功能，尚且包涵維持法的安定性、實現國家政策、避免法律漏洞、實現正義等之重大功能（古登美、沈中元、周萬來，1997:343–345）。

首先，立法技術可以維持法的安定性進而維持整體社會的安定。質言之，立法技術可使法的規定至為明確，且可使法規具有不可輕易變更的穩定性。惟其如此，人民行為始有所依據，而不致於無所適從，倉惶失措（羅傳賢、蔡明欽，1992:5）。倘因情勢變遷，必須制定新法規，或修正舊法規，則可採用「過渡規定」之立法技術達到目的，藉以維持社會安定。其次，如眾所周知，民主政治就是法治政治，國家政策必須轉變成為正式法律，始能付諸執行，進而產生實際效果（羅成典，1983:1）。立法技術即係將國家政策轉換為妥適法律條文之重要手段。第三，法律體系因為立法當時思慮有欠周延，或嗣後因為情勢變遷，而出現漏洞——亦即出現違反計畫性與不圓滿性的症狀，此時，可以透過立法技術的妥善運用，彌補這種法律漏洞，並且藉以免除無謂的爭議（黃茂榮，1987:14–62）。最後，正義是一個重要的法律概念，其又可分為平均正義與分配正義。所謂平均正義，是指法律之前，人人平等；而所謂分配正義，則指依個人所值（或所應得者）加以分配，這是一種比例式的平等，而非人人平等。吾人可以運用立法技術，實現上述正義的內涵。

(二)法案起草之機關

由於各國憲政體制不盡相同，因此，其立法起草機關亦有所區別。例如，採行內閣制的英國，其政府提案係由隸屬財政部之「國會顧問」(parliamentary counsel) 負責起草，議員提案 (private-member bills) 則由提案議員獨自研擬（通常借助法律專家襄贊而成）。在美國，立法提案權則專屬於美國國會，每位國會議員都有提案權。美國國會的「立法顧問局」(Office of the Legislative Counsels)（由七十位法律專家組織而成）負責協助議員，擔任法

案起草技術性方面之工作。

此外，美國國會的常設委員會亦設有專門委員，協助草擬法案。美國行政部門亦普設法律顧問，從事法案起草相關事宜。法案起草後，即提送「預算局立法顧問處」(Office of Legislative Reference, Bureau of Budget)，由其完成整編審查之工作，之後始託請參、眾兩院有管轄權之委員會主席 (chairmen) 或少數黨資深委員 (ranking minority members) 在國會中代為提出。

在我國，除立法委員之外，行政院、司法院、考試院及監察院均得向立法院提出法律案。因此，各院均設有機關，置專門人員，以司草擬法案之責。行政院向立法院所提出之法律案，由各部會及其所屬機關自行研議，草擬完竣後，報請行政院核定。在送達行政院後，再由相關之業務組進行審查，並提交行政院法規委員會，針對法制與立法技術之問題，加以審查。各機關均設置參事若干人，以與業務單位研議草擬法案工作。考試院起草法案工作，與行政院同，由各部會參事與業務單位研議法案草擬業務。而監察院則設置參事四人至六人，司法院設置參事六人至八人，掌理撰擬、審核法案。立法院為協助委員立法，各委員會均設置專門委員一人，必要時得增置一人，擔任法案之研究及草擬工作。

⊜法案起草人之責任

「法案起草人」(draftsman) 之任務在於確保公共政策能夠賦予「法律效果」(legal effect) (Miers and Page, 1990:51)。為達成此項任務，起草人應肩負起下述各項責任 (Zander, 1990:16-17)：

1.適時 (timeliness)

立法應該適時，不宜太早，更不能太晚；立法應能洞燭機先、制敵機先。

2.程序正當 (procedural legitimacy)

法案起草必須遵循立法正當程序之要求：例如法案名稱、格式、體例、法條句式、用字遣詞、內容編排、罰則、生效日期等均須符合規定。

3. 法制調和 (legal compatibility)

法案起草人必須尊重法律體系，上位規範的憲法是下位規範的法律和命令的依據，不能有所違悖，而同位階法規之間也不能出現自相矛盾的現象。

4. 形式 (formality) 與實質 (substantiality) 兼籌並顧

國家的法規必須在實質上能為國興利，為民造福，且須在形式上簡明正確，使人民易於知悉其權利、義務之所在。法規若僅具善良的實質，而無完美的形體，必將疑問百出，爭訟不息，酷吏玩法於上，刁民作奸犯科於下。而法規若徒具完備的形體，卻欠缺善良的實質，則不免嚴刑峻法之譏，為害尤烈。

5. 法律效能 (legal effectiveness)

法案起草人應使用正確、完整、明晰以及經濟的形式，表現在法案之上，以避免執法人員自行解釋法規，違背立法初衷。法案起草人不能草擬出與社會現實脫節的法規，而應考慮執行時法律是否會出現窒礙難行的現象。

6. 明確 (certainty)

法案起草人應注意法律的明確性，力求法規用語明白確定，俾能精確表示其規範之意思。

7. 簡潔 (brevity)

法案起草人必須注意，法案應符合簡潔原則，文字、條文能省則省，不可累贅重複。

8. 瞭解 (comprehensibility)

法案用語應力求平易、易懂，使一般人都能瞭解。

9. 可接受性 (acceptability)

法律不但要能符合法理，同時尚要能獲得大多數人民的支持，唯有如此，才能發揮規範的功能。有鑑於此，起草法案時，起草人必須探求民意，博採周諮，並須注意使用通俗的詞語、平常的句式以及傳統的格式。

10. 可辯論性 (debatability)

法案起草人必須事前妥善準備有關資料，以便有人質疑時，能夠提出強

而有力的說明與辯護。

㈣起草法案之步驟

1.瞭解政策目標、認清有關事實

起草人之首要工作，在於充分瞭解政策目標並認清各種相關事實。

⑴瞭解政策目標

任何法案必有其立法目的，起草人草擬法案之前，必須徹底瞭解立法目的之所在。為達此目的，起草人應與下令起草或委託起草法案者充分研討，以確定法案主旨無誤。

⑵認清有關事實

起草人對與本案有關之各種事實，必須充分認知，其可派員實地調查；親自訪問；請關係人提出報告；邀集有關人士舉行座談會。

2.檢查並分析相關法律、參考各國立法例

⑴檢查並分析相關法律

起草人於草擬法案之前，須先檢查現行相關法律，並分析待擬法案與現行法律之關係。現行法律如有可資適用者，則不必擬新法律，倘無現行法律可資適用，則須草擬新的法律。

⑵參考各國立法例

法案起草人除應體察本國民情風俗之外，尚應參酌各國立法例，以資借鏡。如有合乎法則，而且不違悖國情之外國立法例，宜斟酌採用。

3.擬訂綱要、起草條文

⑴擬訂綱要

如起草之法案係屬複雜或篇幅較長者，則在起草法案之前，宜先擬具綱要，以便先行確定各項原則，作為草擬法案之指導方針。

⑵起草條文

起草條文係指根據綱要所決定之原則，轉化成為具體條文，以構成法案的格式。因此，起草條文時，起草人應注意條文的安排，是否合乎體例，其

運用是否合乎格式，且其用語是否為法律措詞。此外，法律用語須力求淺顯易懂，法律含義須明白確實，且法律名稱必須適當。

4.草案校核、定稿

⑴草案之校核

起草人應對草案加以校核。校核應分別從點、面、體等面進行。所謂點的校核，係針對法律中之重點加以審核，亦即對法律係逐條、逐項予以審核；面的校核，係對每章、每節加以審核；至於體的校核，則係對整部法律從頭到尾，就其語調以及文字加以整體的審核。

⑵草案之定稿

草案之定稿應視草案之繁簡而有所區別。一個簡易的法案，可能僅須一次草擬，即可定案。而一個繁雜的法案，則須經過多次草擬，始能定稿。要之，起草人應謹慎將事，不可操之過急，倉促定稿。

5.徵詢意見、上級核定

⑴徵詢意見

草案完成初稿後，應廣徵意見，將稿件分送有關機關、學者專家及其他有關人士，請其以書面表示意見，亦可邀請其參加座談會。

⑵上級核定

草案初稿經徵詢各方意見而定案後，應呈請上級核定，上級一旦核定，法案起草工作於焉告一段落 (Thornton, 1987)。

㈤特別立法方式

我國傳統之立法方式，係採單一立法案，由各提案主體逐案送請立法院審議。日前，為加入世界貿易組織，行政院乃仿效美國、德國、日本所採用之特別立法方式，即「包裹立法」，擬具「中華民國加入世界貿易組織修正部分相關法律綜合法草案」，函請立法院審議，終因立法院未同意而予撤回，功敗垂成。然而，此種立法方式，仍有其價值，值得加以探討（羅傳賢，1993:104–108）。

　　所謂「包裹立法」，係把數個要修、要訂、要廢的法律，置於一個法案內，作一整合之處理。此種立法方式具有以下各種實益：程序經濟；避免立法時差；有利於相關法規之調整、兼顧政策宣示與法律體系完整。行政院在其所函送之「中華民國加入世界貿易組織修正部分相關法律綜合法草案」總說明中，指出包裹立法具有下列四項優點：1.政策性：將同一政策目標之相關法律一併送請審議，較能彰顯政策目標；2.全面性：將所有相關法律同時進行審議，審議者得以一窺全貌，較能作全面性的考量；3.同步性：同步檢討各相關法律，避免發生遺漏或前後矛盾之現象；4.經濟性：將各法律修正案納為單一法案審議，可以在不變更立法程序原則下，節省立法時間。

　　美國、德國、日本採行上述立法方式，已有多年。如美國於一九八八年制定之《綜合貿易暨競爭力法》，其所修正的法律包括《貿易法》、《關稅法》、《國防生產法》、《購買美國貨法》及《國外貪污行為法》；德國於一九八六年制定之《第二次打擊經濟犯罪條例》，其修正內容包括《刑法》、《違反秩序罰法》、《證券法》、《不正當競爭防止法》、《營業法》、《刑事訴訟法》、《法院組織法》及《經濟刑法》；日本於一九八八年制定之《稅制改革法》，分別修正《消費稅法》、《所得稅法》、《地方稅法》、《消費讓與稅法》及《地方交付稅法》。行政院於一九九六年五月二十七日函送前述綜合草案，除總則、附則外，共修正《貿易法》、《商品檢驗法》、《商標法》、《專利法》、《公司法》、《貨物稅條例》、《營業稅法》、《關稅法》、《證券交易法》、《會計師法》、《商港法》、《公路法》、《律師法》、《建築師法》、《駐華外國機構及其人員特權暨豁免條例》、《藥事法》、《食品衛生管理法》、《出版法》、《中央銀行法》及《銀行法》二十項法律，各列一章。在我國，法律採行包裹立法方式，係屬新制，有關審查方式及法案通過後如何整理問題，仍有待行政與立法部門加以協商，建立共識。

七、運用立法策略

　　政府向國會提出的法案貴在能為立法者所接受，俾使法案（政策方案）

得以透過立法過程，而成為正式法令規章，進而付諸執行，產生實效。因此，在法案經上級核定後，接著就要評估該項法案的政治可行性 (political feasibility)，亦即評估該項法案在立法機關獲得通過的可能性。此時，負責完成該項法案立法程序的政策分析人員，應就以下幾點進行評估：1.那些立法者支持該項法案？那些立法者反對該項法案？那些立法者持中立立場？2.他們支持或反對的理由為何？3.他們有那些需求？4.他們有那些資源 (resources)？並就評估所得，列出一張清單，以備查核，並作為日後運用政治策略爭取支持的依據。在日本，法案於提交國會後，各省、府國務大臣分別透過「議院運應委員會」以及「國會對策委員會」，爭取國會議員的共識與支持（行政院經濟建設委員會，1998）。這種在行政、立法部門之間建立制式協商管道，以消弭歧見、建立共識的機制，非常值得我們借鏡。

　　此外，負責完成特定法案立法程序的政策分析人員尚要能妥善運用各種政治策略，以期該項法案能在立法部門迅速、順利獲得審查通過。

　　一般而言，政治策略不外乎有以下四種：求同存異、妥協、操縱政治抉擇的情境以及雄辯。本章第二節對如何妥善運用政治策略的問題有相當詳細的敘述，所以此處僅做扼要說明。

(一)求同存異

　　求同存異是達成協議的最佳途徑。負責在立法部門推動法案的政策分析人員應運用高明的政治手腕，與持反對立場的立法者，進行推心置腹的懇談，讓他們相信，你所提出的法案其實已經採納了他們的意見，藉以化解衝突，達成協議。

(二)妥　協

　　妥協是一種透過對法案做實質修改，以增加其政治可行性為目標的政治策略。運用這項政治策略時，以做小幅度的修改為其原則，並以爭取足夠使該項法案順利通過的支持，為其準則。妥協的方法不外乎下列兩種：1.刪除

法案中有爭議性的部份； 2.在法案中加入反對者的意見。

如前所述，一般是透過談判 (negotiation) 來達成協議的。而在談判時，千萬不要在立場上討價還價，緣因立場上的爭執 (positional bargaining) 實非明智之舉。談判的重點，應該放在利益 (interests) 上，而非放在立場上。唯有如此，談判才會得到結果。

(三)操縱政治抉擇的情境

所謂操縱政治抉擇情境，係指的是運用對 「政治抉擇情境的操縱」(manipulation of the circumstances of political choice)，促使某一特定政策方案順利通過的各種方法，包括：

1.控制議程

控制議程是操縱政治抉擇情境的一種方法。在立法機關，議長、委員會主席有權影響議程的安排。例如，委員會主席就有權決定是否要就某一特定法案舉辦聽證會？聽證會應討論那些議題？應邀請那些人來參加聽證會？他們的發言順序為何？凡此種種決定對法案的命運都可能產生一定的影響。

2.借力使力

借力使力是另一種操縱政治抉擇情境的方法。前曾舉美國參議員基范佛 (Estes Kefauver) 一則合縱連橫、借力使力的故事，加以說明。一九六二年，基范佛參議員針對一項管制藥品使用的法律，提出了一項修正案，但在送達司法委員會之後，卻遭受該委員會主席伊斯蘭德的反對。為了打破這個僵局，基范佛參議員乃成功地爭取到美國輿論和美國工會的支持，甚至於爭取到甘迺迪總統的支持。這對司法委員會造成無比的壓力，終於迫使主席伊斯蘭德重新將該修正案列入委員會議程，最後並獲審查通過。

3.變更議題

變更議題是另一種操縱政治抉擇情境的方法。和其他政治策略一樣，這種政治策略的運用，需要高度的創意和智慧，且其巧妙是存乎於心的。前曾舉一八五八年林肯 (Abraham Lincoln) 和道格拉斯 (Stephen A. Douglas) 競爭

角逐美國聯邦參議員寶座為例，說明了如何巧妙運用這種政治策略，故在此不再贅述。

㈣雄　辯

　　無礙的辯才也是經常被採用的一種政治策略。所謂「真理愈辯愈明」，因此，政策辯論對政策方案常常能夠產生一種釐清的作用。政策辯論有時會淪為狡辯。狡辯作為一種政治策略是有違職業道德的。我們認為，「誠實是最好的政策」，而反對馬基維利所言：對政客而言，表面上顯得誠實，比德行本身還要重要。我們的建議是，政策分析人員應秉持「誠實是最好的政策」的真理，以追求真理、造福社會為其主要職責。

　　綜上所述，在法案向立法機關提出之後，政策分析人員應能秉持原則，靈活運用控制議程、借力使力、變更議題以及雄辯等政治策略，俾使政府法案能夠順利獲得通過。

第六章　監督公共政策執行

　　政策方案在得到顧客與政策利害關係人同意，並且經過立法機關以正當、合法程序通過之後，合法化程序於焉完成。政策方案於取得合法地位、正式成為公共政策之後，即將付諸執行，以期產生預期效果。

　　在政策執行過程中，「基層行政人員」(street-level bureaucrats) 肩負實際執行公共政策之責任。「基層行政人員」亦稱第一線行政人員，他們是負責執行政策並與服務對象直接接觸的人員，例如警察、環保、社工、地政及戶政人員、鄉鎮區公所服務人員、汽車監理人員、違章建築拆除人員等。論者指出，「基層行政人員」執行公共政策的意願、態度、作為等與執行績效息息相關。因此，為了提高基層行政人員對政策執行的熱忱，除應建立良好的獎懲制度外，在政策制定階段就應為其提供參與表達意見的機會，而在正式執行之前，亦應透過有效的溝通，使其能充分瞭解政策內涵與執行方法等相關事項。「基層行政人員」表現如何就代表政府表現如何。因此，上層長官對基層行政人員應盡量加以信任、授權、賦能 (empower)，俾加強其政策執行績效。

　　「基層行政人員」肩負實際執行公共政策之責任，而政策分析人員則負監督公共政策執行之責。

第一節　政策執行的意義

　　過去學者很少使用「執行」(implementation) 這個名詞，而習慣用「行政」(administration) 或「公共行政」(public administration) 來描述政策執行。抑有進者，過去學者習慣於在「政治」與「行政」兩者之間加以區別。例如，古德諾 (Frank Goodnow)、懷特 (Leonard D. White) 等學者即認為政府有兩種功能，一是政治的功能，即政策制定與「國家意志表達」(expression of state will) 的功能，一是行政的功能，即政策執行的功能，前者由立法機關擔任，後者則由行政機關擔任 (Goodnow, 1900; White, 1926)。早期學者多半主張政

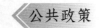

治與行政對立 (politics/administration dichotomy) 的兩分說法。這種說法在當時看來並無不妥之處，緣因早期立法機構確實扮演制定政策的重要角色，而昔日之行政機關，不論組織與功能，皆不如今日這般龐大與複雜。

惟時至今日，政治與行政對立的說法已經站不住腳。今天，立法機構對於龐雜而且需要高度專門知識始能妥善處理的法案（政策），已無法勝任，充其量僅能做籠統性的規定，細節部份則交由行政機關去處理。今天，行政機關常作政策決定 (policy decisions)，且其所作之政策決定對人民的生活、生計常有巨大的影響。誠如尼格魯兄弟 (Felex A. Nigro and Lloyd G. Nigro) 所言，到了一九七〇年代，行政機關不論在政策推薦 (policy recommending) 或政策執行 (policy implementing) 上，皆負有重責大任 (Nigro and Nigro, 1973)。賽雅 (Wallace S. Sayre) 亦說：「裁量權的行使與價值抉擇的決定是行政人員工作的特徵，也是其與日俱增的功能。因此，行政人員參與政治過程，是無可否認的。」(Sayre, 1958:104) 參與公共政策的制定就是參與政治。當行政機關向立法機關提供立法建議 (legislative recommendation)，以及當行政人員行使自由裁量之時，他們的行為就是政治行為。其他學者如鍾斯 (Charles O. Jones) 與阿爾舒勒 (Alan Altshuler) 亦認為行政人員擔任各種政治功能 (Jones, 1977: 138–139; Altshuler, 1968:55–72)。

我們認為，今天區分「行政」與「政治」已無意義；並且認為，在概念上，「政策執行」 比 「行政」 更為具體實用。 依普瑞斯曼 (Jeffrey L. Pressman) 和魏雅儒 (Aaron B. Wildavsky) 兩位學者之見解，執行乃是「個人需要與得到這種需要之方法兩者間的互動過程」 (a process of interaction between what one wants and the method for getting it)；「設立目標與達成目標行為之間的一種互動」 (interaction between setting of goals and actions geared to achieve them) ；「用來獲得所欲達成結果之能力」 (the ability to forge subsequent links in the causal chain so as to obtain the desired results) (Pressman and Wildavsky, 1973: XIV–XV)。 根據上述， 執行實係一動態概念 (dynamic concept)，其意味著不斷努力地去分辨「何者應該達成」與「何者可能達成」，

而且意味著政策目標並非一成不變；其實，在執行過程中，政策目標並非不能修改、改變，政策執行係一不斷修正調整的動態過程。

鍾斯亦持類似之見解。依彼之見，「執行乃是一種將政策付諸實行的活動」(those activities directed toward putting a program into effect) (Jones, 1977:139)，其中有三項活動特別值得我們注意：解釋 (interpretation)：將政策的內容，以一般人所能瞭解的用字遣詞來加以說明。組織 (organization)：建立政策執行單位與設計政策執行方法，藉以實現政策方案。應用 (application)：政府以提供服務或支付經費等方式，將政策之內容付諸實行。

綜而言之，政策執行係指政策方案在經過合法化程序而取得合法地位之後，由主管部門負責擬訂施行細則，確定執行專責機關，配置必要資源，以適當的管理方法，採取必要的對應行動，使政策方案順利付諸實施，俾達成預期政策目標之動態過程。析言之，政策執行包含以下數項重點：擬訂執行政策方案的詳細辦法；確定負責推動方案的機關或單位；配置執行政策方案所需要的資源，包括人力、經費、物材、設備、權力、資訊等；採取適當的管理方法去執行政策方案，包括計畫、組織、指揮、協調、激勵、溝通、管制等；以及採取必要的對應行動，包括實際去執行各項活動與促使執行人員及標的人口順服政策的獎懲措施等。

論者指出，在所有政策執行的相關活動中，以擬訂施行細則以及確定專責機關最為重要。就擬訂施行細則而言，主要是將抽象性或原則性的政策規定，轉換成執行人員與標的人口皆易於瞭解並足資遵循的具體辦法。通常在施行細則中，會將負責推動方案的專責機關、所需要的人力、經費、設備、時間、權責、工作流程等事項，作詳細明確的規定。就確定專責機關而言，通常會考慮以下的要素而作決定：機關層次高低、職掌範圍、規模大小、能力高低、資源多寡等。

如前所述，基層行政人員負實際執行政策之責，而政策分析人員則負監督政策執行之責。易言之，政策分析人員的職責在於監督基層行政人員的政策執行行為，藉以確保基層行政人員在政策執行的動態過程中能夠充分發揮

功能，並達到政策制定當初的預期效果。

為了善盡監督政策執行之責，政策分析人員對下述各項事物應有一定程度的理解，並應能將此種理解做實務性的應用：政策執行機關的特性；自由裁量與象徵性政策執行的問題；公共政策執行成敗的因素；民眾順從（或不順從）公共政策的原因。茲分述於後。

第二節　執行機關的特性

如眾周知，執行政策的機關未必是原先制定政策的機關，而可能是另行設立的新機關，或是將原機關加以改組成立一個新的機關，責成其專司政策執行之責。

在政策付諸執行之前，首應考慮政策執行機關是否已經存在？是否需要改變其現行的組織結構，俾其更能勝任政策執行的工作？是否需要成立一個新的政策執行機關，由其專司政策執行之責？等種種問題。

一般而言，政策執行機關有以下各種類型：

- 在不改變現行組織結構的情況下，由制定政策之原機關來執行政策。這是大多數的情形。
- 在「主部門」(parent department) 之下，另外成立一個新的機關，由其負責執行政策；惟政策性的重大問題乃由主部門決定。
- 提高執行機關的位階，俾其更能勝任政策執行的職責。
- 設置一個新的機關，由其負責執行特定之公共政策。美國經濟機會局 (Office of Economic Opportunity) 以及國家太空總署 (National Aeronautics & Space Administration) 的設置屬之。
- 將機關內部之組織結構加以重新改組，使之適合於執行特定之公共政策。

此外，政策執行機關是否普獲民眾的支持？其專業化程度又是如何？凡此問題，皆與該機關執行政策順利與否，息息相關。顯而易見的是，政策執行機關得到民眾政治支持的程度愈高，則其執行政策亦將愈為順利；政策執

行機關專業化的程度愈高，則其執行政策亦將愈為順利。反之，則否。路克 (Francis E. Rourke) 嘗言：「行政機關的權力取決於爭取民眾支持的能力。政策執行機關和民意機構一樣，必須爭取民眾對它的支持。如果缺少這種支持，則政策執行機關執行政策之能力便會大打折扣，甚至可能威脅到整個組織的生存。」(Rourke, 1968:13)

舉例言之，在成立之初，美國太空總署所執行的月球探測計畫普受美國民眾歡迎，美國民眾咸認，月球漫步 (Moon Walk) 是一項深具意義與價值的政策，故美國太空總署在推動這項政策時，真可謂是無往不利。反之，美國國務院所執行的援外政策 (foreign aid programs)，由於該政策的受益者是外國，因此不易獲得美國民眾的支持。美國國務院在推動援外政策時，總覺得束手束腳，甚至動輒得咎，很不順利。

第三節 自由裁量與象徵性執行

一、自由裁量

在政策執行的過程中，往往從宣佈執行開始，就已經牽涉到參與政策執行者自由裁量的問題。從法律之觀點而言，行政裁量乃係指行政機關在法律積極明示之授權或消極默示許可之範圍內，基於行政目的，自行斟酌，選擇認為正確之行為，而不受法院之審查者。尚有論者認為，裁量乃裁度推量之意，是人類對事物考慮之內在心理意識之過程。裁量不是隨意，而有其準據和目標，與不受準則限制之恣意，大異其趣，裁量具有積極性，以追求「正確性」為目的，不過，這種「正確性」不能客觀地加以確定，而係以主觀斟酌的「正確性」。茲以數例說明行政裁量在政策執行過程中所扮演的角色：

〔例一〕

美國一九六七年的《空氣品質法》(*Air Quality Act*) 授權衛生、教育暨福利部 (Department of Health, Education and Welfare) 對日益嚴重之空氣污染問題，採取各種必要的因應措施。該法授權衛生、教育暨福利部在空氣污染對

民眾健康構成「急迫而重大」(imminent and substantial) 之危害時，得以法院之禁令，加以防治，這給予該部相當大的自由裁量空間。在《空氣品質法》所揭櫫的原則下，衛生、教育暨福利部必須建立一套程序，以決定於「急迫而重大」時，所應採取的各項因應措施。

〔例二〕

在一九四九年的《國民住宅法案》(*Housing Act of 1949*) 中，美國國會宣稱，制定這項法律之目的是：使每一個美國家庭均有小康的住屋與舒適的環境。國會授權其他機關來執行此項法律。因其所規定之目標甚為籠統，得到國會授權之執行機關必須在這個籠統的範圍內，自行斟酌，究應採取何種適當措施，方能達到《國民住宅法》所訂定之目標。

由此可知，立法機關制定的法律未必能自動適用到公共問題的解決上去，而須由政策執行機關應用行政裁量來加以輔助。行政裁量之功能，有二：行政裁量之應用，讓執行政策之行政機關，取得採取必要因應措施的空間，俾公共政策在執行時能較具彈性。此其一。由於行政裁量之行使，政策得以自行調整，而無須重新制定一個新的法律。此其二。

二、象徵性執行

政策執行另一個層面的問題是象徵性 (symbolism) 層面的問題。這裡所牽涉到的不僅是如何執行政策 (how to apply) 的問題，尚且牽涉到執行多少 (how much to apply) 的問題。艾鐸曼 (Murray Edelman) 在《政治象徵性的應用》(*The Symbolic Use of Politics*) 一書中指出，「政治只是一連串抽象的符號」，他並指出，政策過程中所發生的許多事情僅具象徵性的意義 (Edelman, 1964:5)。

在討論行政系統象徵層面的問題時，艾鐸曼曾提出「角色互換」(mutual role taking) 與「易地設想」(empathy) 兩個概念。瞭解了這兩個概念之後，我們才能解釋「徒法不足以自行」的現象，也才能理解為什麼違背法律未必都會受到懲罰的現象。舉例言之，張三參加一個晚宴，結束後駕車返回宿舍，

此時，已是清晨三點，夜深人靜，四下無人，張三乃超速行駛，結果被警察逮個正著，並且準備要對張三加以處罰。張三辯稱，警察這種作法有失公平（若平時違法，張三是願意接受法律制裁的）。張三表示，根據當時情況加以判斷，超速行駛並無不可。此時，警察可能依法予以處罰，亦可能覺得張三言之有理，而決定網開一面，高抬貴手。此例說明，在評估政策執行時，我們應當考慮到「角色互換」、「易地設想」等問題。在談到行政時，艾鐸曼指出：「就大部份的法律執行而言，『法則』(rules) 是經由角色互換而建立的。結果，制定出來的法則一方面暗示允許規避，另方面又明文規定加以處罰。」(Edelman, 1964:48)。他並指出：「政治總會引起衝突。決策者在面臨衝突時，就會顯得模稜兩可，而採取相互矛盾的角色：即同時扮演強制者與被強制者的角色，或同時採取違法者與受害者的角色。」(Edelman, 1964:51)

依照艾鐸曼的說法，政治既然總會引起衝突，則必然有兩種對立的角色存在。在行政行為上言，最明顯的便是「強制者」(enforcer) 與「被強制者」(enforced) 的角色，兩者不僅對立，而且互相衝突。政策執行者理應扮演強制者的角色，從強制者的立場來看問題。但是，有時政策執行者又會扮演被強制者的角色，從被強制者的立場來看問題。換言之，有時政策執行者會依法嚴格執行，有時卻會加以通融，政策執行的「形式主義」於焉形成。結果，一方面有一些不容違背的法規，另一方面這些法規又暗示可以逃避。這種「形式主義」實際上係由自由裁量所造成，因為政策執行者有了自由裁量的空間，所以他就可能做出象徵性之行為。

第四節　政策執行成敗的決定因素

一項公共政策，不論其宗旨是如何正確、內容是如何完美，如果不能確實執行，則終將是功虧一簣、徒勞無功。

公共政策無法貫徹執行的原因實不一而足，譬如，政策本身不合邏輯、政策目標模稜兩可、在執行的過程中為化解阻力所做的努力不夠、政策執行者本身問題叢生等等皆是。前曾述及，在政策方案規劃階段，政策分析人員

就應從法律、政治、技術、財政等各個角度，來觀察此一方案是否實際可行；倘若當時未做可行性之研究，或者只是虛應故事，則執行時必然會遭遇重重困難。另則，倘若執行者能袪除鄉愿心理，不接受特權干預，不怕批評，不怕反彈，而能以大公無私、心安理得的態度，勇敢擔負起執法成敗的重責大任，則政策執行成功的機率必然會大幅增加。

在討論政策執行成敗的決定因素之前，首須對所謂的「政策利害關係人」此一概念，取得一些瞭解。

唐恩 (William N. Dunn) 將政策利害關係人界定為：受到公共政策影響或影響公共政策制定的個人或團體；由於這些個人或團體對某一特定公共政策下了「賭注」(stakes)，所以被稱為政策利害關係人 (policy stakeholders)。依此定義，則一般民眾、人民團體、政黨，乃至於政府決策者、政策分析人員皆是政策利害關係人。

要言之，政策利害關係人可以分為以下三種類型：政策制定者：即制定、執行公共政策的個人或團體；受益者 (beneficiaries)：即直接或間接受到政策利益的個人或團體。直接受益者就是一般所謂之「標的團體」，而間接受益者則是基於與直接受益者的關係而得到利益者，例如，老人是老人福利政策的直接受益者，而其子女則為這項政策的間接受益者；受害者 (victims)：即因某一特定公共政策的制定而喪失其應得利益的個人或團體。至於導致其喪失利益的原因則可能是政策設計失當而未將他們列為利害關係人，也可能是政策所引起的副作用對其造成負面影響。

一項公共政策的成功執行，固然有賴溝通良好、資源充沛的執行機構以認真負責的態度去確實執行，尚有賴因該項政策而受益的個人或團體——即政策受益人——從旁推波助瀾，確實扮演好「護航者」(fixer) 的角色 (Bardach, 1977:273–278; Levin and Ferman, 1985:102–104)。所謂「護航者」，就是指「贊成某一特定公共政策，並且能從這項政策得到實際利益因而願意貢獻其時間、精神和資源促使這項政策產生實質效果的個人或團體。」(Someone who favors the policy and is willing to expend time, energy, and resources to see it put to effect.) (Weimer and Vining, 1992:329–330) 舉例言之，美國國會在一九六四年所通過的《民權法案》(*the Civil Rights Act*, 1964)，其之所以能夠收到顯著效果，實拜美國眾多的民權團體 (civil rights groups) 從旁大力協助執行，充分發揮「護航者」功能之賜。

　　至於政策受害者，於一項使其喪失利益的公共政策付諸執行時，他們難免會表示反對，甚或群起抗爭，倘若不能有效、及時予以處理，則必將危害這項政策的成功執行。

　　由是以觀，在政策分析人員的指導下，政策執行者能否勇敢面對群眾抗爭，並且化險為夷，反敗為勝，厥為政策執行成敗關鍵之所在。易言之，政策執行者能否在政策分析人員領導之下，確實評估「政治可行性」(political feasibility)，並且妥善運用政治策略，俾收到化阻力為助力的效果，厥為政策執行成敗的一個重要決定因素 (Bardach, 1977:57–58)。換言之，在政策採納 (policy adoption) 階段，為爭取支持特定公共政策所做的「政治可行性」評估與政治策略設計的工作（詳見本書第五章第二、三節），在政策執行 (policy implementation) 階段還要重複再做一遍。具體來說，在政策分析人員的協助下，政策執行者要能在政策受害者當中去發現那些人是死硬的反對者？那些人有回心轉意的可能？他們的動機為何？他們各自擁有何種資源？而相對的，政策執行者手邊又擁有那些可資運用的籌碼與資源？他們口袋裡又有那些錦囊妙計？(Weimer and Vining, 1992:327) 上述爭取支持的相關作業倘若能夠確實做好，則政策執行成功的可能性必然大為增加。

一、政策制定以及政策本身的因素

　　政策規劃過程是否完善？政策合法化過程是否符合正當程序的要求？凡此皆會影響到接踵而至政策執行的成敗。倘若答案都是肯定的，則執行成功率高，否則，成功率低。其次，政策本身的理論基礎是否堅強穩固亦是決定政策執行成敗的一個重要因素。根據威瑪和范寧的見解，政策是否合乎邏輯？其理論基礎是否健全？足以決定政策執行的成敗 (Weimer and Vining,

1992:326–327)。他們指出,此即所謂的「政策的邏輯性」(logic of the policy) 的問題,亦即是對一系列的假設 (hypotheses) 逐一加以嚴格驗證。他們並舉下例加以說明。一項由地方政府經費支助,旨在發掘高中科學教育最佳方法的公共政策,其實係基於下述各項假說:真有意願與能力發掘最佳科學教育方法的高中前來申請經費補助;最有意願與能力的高中獲得必要的經費補助;雀屏中選的高中定會確實執行補助計畫;因其確實執行計畫而終能發現最佳科學教育的方法;這些最佳教學方法終能為主事機關所採行。倘若前述任何一項假設證明有誤,則該項政策歸於失敗的機率就會大為增加。詳言之,前來申請經費補助的高中並無發掘最佳科學教育方法的意願或能力;主事機關由於遭受政治壓力而無法將經費撥給最有意願與能力去發掘最佳科學教育方法的高中;即便是最有意願與能力去發掘最佳科學教育方法的高中雀屏中選而獲得經費補助,並且提出了具體可行的方案,然而主事機關卻基於特殊考慮拒絕接受。倘若前述任何一項假設證明屬真,則前述由地方政府經費支援旨在發掘高中科學教育最佳方法的公共政策,由於「政策的邏輯性」出了問題,所以幾乎註定要歸於失敗。

二、執行機構的因素

前曾述及,倘若政策執行機構享受高度的政治支持,且其專業水準亦普獲民間高度的肯定,則其執行政策,必然無往不利。此外,執行機構與決策機構之間的溝通是否良好?各執行機構彼此間之溝通是否良好?執行機構資源是否充沛?執行人員態度是否積極進取,而且於執法時確實能夠做到大公無私、不偏不倚?凡此因素皆會影響到政策執行的成敗。

證諸實際,公共政策「決策者」常是一批人,而「執行者」則是另一批人,由於「執行者」常被排除於決策制定過程之外,故其對決策過程所知有限,對於政策制定的背景、立法意旨、政策內涵、執行者所應肩負的責任等皆是一知半解,甚至一無所知。於此情況,政策執行機構實在很難以高度的熱忱、充分的理解與認真的態度去執行一項政策。因此,為了確保一項公共

政策能夠確實執行，「執行者」應能參與決策過程，且其與「決策者」之間應能夠維持經常性的良好溝通。

　　此外，在現代化國家中，常是許多機關共同負責執行一項公共政策，這些執行機構相互溝通，彼此整合的程度，也是決定政策執行成敗的一個主要因素。公共政策得以確實執行的另一個成功因素是充沛的資源。此處所謂的資源，包括人力、物力、財力、資訊等等。倘若這些資源十分充裕，則政策執行就容易成功，否則容易失敗。一項公共政策得以確實執行的第三個要素是執行者的態度。執行者必須要有貫徹政策執行的意願和決心。倘若執行者對於某項政策抱持一種模稜兩可，甚或事不關己的態度，或者因為害怕受到批評，擔心人民反彈，而在政策執行時駐足不前，猶豫不決，甚至畏首畏尾，自我設限，則該項政策就很難不歸於失敗了。

第五節　順從（或不順從）政策的因素

　　公共政策之制定，目的在影響或改變人民的行為，倘若人民對政府制定之法令規章拒絕服從，則影響或改變人民行為的功能將無從發揮。因此，如何誘導人民順從政府制定的政策，實為一重要問題。然而，跡象顯示，除了犯罪政策外，社會學家對順從 (compliance) 這個問題似乎並不十分重視。此乃緣因我們在傳統上習慣於採用法律途徑 (legalistic approach) 來研究政治及其他有關現象。一般咸假定，人民絕對有服從法律（或順從政策）的義務。順從問題不被重視的另一個原因是，早期研究公共政策的學者僅討論到政策規劃問題，至於政府制定的政策是否會為人民順從，則不太過問 (Anderson, 1975:120)。以美國 《一九六五年初級與中級教育法》 (*the Elementary and Secondary Education Act of 1965*) 為例，美國政治學者對該法之規劃與合法化的情形甚感興趣，而對該法執行的情形——人民對該法服從與否的問題，則顯得興趣缺缺。然而，倘若欲對政策制定過程作一個完整性的研究，則不僅要研究達成政策決定前的政策演進過程，尚須研究政策付諸實施後人民對政策是否順從的問題。

本節所討論的問題分成兩個部份：一、影響人民對政策「順從」(compliance) 或「不順從」(non-compliance) 的原因以及二、執行機關在爭取人民對政策順從過程中所扮演的角色。

一、順從政策的因素

一般來說，人們對於權威 (authority) 都是十分尊重的。我們從小經過社會化的過程，學習到尊重父母、知識、法律、政府官員所代表之權威。及至成年，我們相信，從道德的立場來看，我們應當服從法律，否則會造成內心上的愧疚與罪惡感。這種尊重權威的習慣，對於政策順從是一種莫大的助力。

人是理性的動物。人們在決定是否順從政府制定的政策之前，總會經過一番思考。對於一項與個人利益不相符合的政策，或許有人會興起違悖的念頭，但是經過一番思考之後，仍會認為服從法律乃屬必要，或者是應當的。例如，納稅是一種負擔，許多人都想逃避，的確也有人設法逃稅。但是，如果我們認為稅法是公平、合理的，或者認為政府既為人民提供各種服務，其向人民徵稅實屬必要，左思右想一番後，最後還是會去繳稅。人們習於理性思考問題也是政策順從的一種助力。

人們對於一項法律或政策支持的程度各不相同：有些人熱烈支持，有些人激烈反對，而大部份人則持中庸的立場。熱烈支持者固然會服從法律，持中立態度者亦可能有一種服從法律權威的自然傾向。在討論人們服從政府之政策時，此一因素不可忽略。

人們倘若深信政府制定的政策是合法的，其制定符合憲法之原則，或憲法之精神，亦即其係由政府依據正當程序而制定出來的，他們必定會加以順從。倘若人們認為一項法律欠缺合法性，或有違憲法所揭示之原則或精神，則他們違法的「心理負擔」(psychological cost) 就可能大為減低。人們對政策制定機關的態度及其對該政策制定機關是否擁有正當決策權力，會嚴重地影響到他們順從（或不順從）特定政策的意向。例如，一些美國南方人士，雖然反對黑白合校的政策，但是仍然服從美國聯邦最高法院在一九五四年所作

之黑白合校之判決，原因即在於這些南方人士認為，美國聯邦最高法院對黑白合校所作的判決過程是合法的，並且認為，對黑白合校問題，美國聯邦最高法院擁有正當決定之權。

決定人們對公共政策是否順服的另一個原因是，人們基於對私利 (self-interest) 的考慮 (Anderson, 1975:122)。倘若個人或團體認為一項政策對其有利，便會對之加以順從。舉例言之，倘若農民認為一項政府限制農產品生產的政策對其有利，例如農民因此可獲得政府對農產品最低價格的保證，那麼他們便會順從這項政策。易言之，人們順從政府所制定之政策，乃是由於私人利益與政策規定互相吻合的結果。其於權衡得失之後，認為順從政策將會帶來「積極報酬」(positive rewards)，故而順從之。

人們順從政府政策另一個原因是：若不順從，可能會受到罰鍰、拘禁等之處罰。換言之，人們往往是為了避免受到處罰，而勉強順從政府所制定之公共政策 (Jensen, 1968:189–201)。誠然，我們不能一味利用處罰來達到使人民順從公共政策之目的。處罰的目的，僅在於加強或敦促人們順從政策之意願。唯有人民自動自發地順從政府政策，始能確保政策目標之順利達成。

布勞克 (Charles Bullock, III) 和羅吉斯 (Harrell Rogers, Jr.) 兩位學者便是以成本效益架構 (cost-benefit framework) 來分析人民對政策順從與否的問題 (Bullock and Rogers, 1972:181–209)。他們認為，當法律對人們有利時，人們會順從之；否則可能加以違背。易言之，人們是採取最低成本與最大效益的計算，來決定對政策是否加以順從。當順從比不順從所需付出的代價高時，其將違悖法律。反之，則將服從法律。因而，布勞克和羅吉斯對「順從」所下之定義是：「個人在選擇行為方向時所作的成本與效益的評價結果」。當然，成本效益分析架構並非能一概適用。在許多情況下，法律對一般人並無任何重大影響，此際，人們就不會去做成本效益的計算，而僅是自動地加以服從，此即落入巴納德 (Chester Barnard) 所稱之「不關心地帶」(zone of indifference) (Barnard, 1938)。當人們認為法律對其有重大的影響時才會去做成本效益的計算。

　　最後值得一提的是，在執行之初，一項廣受爭議或遭到反對的政策，在政策執行一段期間後，可能會逐漸因為熟悉而被接受。例如，美國《華格納法》(*The Wagner Act*, 1935) 一度為美國商人所激烈反對，《塔虎脫‧哈特利法案》(*Taft-Hartley Act*, 1947) 也曾一度為美國工會所激烈反對，惟如今，這些法律已經成為勞資關係上既定的事實，不再是人們爭論的對象了。

二、不順從政策的因素

　　無可諱言的，並非每一個可能受到公共政策影響的個人或團體都會對政策加以順從。事實上，有許多人違背法律，而且又能逍遙法外。試問：人們違背法律的原因何在？一般來說，如果一項法律和盛行的社會價值規範及信仰系統發生嚴重衝突，即會造成普遍違背法律的現象。「選擇性的違背」(selective disobedience) 是一個與上述「法律－價值衝突」(law-value conflict) 問題有著密切關係的一個觀念 (Clinard, 1957:168–171)。「選擇性違背」也者，乃是嚴格遵守刑事法律者，其對經濟性的法律，或者約束政府官員行為的法律，可能加以違背。許多商人對竊盜、挪用公款等之法律規定嚴格遵守，但是對於涉及銀行作業、貿易實務、稅捐、管制環境污染等之法律規定就經常予以忽略，甚至偶爾違悖。究其原因不外下列諸端：管制經濟活動的法律，其發展較刑事法律為晚。此其一。管制經濟活動的法律措施，與商人期待政府對經濟活動應採不干預立場的價值觀念，互相違背。此其二。遵守刑事法律的原因是，惟恐倘若有所違背，則其個人乃至於其家庭可能因此蒙羞，而違背經濟法律，情形就比較不同。此其三。雷恩 (Robert Lane) 所做勞工關係政策的研究也頗值得我們重視。他發現，不同社區 (communities) 對法律、政府以及「非法的道德性」(the morality of illegality) 的觀念與態度，都不儘相同；某些崇法務實社區的工廠工人對勞工關係政策比較遵守，而其他社區工廠工人則比較可能違背這種法律 (Lane, 1953:151, 154–160)。

　　人們違背法律常是出於一種貪婪之心。詐欺和偽證常是因為人們貪婪所造成的結果。然而，人類貪婪的心理只是造成違法行為的一個原因。例如，

兩個公司同樣有違法即可獲利的機會，其中一個公司果真違法，而另一個公司則否。這種情形該如何解釋呢？一個可能的解釋是，瀕臨破產邊緣的公司比營業狀況良好的公司較易想要獲得不當之利益，因而做出違法的行為 (Lane, 1954: Chap. 5)。

抑有進者，法律規定詞意不明，模稜兩可，或政策標準互有牴觸等情形，也會造成人們對法律的違背。違反《所得稅法》的規定，常是因為相關法律錯綜複雜，或者模稜兩可所致。此外，對於現行法律全然無知亦是違法的一個原因 (Anderson, 1975:126–127)。

總而言之，造成人們對政策不順從的原因，不一而足，舉凡法律結構上出現缺陷、政策執行不當、缺乏對法律的認識、無知、故意等，都是箇中原因。

三、執行機關的角色

使人民順從公共政策是執行機關的一項主要責任，其可採用下面兩種方法來促使人民順從政府所制定的公共政策：設法塑造或改變人們的價值觀念；設置一套獎懲辦法，對服從者加以獎勵，而對違悖者則加以處罰。

執行機關應該要做好教育人民與政策宣導的工作；其應將政策所具的意義告訴人民，使人民相信某項公共政策是合理的，是必要的，對社會是有利的。執行機關倘若能夠增進人民對公共政策的瞭解，並且爭取人民對政策的支持，則公共政策始能發揮其效果，並且減少人民違法的行為。

執行機關亦可用宣傳 (propaganda) 的方法來獲致人民對公共政策的順從。在執行政策的過程中，執行機關為了獲得人民對政策的順從，於必要時應設法對現行政策做若干修正；若發現政策有不公平之處，其應設法消除這種不公平的現象；若發現政策標準有互相衝突的情形，其應設法加以調整；若發現政策有窒礙難行的情形，其應設法簡化行政程序。執行機關尚應為人民提供諮詢服務與討論的機會，藉以提高人民對公共政策順服的程度。

如果採用上述種種方法，仍然無法獲得人民對公共政策的服從，則迫於

無奈執行機關可以訴諸制裁的方法。制裁就是對違反政策規範者所加諸的處罰 (penalties) 或權力的剝奪 (deprivation)。制裁對其他可能有意圖違反政策規範者也能起一種嚇阻的作用。

倘若人民堅持不服從法律，此時政府就必須採取「強制」(coercion) 行動，迫使人民服從。用強制方法迫使人民服從法律有其不利的一面，例如，在政府強迫人民服從法律的過程中，將造成執行時間上的延遲。強制亦有其積極的功能。首先，其顯示政府有達成政策目標的決心。其次，如果政府以堅定的立場，申明其貫徹執行政策的決心，則人們順從的成本將會降低，而其效益則會相對提高。最後值得一提的是，政府執行政策，開始的一段時間是十分重要的：倘若一開始時就嚴厲實施，則效果佳。反之，執行之初，就以默示，甚至明示的方法，允許人們違法，則其後雖然企圖加強執行，由於喪失先機，非常可能徒勞無功。

第七章　監測公共政策結果

政策分析人員的一項重要工作是監測政策結果。一項付諸執行的公共政策對社會現狀有無產生衝擊？產生了何種衝擊？政策結果與預算結果兩者之間有無落差？落差的程度如何？凡此皆是政策分析人員在進行政策結果監測時所必須面對的重要問題。

政策分析人員必須熟悉監測政策結果的基本概念以及監測政策結果的途徑與方法，唯有如此，始能善盡其責。

第一節　監測政策結果的基本概念

所謂監測 (monitoring) 係指產生與公共政策因果關係相關的資訊，俾作為評估公共政策的參考。透過政策監測，政策分析人員得以詮釋政策實施狀況與政策結果兩者間之關係。易言之，透過政策監測，政策分析人員得以說明付諸執行的某項特定公共政策對社會現狀產生衝擊的情況，以及政策結果與預期結果間之關係。有鑑於此，論者指出，政策監測實乃描述、解釋公共政策執行情況的代名詞（吳定，1998:288）。

政策監測的對象是「政策結果」(policy outcome)，而非「政策產出」(policy output)。所謂政策產出，自政策制定系統的角度觀之，係指其所作「具有權威性的決定和法律」(authoritative decisions and acts)。政策產出是政府的一些具體措施——如公立學校的設置、大眾捷運系統的興建、老人福利年金的發放等等。對於這些措施，我們可以測量其產品數目。例如，為了發放老人福利年金，政府動用了多少人力、資源和預算等。而自標的團體的角度觀之，所謂的政策產出則係指標的團體所得到的財貨、服務或資源。例如，老人平均每年得到的老人福利預算。

政策結果則是指政府某項政策措施對於社會現狀所產生的變化，及其對標的團體的行為、態度所造成的變化。因為政策結果所指涉的是政府政策措

施對於社會現狀所造成的「衝擊」(impact)，故亦稱政策衝擊。

政策結果重視「品質」，這與政策產出重視「數量」可謂是大異其趣。政策結果所最關切者為公共政策產出對於社會現狀所產生的實質影響，以及社會各界對於公共政策產出所表達的評價與反映。例如，老人福利津貼政策是否的確有助於老人生活的改善？政府對於大眾捷運系統的投入是否的確有助於交通擁塞問題的舒緩？

至於政策監測的功能，則有以下諸端：

1. 順從 (compliance) 功能：透過政策監測，政策分析人員可以得知在政策執行過程中，相關人員，特別是政策標的人口，是否的確遵守立法機關所制定的標準、程序及規定。

2. 審計 (auditing) 功能：透過政策監測，政策分析人員可以獲知政府所提供的資源與服務，如老人福利津貼、全民健保服務，是否真正到達服務對象手中。

3. 會計 (accounting) 功能：透過政策監測，政策分析人員可以獲知在某一段時間內，由於某項公共政策的付諸執行，而在政治、社會、經濟及文化等各方面產生了某種現狀的改變，及其改變程度。例如，政策分析人員透過生活品質指標 (index for quality of life) 可以瞭解人民生活品質改善與否的情況。

4. 解釋 (explanation) 功能：透過政策監測，政策分析人員可以解釋政策何以產生某種結果？政策何以成功？何以失敗？例如，政策分析人員可以透過社會實驗計畫瞭解究竟是啟發式教學方法較佳？抑或是演講式教學方法較佳？

第二節　監測政策結果的途徑

監測是政策分析的核心活動，而監測政策結果則是政策分析人員的一個重核心工作。監測政策結果的途徑不一而足，而唐恩 (William Dunn) 所提出的社會系統會計、社會實驗、社會審計、社會研究與實務綜合等四種政策結

果監測途徑，值得我們重視，茲敘述於後。

一、社會系統會計 (social systems accounting) 途徑

政策分析人員可以藉社會系統會計途徑來監測社會主觀、客觀情況變遷的趨勢。一九六四年美國國家科技、自動化暨經濟發展委員會 (National Commission on Technology, Automation, and Economic Progress) 為了探討美國科技發展政策對經濟成長的衝擊，乃建議美國聯邦政府建立社會系統會計方法，藉以追蹤經濟發展的趨勢，開社會系統會計途徑運用之先河。一九六六年美國著名社會學者包爾 (Raymond A. Bauer) 在其出版的 《社會指標》(*Social Indications*) 一書亦呼應前述建議，並且表示，希冀藉社會指標，監測公共政策對於社會發展所造成衝擊的情形。美國聯邦政府於焉開始編製社會指標藉以監測社會變遷趨勢，而英、法、加拿大等國政府亦競相效法。

社會指標 (social indicator)，係以監測某一社會問題發展狀況為目的而設計的定期性衡量指標，且其係以統計資料來表示社會發展狀況。例如，每隔一段時間，衡量每一萬人擁有幾部汽車；每隔一段時間，計算每一千人有幾張病床；每隔一段時間，掌握犯罪率上升或下降的趨勢等。

二、社會實驗 (social experimentation) 途徑

社會實驗是監測某一特定公共政策是否達成其預期政策目標最為普遍使用的一種途徑；其係將自然科學家在實驗室所採用之實驗方法應用到公共事務上，藉以監測公共政策對社會現狀衝擊的狀況。然而，由於自然科學的實驗場地是「實驗室」，而其實驗對象通常是低等動物，所以可以有效控制多變的情境因素，進行起來比較容易。反之，公共政策的實驗場地為「社會」，而其實驗對象是「人」，所以極不易控制多變的情境因素，更嚴重的是，其尚牽涉到倫理問題。儘管如此，社會實驗仍不失為一種監測政策結果的途徑。美國許多重大公共政策即以社會實驗途徑來檢測其政策效果，例如：負所得稅實驗 (Negative Income Tax Experiment)、啟蒙計畫 (Head Start) 等重大公共政策。

實驗設計的類型通常可以分為非實驗設計 (non-experimental design)、真實驗設計 (true-experimental design)，以及準實驗設計 (quasi-experimental design) 三種。社會實驗，以其難以掌控的外在因素甚多，故屬於「準實驗設計」。

三、社會審計 (social auditing) 途徑

政策分析人員透過社會審計途徑，可以對某一特定公共政策的投入 (input)、轉換 (conversion)、產出 (output)、結果 (outcome) 逐一加以審視，藉以瞭解到底那裡出了問題，應該如何補救。由於前述社會系統會計與社會實驗兩種政策監測途徑簡化甚至忽略了政策過程的問題，社會審計途徑則彌補了此一缺陷。社會審計途徑能夠幫助我們看清楚一般所謂的「黑箱」(black box) 作業情形。

社會審計有以下兩種型態：

㈠資源分散 (resource diversion)

資源分散旨在透過資源分配藉以瞭解政策結果。例如，為甲、乙兩個人力培訓機構提供同額經費補助，但甲機構將經費用於員工薪水，而乙機構則將經費用於作業成本，進而檢視這兩種資源分散的措施是否會造成這兩個人力培訓機構在提供服務方面也有所差異。

㈡資源轉換 (resource transformation)

標的團體接受相同的資源數量，而該資源所顯現的意義卻不相同，倘若果真如此，則政策分析人員可以透過社會審計途徑，將資源轉換給那些有迫切需要之標的團體。資源轉換常採用質化方法去檢視資源轉化的情形。例如，美國住宅及都市發展部 (U.S. Department of Housing and Urban Development) 曾對低收入家庭提供房屋津貼，藉以觀察其購屋能力，就是資源轉換社會審計途徑的一種應用。

四、社會研究與實務綜合 (social research and practice synthesis) 途徑

　　社會研究與實務綜合途徑係一種將政策發展與實際狀況加以綜合、整理的途徑，其宗旨在於有系統地累積、比較與評估過去對於執行公共政策的各項努力成果。

　　社會研究與實務綜合途徑所擬匯合的資訊有以下兩種類型：

1. 政策規劃與執行的個案研究：政策分析人員可以運用個案調查法 (case survey method)，分析政策投入與政策結果（或政策衝擊）之間的因果關係。例如，政策分析人員可以採用公害糾紛個案的發生原因、處理機構與處理結果等指標，來分析公害糾紛案件。

2. 闡述政策行動與政策結果之間關係的研究報告：政策分析人員可以運用研究調查法 (survey research)，評估與比較過去有關政策的研究。例如，政策分析人員可以綜合有關空氣污染流行病學的研究成果，計算出空氣污染對於人體健康的風險比率，據以設定空氣污染物的管制標準。

　　綜而言之，前述四種監測政策結果的途徑皆具備政策相關的結果 (policy-relevant outcomes)、以目標作為焦點 (goal-focused)、變遷取向 (change-oriented)、政策結果交叉分類 (cross-classification of policy outcome) 以及主、客觀指標交互運用等各種特性。易言之，前述各種政策監測途徑的宗旨皆在追蹤、監測公共政策的結果。詳言之，前述各種監測政策結果途徑的宗旨皆在監控公共政策對社會現況所造成的衝擊；其皆以政策目標為其焦點，藉以瞭解政策結果與政策目標是否若合符節，政策結果是否朝向政策目標發展；其皆希冀發現公共政策對社會現狀影響的方向；其皆靈活運用政策投入、轉換過程以及政策影響諸變項以追蹤政策結果；其皆靈活運用客觀指標 (objective indicators) 與主觀指標 (subjective indicators) 來監測政策結果，並且檢視公共政策對標的團體態度與行為所造成的衝擊。

第三節　監測政策結果的方法

監測政策結果的技術種類很多，茲就幾種常用的技術敘述於後。

一、表格展示法 (tabular display)

政策分析人員可以用表格展示法來表達政策結果發展的狀況。例如，以此法表達美國一九七七年在貧窮基準線以下各年齡組之人口數目（表 7–1）。

二、圖形展示法 (graphic display)

政策分析人員可以將政策結果以圖形展示法加以表達，俾隨時追蹤其發展狀況。這是最簡單，也是最清楚的監測政策結果的一種技術。例如，根據《聯合報》民意調查中心於民國八十二年十月二十三日針對三十五位中央行政首長所作的調查，其中的一個問題是：「請問您對政府的工作效率滿不滿意？」其結果請見表 7–2。

表 7–1　美國一九七七年貧窮基準線以下各年齡組之人口數目

年齡組人數	貧窮基準線以下的人數
14 歲以下	7,856,000
14 至 21 歲	4,346,000
22 至 44 歲	5,780,000
45 至 54 歲	1,672,000
55 至 59 歲	994,000
60 至 64 歲	946,000
65 歲以上	3,177,000
總　　數	24,721,000

資料來源：William N. Dunn, *Public Policy Analysis: An Introduction* (Englewood Cliffs, N. J.: Prentice-Hall, 1994), p. 363.

表 7-2　行政首長對行政效率的滿意度調查

選　項	次　數	百分比
非常滿意	1	2.9%
滿　意	23	65.7%
不滿意	11	31.4%
非常不滿意	0	0%
未作答	0	0%

　　前述的表 7-2 是一個次數分配表，為了使讀者容易瞭解，我們可用圖形展示法加以表示（見圖 7-1）。

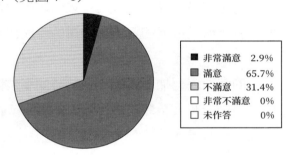

圖 7-1　行政首長對行政效率的滿意度調查

三、指標建構法

　　我們可以建立某種指標來比較不同時期的政策結果。例如，我們可以種族與年齡為分類標準，比較一九五九年至一九六八年美國貧窮家庭變化的情形（表 7-3）。

表 7-3　比較一九五九年至一九六八年美國貧窮家庭變化的情形

家庭種類與年齡	1959	1968	變化數目	變化比率
黑人與其他種族	2,135	1,431	−704	−33.0
家長 65 歲以上	320	219	−101	−31.6
家長 65 歲以下	1,815	1,212	−603	−33.2
白人家庭	6,185	3,616	−2,569	−41.5

家長 65 歲以上	1,540	82	−558	−43.3
家長 65 歲以下	4,654	2,634	−2,011	−43.3
總　　計	8,320	5,047	−3,273	−39.3

資料來源：William N. Dunn, *Public Policy Analysis: An Introduction* (Englewood Cliffs, N. J.: Prentice-Hall, 1994), p. 370.

四、間斷時間序列分析法 (interrupted time-series analysis)

　　間斷時間序列分析法係指政策行動執行到某段期間以後，以統計上的時間序列方式來表達其過程。依此，我們可以得知：

1. 它所要描述的對象是政策行動所造成的結果，以機車騎士一律配戴安全帽政策為例，我們所要描述的對象是機車騎士配戴安全帽一段時間以後其車禍死亡率的情形。

2. 它必須以統計上的時間序列加以表達，至於時間單位為何？並沒有嚴格規定，如空氣污染監測資料幾乎是以每日為單位，而車禍死亡率則可能僅有月報表及年報表。

3. 它是圖形展示法的一種。 例如 ， 圖 7–2 是不同期間的五種政策結果 (A, B, C, D, E)，直線為政策行動，依據間斷時間序列分析法，我們可以判斷五種政策結果：

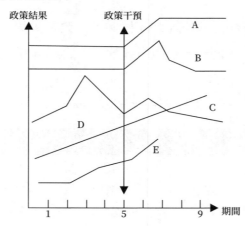

圖 7–2　間斷時間序列分析之實例

(一)政策結果 A

政策行動有其結果，緣因政策行動造成政策結果上昇。第五期之後則保持相當平穩的結果，且其水準高於五期之前。

(二)政策結果 B

政策行動可能是有結果的，緣因政策造成政策結果的上昇；但此一結果未能持續，因為第五期之後，政策結果出現下降趨勢，且其水準低於五期之前。

(三)政策結果 C

政策行動的結果並不顯著，因為政策實施之前，結果已經很高，且有下降趨勢，下降之後再小幅度攀升，此僅能視為統計迴歸的現象，並不是政策真正發生效果。

(四)政策結果 D

政策行動沒有產生任何顯著結果，緣因直線上昇趨勢至為明顯。

(五)政策結果 E

雖然第五期以後，政策結果有上昇之趨勢，但因整體趨勢是逐漸升高的，而且發展週期還不夠長。因此，我們無法肯定判斷政策行動有無產生效果，而有待更長時間的觀察。

五、控制序列分析法 (control-series analysis)

間斷時間序列分析最大的缺點在於政策結果的不確定性，因為縱使我們發現政策結果 A 與 B 是受到政策行動的干預所發生的效果，但仍因欠缺充分證據而無法做出肯定的結論，因為可能有政策以外的其他因素會影響此一結

果的變化。例如，假設政策干預為國中自願就學方案，A 至 E 分別代表數學
(A)、國文 (B)、生物 (C)、歷史 (D)、地理 (E) 五種學科的成績。實施自願就
學方案以後，數學與國文的成績出現明顯進步的現象，但這種現象可能是因
為學生學習次數增加、智力逐漸成熟的結果。為了解決這個問題，最好的辦
法為將原來的結果視為「實驗組」(experimental group)，另外再找出一個條件
相似的「控制組」(control group)，兩相比較，這就是控制序列分析的基本概
念。例如，我們想要知道：臺北市自願就學方案是否有助於學習成就的提高？
以前例為例，政策干預為自願就學方案，A 線為實驗組，代表臺北市的自願
就學方案，B 線為控制組，代表高雄市的自願就學方案。經過實驗組與控制
組的兩相比較，我們就能肯定：臺北市的自願就學方案確實有助於學習成就
的提高（見圖 7–3）。

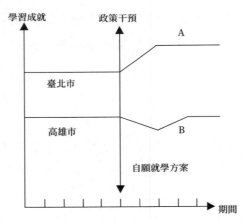

圖 7–3　控制序列分析之實例

第八章　進行公共政策評估

第一節　政策評估的重要性

「錯誤的政策比貪污還要嚴重」。誠哉斯言也。所謂「錯誤的政策」，是指經過重新規劃、加強執行等一再努力，仍然無法收到預期效果的政策。這種政策好比一頭取得自己生命的怪獸，倘若不能劍及履及、毅然決然地加之剷除，反而任憑其繼續肆虐，則必將造成無窮盡的危害。

公共政策其實是很容易出差錯的。緣因公共政策都是「未來取向的」(future-oriented)，公共政策能否收到預期效果，其能否對社會現狀產生影響，其能否對人民的態度與行為造成改變，都是難以逆料的。我們常以醫生治病來形容政策制定，醫生面對一個病人，首先是對其病情加以診斷，然後對症下藥，至於能否藥到病除，則就難以預卜了 (Guess and Farnham, 1989; Dunn, 1981)。

「未來取向」是公共政策一個重要的特質。茲舉一例加以說明。為了改善日益惡化的交通狀況，政府交通部門乃提出「以價制量」的建議：每部新車必須繳納車價百分之三十五的登記費；超過十年以上的老舊車輛，其牌照稅每年增加百分之二十，五年則增加一倍；提高現行車輛牌照稅至百分之三十。此種「以價制量」的政策方案，一旦完成合法程序並且付諸執行，其能否收到預期效果——抑制小汽車數量不斷的成長——無疑是難以逆料的。政策評估的目的就是在檢視一項政策於付諸執行以後是否的確收到制定政策當初所欲達到的目標。

公共政策其實是一種「假設」(hypothesis)，或一連串「假設」(hypotheses)，常以「如果……就會……」(If... then...) 這種形式來加以表達。以是，前述「以價制量」的交通政策方案等於是說：如果政府規定每部新車必須繳納車價百分之三十五之登記費，那麼小汽車的成長量就會受到抑制；

如果政府規定車齡在十年以上的小汽車牌照稅每年增加百分之二十，五年增加一倍，就會達到淘汰老車，減少車量的目標。問題是：課徵較高的登記費，小汽車的成長率真的就會因此而降低嗎？提高牌照稅，老車淘汰真的就會加速嗎？其實這些都是難以斷言的。經驗告訴我們，事情常與願望背道而馳，所謂「事與願違」，若然，則為確知政策是否達成預期效果，政策評估就變得非常重要了。

　　公共政策既是一種假設，則其在執行過程中發生錯誤，就難以避免。復加以第六章所提到的政策執行的種種問題，情況就更為複雜、更為嚴重了。為讓公共政策收到預期效果，則「發現錯誤」(detecting errors)、「修正錯誤」(correcting errors)，就變得極其重要。就一項公共政策而言，發現錯誤、修正錯誤，就是政策評估。換言之，政策評估的工作就是發現並且修正政策錯誤(Weiss, 1972)。

　　論者指出，自一九七〇年代以降，政策評估已逐漸成為公共政策活動的重心；其受到重視的程度要高過政策規劃與政策執行。這是有跡可循的。首先，以美國為例，一九七〇年代初期，美國聯邦政府對三百餘項公共政策進行評估，總經費為三千萬美元。迨一九七〇年代末期，接受評估的公共政策增加到一千餘項，而總經費亦上升至一億七千萬美元。再者，許多美國人理解到失敗的政策為害的確至為可觀，因此開始檢討，失敗的政策難道不可以終止嗎？如何終止一項失敗的公共政策呢？於是，「縮減管理」(cutback management)、「日落立法」(sunset legislation) 等觀念紛紛被提出。所謂「日落立法」係指，為加強立法機關對於行政機關的監督，其可以制定終止特定公共政策的條款，至於終止的方式，則不一而足，例如，經過政策評估與考核程序，發現某項政策成效未達一定的標準，則該項政策必須終止。以是，「日落立法」是一種具有強制行動機制 (action-forcing mechanism) 的措施。自一九七六年四月二十二日美國科羅拉多州州議會通過這種終止條款以來，目前已有三分之二以上的州政府採用類似「日落立法」的措施。

第二節　政策評估的主體

我們常說「吾日三省吾身」，但是，請問究竟有多少人能夠確實做到這點？我們之所以不能每日自我反省，原因雖然很多，最主要的原因可能是反省會造成我們的焦慮不安，進而會影響我們的「正常作息」。對組織而言，要確實做好評估的工作，更是困難。誠如魏雅儒 (Aaron Wildavsky) 所言：評估 (evaluation) 與組織 (organization) 是兩個相互矛盾的概念，緣因組織追求穩定 (stability)，而評估則必然會帶來變動 (change)。因此，要做好評估的工作，誠非易事。要做好評估的工作，評估者本身必須是一位「勇者」(a brave man)，他不畏權勢，不怕困難，在經過客觀、審慎的研究之後，認為改變確有必要，他就會劍及履及、義無反顧的採取具體行動，做出必要的改變。由是以觀，評估是一種「精神」、一種「倫理」，即所謂的「評估倫理」(evaluative ethics) (Wildavsky, 1979)。

政策評估的主體為何？易言之，誰是公共政策的評估者 (evaluators) 呢？一般而言，政策評估者包括官方與非官方評估者兩種，亦即包括政府評估與民間評估兩種。

一、政府評估

政府行政部門是政策評估的主體之一。政府應該勇於自我評估，其應是一個「自我評估組織」(self-evaluating organization)。政府要做好「自我評估」的工作，必須具備以下三個條件：

第一，政府評估的主事者要有道德勇氣，要有不怕批評、不怕反彈、不畏權勢、不鄉愿、不苟且的精神。

第二，評估者的地位要有周延的保障。舉例言之，美國聯邦政府主計局 (General Accounting Office, GAO) 肩負考核、評估聯邦政府各部門預算執行情形的重責大任，為確保其能善盡其責，因此特別規定其對美國國會負責，且其首長任期長達十五年。

第三，評估機構之層次要高，其應是超部會、跨部會的機構。

美國總統常下令設立委員會，責成其從事評估的工作。這種特別委員會依其目的可分成四類：研究實質問題的委員會、研究政府組織的委員會、研究政策的委員會、以及評估政策的委員會。例如，下述諸委員會皆與公共政策之評估有關：政府行政部門組織研討委員會 (Commission on Organization of the Executive Branch of the Government)（亦稱胡佛委員會 (Hoover Commission)）、水源政策委員會 (President's Water Resources Policy Commission)、高等教育委員會 (President's Commission on Higher Education)、政府關係研討委員會 (Commission on Intergovernmental Relations)（亦稱凱森堡委員會 (Kestnbaum Commission)）、對外經濟政策委員會 (Commission on Foreign Economic Policy)（亦稱蘭道委員會 (Randall Commission)）、政府住宅政策與計畫委員會 (President's Committee on Government Housing Policies and Programs)、執法與司法委員會 (President's Commission on Law Enforcement and Administration of Justice)、國家內亂諮議委員會 (National Advisory Committee on Civil Disorder)（亦稱肯納委員會 (Kerner Commission)）、少年犯罪研討委員會 (President's Committee on Juvenile Delinquency and Youth Crime)、以及暴力肇因與防止研究委員會 (National Commission on the Causes and Prevention of Violence)。

上述委員會之特色為：由眾人組成；部份委員係來自民間（此乃緣因設置委員會之目的即在於集思廣益，並在於發揮民間力量，防止草率行動）；研究對象限於特定政策問題；以及，一般而言，對其所做之政策建議（或研究發現）並無執行權。

這種委員會所能發揮之政策評估功能並不很大。究其原因乃係，他們非常依賴行政決策機關提供評估所需之資訊與情報。加之，這些委員會皆屬「臨時」(ad hoc) 性質，且其所提建議僅供政府參考而已。

政府立法部門亦是評估主體之一，殆無疑問。在美國，美國國會透過國會監督權 (congressional oversight) 的行使，對公共政策嚴加監督，並且仔細

評估。而美國國會的監督權是怎樣來的？行使監督權的目的何在？行使監督權的方法為何？行使監督權產生的效果如何？茲論述於後。

按美國國會對行政機關行使監督權，《憲法》並無明文規定，其乃係配合國會的撥款權、質詢權與同意權而來。國會行使監督權之目的有二：保證行政機關本諸政策初衷執行政策。此其一。糾正行政機關在執行政策時缺乏效率、過度浪費、有失公平、甚至違背法律等情事。此其二。

立法機關監督行政機關最重要的工具就是運用國會撥款和預算 (appropriation and budget) 的權力來控制行政機關的「荷包」(purse)，這就是一般所謂的「控制荷包的權力」(power of the purse) (Fenno, 1966)。國會對行政機關人事的控制是另一項監督行政機關的重要工具。國會對行政機關人事的控制，可以分兩方面來加以說明：一是由國會制定法律，規定行政人員的任用資格及聘任條件；二是由參議院行使「諮議與同意」的權力 (advise and consent power)，同意（或否決）總統高級行政官員的提名。國會監督權有時是透過調查權來行使的。國會調查 (congressional investigation) 有二個目的：一是瞭解行政機關的作業情形 ；一是對行政機關缺乏效率或管理不當 (insufficient or mismanagement) 情形予以揭發、糾正。

從表面上看來，美國國會擁有很大的監督權，其實也未必盡然。美國國會監督權的行使受到相當的限制。就控制行政機關的預算而言，美國國會撥款委員會往常不知從何處著手；因為若要知道從何處下手削減，該委員會必須對行政機關各種計畫要有通盤的瞭解，知道那些計畫必須保留，那些應該剔除，但是，這種資料不易取得，因此常有力不從心、力有不逮的挫折感。抑有進者，國會議員一般都很忙碌，既要為選民跑腿，又要從事競選活動，因此，其個人所能發揮的評估功能相當有限。

二、民間評估

前曾述及，依魏雅儒之見解，由於「評估」與「組織」在根本上是相互矛盾的，因此，政府很難做好政策評估的工作，而必須輔之以外部的、多重

的、獨立的和持續的評估。他說:「因為自我評估與組織的特性相互違悖,所以必須藉外部的、多重的、獨立的研究加強之。」 (Because it goes against organizational nature, self-evaluation must be reinforced by studies that are external, multiple, independent, and continuous.)

由此可見,民間政策評估就變的非常重要,這包括報紙、電視、民間團體、智庫 (think tanks)、個別學者所從事的。

以美國為例,公共問題的發掘與公共政策的評估,一向是美國大眾傳播媒體的一項重要功能,他們經常發表專題報導與製作特別節目來揭發諸如空氣與用水污染、都市危機、貧窮問題、移民問題、外勞問題等公共問題,因其報導而引起政府對公共問題之注意,並且採取具體政策行動的例子,實不勝枚舉。

在美國,各種利益團體亦常能發揮政策評估的功能。諸如美國醫師協會 (The American Medical Association)、美國商會 (The Chamber of Commerce)、美國勞工聯盟 (AFL-CIO)、全國製造業協會 (The National Association of Manufactures)、全國促進有色人種協會 (The National Association for the Advancement of Colored People)、都市聯盟 (The Urban Coalition) 等團體對於影響到他們利益的公共政策經常進行政策評估的工作。此外,如布魯金斯研究所 (The Brookings Institution)、蘭德公司 (The Rand Corporation) 等智庫在政策評估與政策建議上亦扮演愈來愈引人注目的角色。近年來,國內的情形亦復如此 (智庫在公共政策制定與評估過程中所扮演的角色,詳見附錄一)。

在美國,以個人身份對公共政策加以評估最受人稱道者可能要推納德 (Ralph Nader)。在一九六〇年代,納德揭發多項美國聯邦政府公共政策的弊端;多年來,納德為肉類、魚類等食物檢驗、汽車安全、礦場安全、消費者保護等公共政策,多方奔走,大聲疾呼,主持正義,打擊特權不遺餘力,因而博得「消費者保護神」(watchdog for the consumers) 之美譽。

第三節　政策評估的意義

拉斯維爾 (Harold Lasswell) 在〈決策過程：功能分析的七種類別〉(The Decision Process: Seven Categories of Functional Analysis) 一文中，把「評鑑功能」 (appraising function) 定義為 ： 就公共政策之因果關係作事實上的陳述 (Lasswell, 1963:102)。不過，依一般的見解，「評估功能」所指涉的範圍較「評鑑功能」為廣。鍾斯 (Charles O. Jones) 認為，政策評估旨在決定政策制定當初所訂定之目標是否確已達成，或那些目標已經達成，那些則否。根據鍾斯的見解 ， 評估具有判斷 (judgement) 的性質 ， 評估的對象是政府的計畫 (program) ，而評估的任務則是在 「判斷政府計畫的良窳」 (judging the merit of government program) ，藉以瞭解對其所欲解決的公共問題是否已經確實發生影響 。 依彼之見 ， 評估實則包含下列幾種性質不同的功能活動 ： 詳述 (specification) 評估的對象；建立某種測量的方法 (measurement)，藉以收集與評估對象有關的資訊；對資訊加以分析 (analysis)，藉以判斷接受評估的政策是否確實有效。

就詳述何者為評估對象而言，有一點值得強調，即評估對象可能相當確切 ， 也可能非常難以捉摸。例如 ， 在評估一項國民住宅政策時 ， 評估的對象——興建國民住宅的數量——就相當確切。但是，判斷一項經濟政策是否在安定人心上發揮了功效，此時，評估的對象——人心的安定——就非常難以捉摸。其次，就設定測量的方法或技術而言，也有一點值得強調，即人們決定採取的測量方法，有些是高度科學化、系統化的方法，有些卻是相當粗略的方法。再次，人們在分析資料時所採用的方法與分析的方式，往往差異很大。有些人用精確的量化方法來比較分析一項政策的成本和效益，而有些人在分析資訊時，卻僅憑個人的印象或經驗 (Jones, 1977:174–175)。

納奇米亞斯 (David Nachmias) 認為，所謂政策評估，係指以客觀、系統與經驗性的方法去檢視現行的公共政策與計畫。

羅西與費利曼 (Peter H. Rossi and Howard E. Freeman) 認為，政策評估是

指有系統地運用社會研究程序，藉以評估社會干預計畫的概念化、設計、執行與效用。由此可知，政策評估乃係運用社會科學的研究程序，對特定的公共政策概念的形成、內涵的設計、實際的執行以及效用的達成，進行研判。

綜而言之，政策評估的對象是足以影響社會現狀發展與人民態度、行為改善的公共政策。此其一。評估方法採用多元的社會研究方法，包括社會指標、迴歸分析、民意調查等量化方法 (quantitative methods) 以及專家評斷法、主觀評鑑法等質化方法 (qualitative methods) 等。此其二。政策評估的主體包括官方與非官方的評估者 (official and unofficial evaluators)，前者如國會、行政部門特設委員會，後者則如利益團體、民間智庫、大眾傳播媒體。此其三。政策評估的內容包括政策產出與政策結果，其中尤以政策結果的評估為重點之所在。此其四。

就政策評估的特質而言，政策評估係以價值作為焦點 (value focus)；由於必須說明某項特定公共政策對社會發展與行為改善的貢獻，故政策評估是價值取向的。此其一。政策評估必須以事實資料作為基礎，來對某項特定公共政策的良窳加以判斷。以是，在進行政策評估時，我們必須兼顧事實與價值。此種價值與事實互依 (value-fact interdependence) 的特徵，亦是政策評估的一項特質。此其二。政策評估不僅要分析當前政策的發展狀況，尚須探究政策發展的方向是否按照政策目標進行。因此，我們必須瞭解當前政策發展，藉以掌握其未來發展方向。這種兼顧當前與未來的取向 (present and future orientation)，亦是政策評估的一項特質。此其三。政策評估雖以是否達成內在價值為主，但有時外在價值也在評估之列。例如，汽車排放廢氣管制政策的評估，除須評估此一管制政策是否達成降低廢氣污染（內在價值目標）以外，尚須評估此一政策是否有助於提升汽車產品的競爭力（外在價值目標）？這種兼顧內在價值與外在價值 (value duality) 的特徵，亦是政策評估的一項特質。此其四。

就政策評估的功能而言，政策評估具有提供政策績效相關資訊的功能。此其一。質言之，我們可以透過政策評估來檢視政策績效。以殘障福利為例，

目前我國殘障人口約有二十四萬人，而接受勞委會職訓局訓練的殘障人士僅占微乎其微百分之五的比例，而許多公私立機關大多尚未雇用規定比例的殘障人口。根據這些資訊，我們幾乎可以斷言，殘障福利政策績效距離理想尚遠。政策評估可以重新檢視政策目標的妥適性。此其二。質言之，在評估政策是否按照預期目標前進時，可以伺機重新檢視政策目標的妥適性，並且做出必要的修正、調整。例如，下水道系統建設經費由中央與省政府補助，地方政府亦需自籌若干經費，但是由於大多數地方政府經費拮据，或者不少縣（市）長認為興建下水道系統政策績效難以表現而顯得興趣缺缺，興建下水道系統政策經評估後發現效果不夠彰著，此時，我們可將地方首長對於興建下水道系統努力的程度納入評估指標，作為建設經費補助的一項標準。政策評估可以作為形成政策問題或政策建議的基礎。此其三。前曾述及，倘若政策評估的結果顯示政策目標的設定嚴重偏離，甚且完全不符實際，則應加以修正，重新形成政策問題，或者針對評估結果提出新的政策建議。

第四節　政策評估的類型與陷阱

一、政策評估的類型

要而言之，政策評估有以下三種類型。

㈠影響評估 (impact evaluation)

所謂影響評估係指針對已經執行完成的政策進行評估，旨在瞭解該項政策對社會現狀與人民行為是否已經產生正面的影響。影響評估的重點為：特定公共政策是否已經達成政策目標？政策成功的標準為何？達成政策目標的幅度為何？

㈡過程評估 (process evaluation)

過程評估係對於進行中的政策所實施的評估，其評估的重點為：是否按

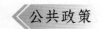

照政策目標在執行政策？能否按照政策目標來執行政策？

㈢綜合評估 (comprehensive evaluation)

證諸實際，評估工作很難區分影響評估與過程評估，緣因影響評估著重於最後政策結果的評估，而過程評估則著重於政策執行動態過程的評估。因此，唯有同時結合此兩種評估，才能真正評斷特定公共政策對於社會現狀與人民態度行為的實質影響。此即所謂的綜合評估。

二、政策評估的陷阱

如前所述，政策評估乃是就政策對社會現狀以及人民態度行為所產生之影響或衝擊，加以評估。由於一項政策的影響具有許多層面 (dimensions)，因此，在評估時，必須儘可能地面面俱到，否則評估工作很可能是前功盡棄、功虧一簣。易言之，在做政策評估時，以下幾個層面都不應有所忽略 (Dye, 1978:312–315)。

首先，一項政策可能有幾種後果：預期 (intended) 或非預期 (unintended) 的後果，或兩者兼而有之。以福利政策為例，改善標的團體收入狀況是預期後果，然而，因為有了福利政策，致其主動謀求職業的意願減低，則是福利政策非預期的後果。

其次，一項政策對於標的團體以外的情況或團體亦可能產生某種影響或衝擊。這就是所謂的政策的溢出效果 (spill-over effect)。例如在大氣中進行核子試爆的試驗，其固然為武器發展提供了必要的資訊，但是核子試爆亦會造成對人類的危害，此即核子試爆的溢出效果，此一溢出效果為消極的溢出效果。又如降低出口貿易商關稅政策之直接效果，是加強這些出口貿易商在海外競銷的能力，此一政策可能產生積極的溢出效果：因為這種政策施行的結果，進口增加，物價減低，一般消費者因此獲益。

第三，一項政策不僅可能影響目前狀況，亦可能影響未來發展。例如，一項管制物價的政策，不僅有抑制目前物價上漲的效果，同時對長期性的經

濟行為亦可能有所影響，例如，消除人們對通貨膨脹畏懼的心理。

第四，用金錢來計算一項政策的成本，並不困難，例如，用於某項政策經費在政府總預算中所占的比例並不難算出。然而，另一些政策的直接成本，就比較難以計算。例如，私人企業為配合管制污染空氣政策所花費在控制污染空氣設備裝置上的費用，這種成本就比較難以計算。

第五，一項公共政策除了產生直接成本外，尚且可能有間接的成本。間接成本一般均不易量化，而且常被忽略。以都市更新政策 (urban renewal project) 為例，因都市更新政策所造成的間接成本，如都市人口的流離失所 (dislocation)，以及社會的動盪不安 (social disruption)，均不易計算。在此值得一提的是，不僅是政策的間接成本不易量化，而欲對政策的間接利益，加以量化，亦非易事。例如社會保險政策 (social security program) 的直接利益是使退休人員得以享受安定生活，而社會保險政策的施行亦有助於社會的安定與政治的穩定。舉凡社會安定、政治穩定這種間接利益都不易量化。

最後，一項公共政策可能具有實質的（或有形的）影響。例如，根據美國的醫療法案 (Medicare)，年齡在六十五歲以下而有職業者，須繳交較高的社會安全稅捐 (social security taxes)，並將之用於為六十五歲以上者提供醫療服務。醫療服務即為具體報酬或具體影響。有時，一項政策表面上的目的是在改善社會的實際狀況，而事實上，其僅具象徵性的價值。美國國會在一九六四年所通過的《民權法案》就是一個這樣的例子。依該法案之規定，美國公民不因膚色、種族而被剝奪投票的權利。對許多美國黑人來說，這種法律只具有心理上的價值 (psychic value)，因為他們在實際行使投票權時，仍會遭遇重重困難。因為有諸如心理上價值這種象徵性影響的存在，致使政策評估益形困難。

第五節　政策評估的方法

「實驗設計」(experimental design) 是評估特定公共政策是否達成預期目標，產生預期效果經常使用的方法。實驗設計是以實證研究 (empirical study)

方法，驗證特定公共政策是否達成預期目標，產生預期效果，並且根據驗證結果，決定該項政策究應擴大實施，抑或縮小規模，甚至全面喊停。實驗設計要可分成三種：「前實驗設計」(pre-experimental designs)、「真實驗設計」(true-experimental designs) 以及「準實驗設計」(quasi-experimental design)。前實驗設計包括：「單組後測設計」(one shot group design)、「單組前測後測設計」(one group pretest-posttest design)、「靜態組設計」(static group design)。「真實驗設計」包括：「實驗組控制組前測後測設計」(pretest-posttest control group design)、「實驗組控制組後測設計」(posttest only control group design)、「所羅門四組設計」(Solomom four groups design)。而「準實驗設計」則包括：「時間數列設計」(time-series design)、「多重時間數列設計」(multiple time-series design)、「不相等實驗組與控制組設計」(nonequivalent design) 等。

一、真實驗設計

(一)實驗組控制組前測後測設計

在前實驗設計、真實驗設計以及準實驗設計三種實驗設計當中，以真實驗設計的解釋力最強，並且最能達到實驗目的。將真實驗設計用於政策評估，其最能驗證某項特定公共政策是否達到預期目標、產生預期效果。然而，真實驗設計也是最為昂貴而且最難實施的一種實驗設計方法。

在前述真實驗設計的三種類型中，要以實驗組控制組前測後測設計使用最為廣泛，納奇米亞斯 (David Nachmias) 稱此一類型之設計為「正統實驗設計」，或「古典實驗設計」(the classic experimental design)。例如，在一九六〇年代初期，美國紐約市政府提出了一項所謂的《曼哈頓保釋金計畫》(*The Manhattan Bail Project*)，紐約市政府相關研究人員即是採取實驗組控制組前測後測設計，來評估前項計畫的影響與效果。詳言之，研究人員以隨機分配法將犯人分成實驗組（免繳保釋金即予以釋放之犯人）與控制組（須繳保釋金始獲釋放之犯人），並進行前、後測試。結果發現，在第一年，實驗組獲法

官判決假釋出獄者將近六成（百分之五十九），而控制組獲得同等待遇者僅百分之十六；並且發現，實驗組準時到庭應訊的比率幾近百分之一百。簡言之，透過實驗組控制組前測後測設計，證實《曼哈頓保釋金計畫》有其一定的效果。受到鼓舞之餘，紐約市政府監獄管理局乃決定將此一計畫擴大實施。

又如稍早，在一九四〇年代，查賓 (F. Stuart Chapin) 曾以前述設計方法對美國國宅計畫做過評估。查賓以隨機取樣方法將研究對象分為實驗組（分配到國民住宅之貧民區居民）與控制組（未分配到國民住宅之貧民區居民），並對其生活型態、生活品質等項目進行前測後測驗證。結果發現，無論就生活型態，或就生活品質而言，實驗組皆較控制組有顯著的改善。

具體言之，實驗組控制組前測後測設計結構，堪稱嚴謹。為了精確評估特定公共政策的影響與效果，此一設計方法使用二個比較組作為分析觀察的基礎，即「實驗組」(experimental group) 與「控制組」(control group)，或稱「比較組」(comparison group)。實驗組係被研究人員操控作為研究對象的一組，其係接受政策服務之標的團體。而控制組的成員則係未曾接受政策服務者。基本上，這兩個組的成員在性質上應頗相近似。在實驗組成員接受某項政策服務之前，先對實驗組與控制組進行前測，之後再進行後測。倘若測驗結果發現實驗組在某項重要指標有所改變，而控制組則否，假定沒有其他因素足以解釋此種改變，則可推論，此項改變乃係實施某項特定公共政策所獲致的結果，亦即可以推論該項公共政策確有效果。

實驗組控制組前測後測設計圖示如下。X 代表一項特定的公共政策，O_1 代表對特定目標變項 (target variable) 的衡量。de 與 dc 是每一組在前測與後測間之差異：

	前　測		後　測	差　異
實驗組	O_1	X	O_2	$O_2 - O_1 = de$
控制組	O_3		O_4	$O_4 - O_3 = de$

由上述可知，實驗組控制組前測後測設計在本質上是因果關係 (causal

relations) 的一種操作 (manipulation)。因此，在應用此種設計於政策評估時，政策分析人員必須注意有無其他干擾因素，若有，則應設法予以排除。此即政策評估有關「內在效度」(internal validity) 的問題，政策分析人員必須設法加以控制。內在、外在因素皆可能造成「內在效度」問題。由於實驗組與控制組之成員選自不同背景因而產生的偏差 (biases)，是外在因素導致「內在效度」問題的顯例。至於因歷史因素、成熟 (maturation) 因素等諸因素而產生的偏差，則是內在因素造成「內在效度」問題的顯例 (Campbell, 1969:409–428; Campbell and Stanley, 1963:13–16)。倘若政策分析人員在進行政策評估時能對實驗組與控制組成員的選擇，採取「隨機取樣」(randomization) 的方法，則可使成員之間性質上的差異獲得平衡，因而可以避免造成內在效度的偏差。

尚值得注意者是，政策評估所獲致之結論能否推論到母體之上？且其能否適用於不同的情境？此即「外在效度」(external validity) 問題。在做政策評估時，「外在效度」涉及到樣本代表性的問題，以及研究程序「反應處理」(reactive arrangement) 的問題。首先，利用一般抽取樣本方法的規定來取樣，其所得評估結果始具有推論的功用。其次，政策分析人員須特別注意研究程序中「反應處理」的問題，務必能予其正確的處理。

(二)所羅門四組比較實驗設計

所羅門四組比較實驗設計為「真實驗設計」(true-experimental designs) 的一種。此種實驗設計安排了兩個實驗組和兩個控制組，其中一對實施前測與後測，另一對則只實施後測，而且四組受測對象均採隨機抽樣方式予以指定。所羅門四組比較實驗設計是一種相當理想的實驗設計。此種實驗設計等於是做了四次實驗，因此可以相當程度排除內在與外在效度問題。透過此種設計方法，可以比較有前測與無前測之間是否有顯著差異，也可以比較實驗組與控制組間的差異，使政策分析人員在下結論與推論時，更具信心。而此種設計最大缺點是既耗時，又費錢。

所羅門四組比較實驗設計圖示如下：

	政 策 前		政 策 後
R	O_1	X	O_2
R	O_3		O_4
R		X	O_5
R			O_6

　　R 代表隨機取樣形成之各組成員。此一設計的前二組與實驗組控制組前測後測設計一樣，包括實驗組與控制組。惟此一設計又增加了一個實驗組與一個控制組，祇是增加的兩組在政策實施之前未對之加以測量，因而能夠直接比較兩個實驗組（即 O_2 與 O_5）以及比較兩個控制組（即 O_4 與 O_6）。由於此種設計不僅推論力量可以加強，而且 X 政策的效力更可以轉換為四種不同型態：$O_2 > O_1$、$O_2 > O_4$、$O_5 > O_6$ 與 $O_5 > O_3$。

二、準實驗設計

　　真實驗設計雖然是一種相當精確的政策評估方法，然其缺點亦多；除前述「內在效度」的問題外，其尚有控制組難以形成，隨機樣本不易採得，實施起來曠日費時，而且所費不貲等等問題。再者，真實驗設計尚易引起道德與倫理上的爭議。因此，準實驗設計遂應運而生。準實驗設計的特點在於：實驗組與控制組並非以隨機方式組成；對於內在與外在變項並不加以控制。所謂準實驗設計的效度（效度係指實驗的「正確性」，易言之，其係指實驗所欲測出特質或功能的程度。效度愈高，則所能測出的特質或功能的程度亦愈高。諸如實驗組成要素、實驗實施因素、受試反應因素、效標因素、樣本因素等等皆會影響效度的高低）與信度（信度就是可靠性 (trustworthiness)，其係指實驗結果的一致性 (consistency) 或穩定性 (stability)。質言之，信度是指實驗所得結果，倘若重複實施，仍可獲得相同結果）雖然不及真實驗設計，然而倘若能夠審慎應用，則透過準實驗設計，依舊可以取得良好效果。最常使用的準實驗設計包括：時間數列設計 (time-series design)、控制時間數列設計 (control time-series design) 等。

㈠時間數列設計

時間數列設計是一種經常使用的準實驗設計方法；其係指對某項公共政策在其付諸實施之前以及其後，對其進行長期時間數列重複測量，並藉以評估其影響或結果的一種研究設計。時間數列設計是一種特別適合用於「縱貫性研究」 (longitudinal study) 的設計方法。茲舉一九五五年美國康州 (Connecticut) 限速政策為例說明之（圖 8-1）。一九五五年康州高速公路車禍死亡案件為三百二十四件。該州州政府有鑑於車禍死亡案件偏高，乃於同年推出高速公路限速政策。次年，該州高速公路車禍死亡案件由三百二十四件驟降四十件，降低率為百分之十二點三。顯見限速政策已經收到某種程度的效果。

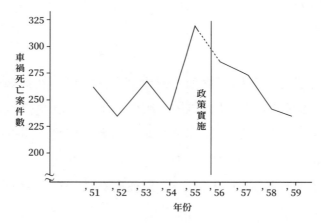

圖 8-1 美國康州車禍死亡案件圖

資料來源：Donald T. Campbell, "Reforms as Experiments," in Carol H. Weiss, ed., *Evaluating Action Programs: Readings in Social Action and Education* (Boston: Allyn and Bacon, 1972), p. 195.

這種政策評估誠然略嫌簡陋、粗糙，但其仍不失為一種實際可行的評估方法。倘若能夠把觀察時間拉長，並且加入控制組，則其結果所表現的穩定

性，應能提高，而其所顯示的趨勢性，亦應能愈為明確。

㈡控制時間數列設計

控制時間數列設計可謂是改良型的時間數列設計：其將觀察時間拉長，並且加入「不相等的控制組」(nonequivalent comparison groups)。

再以上述美國康州限速政策為例說明之。倘若政策分析人員延伸觀察時間，並且加入鄰州車禍死亡率資料（亦即視鄰州為不相等的控制組），則可得到比較可靠、穩定的結論。下圖 8–2 顯示，一九五五年至一九五六年鄰州車禍死亡率低於康州，且呈現下降趨勢，然而，一九五六年以後，康州與鄰州車禍死亡率皆呈現下降趨勢，惟康州下降幅度甚至大過鄰州，更進一步顯示康州限速政策奏效。

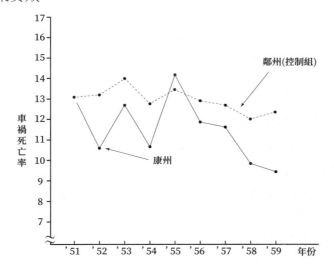

圖 8–2　康州與鄰州車禍死亡率比較圖

資料來源：Donald T. Campbell, "Reforms as Experiments," in Carol H. Weiss, ed., *Evaluating Action Programs: Readings in Social Action and Education* (Boston: Allyn and Bacon, 1972), p. 207.

第六節　政策循環的意義

　　政策評估何時始能告一段落？要回答這個問題，必須先對政策循環這種概念取得一定程度的理解。所謂政策循環，係指事件或現象依相同秩序，且有規律的出現 (rounds of events or phenomena that occur regularly and in the same sequence)。政策循環有下列幾種類型：

1. 獲得支持的政策

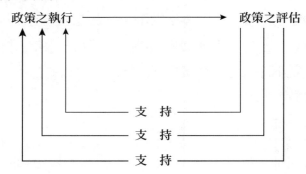

　　第一種政策循環是單純且不時產生支持 (the very simple and frequently occuring cycle of support) 的循環。亦即政策付諸實行，經過評估，認為政策確能達成目標，從而獲得人民對政策執行的支持。

2. 須作逐步調整的政策

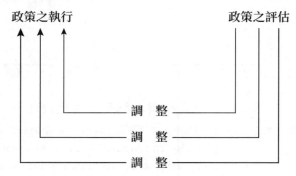

　　第二種政策循環係漸進調整循環 (the incremental adjustment cycle)。亦即政策付諸實行，經過評估，認為欲使政策確實達到目標尚須作漸進調整。

複雜的政策循環常會引起政策的重大改變，如下圖：

3.必須改弦易轍的政策

有時連同其他問題，併入政策發展過程，如下圖：

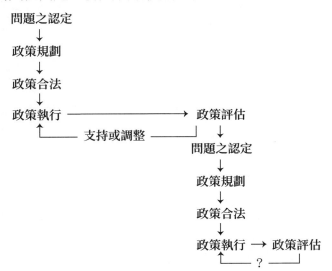

上述兩種複雜循環，至少都有兩個以上的政策制定的回合 (revolutions)，也都牽涉到其他政策制定的功能活動；每一回合至少包括政策之規劃、合法、

執行等功能活動 (Jones, 1978:191–193)。

　　由上述可知，政策評估歷程因政策循環之差異可長、可短，可單純、可複雜。政策分析人員對於這點應有正確的理解。

第九章　掌握政策管理策略

　　公共政策分析的各項活動不是在真空狀態進行的，而有其一定的政治網絡（官僚機構與政治環境所構成的網絡）。在官僚機構，幕僚（政策分析人員）秉承上司（顧客）之命，就某一特定公共問題進行政策分析的工作：診斷問題，提出對策。對策提出之後，幕僚首須爭取其上司的支持，尚須爭取其同僚，乃至於其下屬的合作。所謂「水能載舟，亦能覆舟」。因此，對於同僚，甚至下屬，皆要能曉之以義，動之以情，藉以爭取他們的支持，唯有如此，政策分析人員做起事來，才能駕輕就熟。須知，下屬會以各種方式，例如，怠工、暗中破壞、陽奉陰違，來抵制長官的命令。為了爭取對特定方案的支持，政策幕僚尚須與官僚機構內部財主單位，亦即所謂的「太上機關」(overhead agencies)，建立良好的工作關係。業務單位與事務單位之間一定不能對立、衝突，若有衝突，則須及時化解，務使其消弭於無形之間，否則，政策推動將遭遇極大的阻力。此外，政策幕僚尚須憑著其政治分析的能力，對外折衝協調，以爭取民意代表、大眾傳播媒體、社區居民、利益團體、民間團體對政策方案的支持。由上述可知，公共政策分析的各種活動是在一個由官僚機構與政治環境組合而成的政治網絡中進行的。

　　基於上述之認識，巴戴克指出，公共政策分析實際上是由分析(analysis)、管理(management)、行銷(marketing)三種活動組織而成的(Bardach, 1972)。鮑曼 (Lee G. Bolman) 和迪爾 (Terrence E. Deal) 兩位學者亦指出，瞭解組織，進而以最妥善的方式去管理組織，是公共政策成敗的關鍵因素 (Bolman and Deal, 1984)。梅爾茲納和巴勒維坦 (Christopher Bellavita) 兩位學者亦指出，在官僚機構，政策幕僚不僅要有政策分析的能力，如經濟分析的能力與計量方法的訓練，尚須能對官僚組織的運作和發展設計一套有效的管理策略 (Meltsner and Bellavita, 1983)。他們進而指出，公共政策的成敗繫於：組織內部人際關係是否和諧、工作士氣是否高昂、有無奮鬥不懈的勇氣

與積極進取的精神等因素。他們認為,組織管理是一種 「政策工具」 (instrument of policy),政策幕僚應能對之妥善設計,並能加以靈活運用。這種說法非常符合我們中國人所謂的「政通人和」的見解。「人和」和「政通」之間,有一種互為因果的關係,人和導致政通,而政通又強化人和,如此良性循環,則終將臻於至善之境。

本章從公共管理 (public management) 的觀點來探討公共政策分析問題,其宗旨在於說明政策分析人員究竟應該如何妥善處理公共管理關係。近二十年來,美國幾所著名的高等學府,如哈佛大學、芝加哥大學、加州柏克萊大學,在公共管理方面的研究已經獲得一定的成就,尤以哈佛大學的表現最為突出。哈佛大學甘迺迪政府學院 (Kennedy School of Government) 在院長艾禮遜 (Graham Allison)、副院長查姆賓 (Hale Champion)、辛莫曼 (Peter Zimmerman) 之領導下,爭取到福特基金會 (The Ford Foundation)、史龍基金會 (Alfed P. Sloan Foundation) 等基金會的財務支持,集結了眾多學者專家,從公共價值 (public values)、政治管理 (political management) 以及作業管理 (operational management) 等三個面向,來研究公共管理各個相關課題,其所累積的成果不僅相當可觀,而且具有指標作用 (Behn, 1991; Heifetz, 1994; Moore, 1995)。近幾年來,公共管理在國內也開始受到重視;在國內,公共管理有非常廣闊的發展空間。

這門以公經理人 (public managers) 為研究對象,並以探討公經理人如何透過政治管理、作業管理以實現公共價值為研究課題的學科,與公共政策實則有著相當密切的關係。誠如卡森與歐莫曼 (G. D. Garson and E. S. Overman) 兩位美國學者所言,兩者具備多項共同特徵:兩者均為科際整合之學科;兩者均是應用社會科學 (applied social science) (Garson and Overman, 1983);兩者俱重視政府機關內部的政策活動,並俱重視公共政策目標之達成;兩者都既是一門技術 (craft),亦是一門藝術 (art)。公共管理是一門技術,緣因為妥善處理經緯萬端、日趨複雜的公共事務,公經理人必須具備一套處理公共事務問題的精良工具,所謂「工欲善其事,必先利其器」。因此,舉凡經濟學、

統計學、會計學、財政學、預測模擬、作業研究等用以處理公共問題的方法，對公經理人而言，都是不可或缺的分析工具。另則，公共管理亦是一門藝術，緣因為妥善因應變動不居的政府內環境與外環境，並為妥善處理微妙而且複雜的人際關係，公經理人必須具備人際關係的藝術涵養；公經理人對外（如新聞媒體、抗議群眾等）要有折衝協調的本領，而對內（如長官、部屬等）則要有調和鼎鼐的能力。因此，和政策分析人員一樣，舉凡政治哲學、政治分析、組織分析、法律分析等學術訓練，公經理人都必須具備。抑有進者，一位勝任其職的公經理人以及一位能幹的政策分析人員，皆應具備理性邏輯的分析能力與活潑靈巧的政治手腕。

第一節　政策管理的意義

英文 management 的涵義相當廣泛；它含有管理、處理、調適、經營等意思。英、美人士常說："Can you manage it?" 意思是「你有能力處理這個問題嗎？」當你即將遠行——例如從臺北搭乘飛機前往紐約，你的英、美友人會給你這樣的忠告："You must know how to manage your energy." 意思是「旅途遙遠，所以一路上要注意調適你的精力」。當你遭遇到一些婚姻問題，而去向專家請教。婚姻問題方面的專家會告訴你："You must know how to manage your marriage." 意思是，要化解婚姻問題，一定要懂得經營婚姻的道理。在政治上，美國國會常設委員會審查法案完畢之後，都會做成一個委員會報告（committee report），並指定一人為 "Manager"（通常由常設委員會主席自己擔任）。"Manager" 之主要任務就是為委員會審查通過的法案「護航」：設法集少數支持為多數支持，最後使委員會審查通過的法案，能夠在院會順利獲得通過。

我國行政學前輩學者張金鑑教授為「管理」所做的精闢解釋，饒富意義，值得參考。依張教授之見解，「管」字可以解釋為鎖匙，意指解決問題、處理事務的有效工具和方法；可以解釋為樞要，意指解決問題、處理事務的重要原理與法則；可以解釋為拘束，意指使眾人的行為與生活納入一定的合理規

範，並不得違犯；也可以解釋為主領，意指主持機關或組織事務，作適當的處理。「理」字可以解釋為治理，表示處理眾多事務的行為或活動；可以解釋為治平，表示把一切事務辦得妥善，各得其宜，所謂人盡其才、物當其用、事得其理；可以解釋為道理，代表合乎天理與人性的處理事務合宜得當的真理、原理和標準；也可以解釋為條理，表示區分使之有條有理，而無紊亂的現象，物得其所，事得其理，系統分明，條理井然，也就是「物有本末，事有終始」的合理次第或秩序（張金鑑，1985:5）。

根據上述，即可瞭解，在官僚機構負責推動公共政策的政策幕僚以及負經營管理職責的公經理人，其職責在於，依循合乎天理、符合人性的道理與標準，使用有效的工具與方法，對其業務或作業作妥善的安排及適當的處置，使之有條不紊，系統井然，俾能成功的、圓滿的完成任務與使命。換言之，公經理人與政策幕僚的主要職責在於，掌握化險為夷、反敗為勝的原則，運用調和鼎鼐、折衝協調的方法，妥善處理業務或作業上的各種問題，以期能夠圓滿達成任務。

管理活動可以說是無所不在的，小至個人管理，大至治國平天下，無一不是與管理有關。我們的研究對象則是由官僚機構與其外在的政治環境所構成的政治網絡的管理活動。這個政治網絡可以由三個同心圓來加以表示。同心圓的核心是官僚機構，其所牽涉的關係包括：上司、同僚、「太上機關」、下屬的關係。核心的外圈由官僚機構以外的其他政府部門所構成，其所牽涉到的關係包括：民意代表的關係、法院的關係、上級政府與下級政府的關係。外圈就是政治環境，其牽涉到的關係包括：利益團體的關係、社區居民的關係、 公益團體的關係、 職業公會的關係、 大眾傳播媒體的關係 (Chase and Reveal, 1984)。上述三個同心圓緊密連繫，互相依賴。至於彼此之間係良性互動， 抑或是惡性互動， 則須視管理是否得法而定 (Lynn, 1987; Heymann, 1987)。

第二節　政策管理的原則

妥善管理的原則為何？茲就此一問題敘析如下。

一、相互尊重的原則

所謂「敬人者、人恆敬之」，我們尊重別人，才會受到別人的尊重。官僚機構內部成員之間的互動及其與外在環境的互動，若皆能本諸此一原則，則在爭取對特定政策方案的支持上，必能收到事半功倍的效果。論者指出，成功的管理有一個特點——在人際互動關係中尊重對方；讓別人對你的接觸能產生一種如沐春風之感。倘能秉承此一原則，進行互動關係，必將無往不利。現代管理非常重視相互尊重的原則，並將其具體化，諸如：授權、工作激勵、目標管理、意見溝通等，皆是以此一原則為其出發點。

二、開誠布公的原則

在官僚機構及其與政治環境的互動關係中，衝突幾乎是不可避免的，要點在於能否妥善處理衝突。若處理不當，衝突很可能演變成為一場「官僚機構的內戰」(Bureaucratic Civil War) (Yates, 1987:131)。反之，衝突也可能為我們帶來正面、積極的效果。開誠布公是妥善處理衝突的原則。葉茲 (Douglas Yates Jr.) 指出，負責處理衝突者，應扮演「誠實掮客」(honest broker) 的角色，他既沒有成見，亦沒有偏見，而且不會私心自用，而是以不偏不倚的方式，一切秉公處理 (Yates, 1987:160–161)。這也就是中國儒家思想「中庸之道」的體認。儒家立身處世的最高原則就是中庸之道，所謂「人心惟危，道心惟微，惟精惟一，允執厥中」，其涵義有二：

1. 適中，即折衷至當，從容中道，無過或不及，不偏不倚。
2. 時中，即與時並進，不執著、不怠止，圓通無礙。在人際互動關係當中，秉持中庸之道，便能產生極大的效果，所以，《中庸》云：「致中和，天地位焉，萬物育焉。」

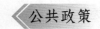

三、相互利益的原則

　　官僚機構內部成員之間的互動，及其與外在政治環境之互動，皆應本諸相互利益的原則。此處所謂的利益，係指物質上與精神上的利益，並非單指金錢或福利而言，尚包括了表達意見之權利、自主權（決定權）等。在官僚機構，如果決策完全由首長控制，而部屬根本無法參與決策過程，表達意見，這會在部屬的心理上造成反感，形成離心力，如此，則無論是對組織的發展，或者是對政策的推動，都會造成極大的阻力。唯有在相互利益的原則之下，官僚機構才能上下一心，團結一致。這與《孫子兵法》所謂的「道」有點類似，《孫子兵法》對「道」所下的定義是：「道者，令民與上同意也，故可以與之死，可以與之生，而不畏危。」其又提到：「上下同欲者勝。」相互利益也是官僚機構與政治環境互動所應秉持的原則，在這個互動關係上，任何一造都不能存有好處都歸於我，壞處都推給別人的心理。

四、通權達變的原則

　　現代管理最近發展出一種「權變理論」，認為管理須視實際情況而作彈性的運用。易言之，管理須因人、因時、因地之不同而制宜，切不可一成不變。所謂「君子而時中」、「應時而造道」，由於人、時、地不斷在變，所以管理也要隨之而變。《孫子兵法》說：「水因地而制流，兵因敵而制勝，故兵無常勢，水無常形，能因敵變化而取勝者謂之神。」對政策分析人員來說，適應性與應變能力實是其必須具備的條件。

第三節　政策管理的方法

　　管理的原則有如前述。現在我們討論政策管理方法（或策略）的問題。在前述由官僚機構及其外在政治環境所構成的政治網絡中，所謂管理，對政策幕僚而言，就是對內調和鼎鼐，對外折衝協調。所謂對內調和鼎鼐，指的就是政策幕僚在上司、同僚、下屬之間，以及其在人事、財主等「太上單位」

之間，建立起良好的工作關係，並且做好人際關係。

一、建立與長官關係的方法

我們首先討論政策幕僚與其上司的關係。在官僚機構，政策幕僚秉承長官的意思，研究公共問題，提出政策方案，並且爭取支持，監督政策執行、監測政策結果、評估公共政策。要做好這些工作，政策幕僚必須得到長官的信任與重用，唯有如此，才能鞏固其在官僚機構中的地位，才能平步青雲、更上層樓。唯有如此，政策幕僚才能實現自己的政治理想與政策抱負。論者指出，與長官關係的好壞，是決定政策幕僚在官僚機構中事業成敗的最具關鍵性的因素 (Chase and Reveal, 1984:19–20)。

政策幕僚要如何做，才能得到長官的信任與重用呢？在回答這個重要的問題之前，我們先檢視長官與幕僚關係的特性。孟子曾說：「君視臣如手足，臣視君如父兄，君視臣如犬馬，臣視君如國人，君視臣如糞土，臣視君如寇讎。」由此可知，長官與幕僚之間存在著一種相對性的關係。實則，長官與幕僚之間存在著一種相輔相成、共存共榮的關係。近代企業管理甚至把長官視為「可用的資源」，並且指出，長官擁有部屬所欠缺的權力、智慧、經驗以及支配和協調的能力；長官足以幫助部屬完成其任務，達成組織目標。

為爭取長官的信任與重用，政策幕僚首須瞭解長官的個性、權力及其做官的哲學。儘管長官的個性因人而異，但是仍然可以歸納出以下幾種特性：

- 任何一位長官，其所以能當上主管，占據主管的位置，都有一定的理由，及其成功的秘訣。一般而言，無論是精力、幹勁、專業能力、旺盛的企圖心，長官都有過人之處。
- 長官皆自信滿滿，甚至恃才傲物。
- 任何一位長官都想超越他的前任，因此，在工作上，不僅會鞭策自己，更會嚴格要求部屬。
- 長官不僅要求部屬協力工作，尚且要求他們忠心耿耿、忠誠不二。

至於長官的權力，此固然亦因人而異，而其要點則是：在觀察長官權力

時，不僅要著眼於其依法取得的法定權力，尚應檢視其因政治聲望蘊育而成的政治權力，如此，我們對長官的權力，始能做出正確的判斷。

至於長官「為官之道」，不外乎二種：蕭規曹隨，維持現狀；積極進取，再創佳績。對抱持不同做官哲學的長官，政策幕僚的行為，當然也要隨之調整。

政策幕僚究竟應如何做，才能爭取到長官的信任與重用呢？關於這點，我們建議如下：

- 建立與長官良好的私誼。話雖如此，然而，在下位者要改善與在上位者的關係，談何容易。倘若在上位者能謙沖為懷、以德服人、氣度恢宏、公正無私、關心部屬、愛護部屬、量才器使、適才適所，則部屬乃易於與長官建立良好的工作關係。
- 在工作上力求表現，憑實力，靠真才，爭取長官的信任與重用。
- 設法讓自己在工作上的成就廣為人知，顯得足以擔當重任。
- 在同事之間建立起卓越的聲望與良好的口碑。
- 為長官及時提供其所需要的資訊和資料，並須以投其所好的方式提供前述資訊與資料：長官喜歡何種資料——報告、簡報或備忘錄？長官喜歡以何種方式獲得這種資料——公開場合或私下的場合？
- 當自己得力助手出缺時，由誰來補，要預期長官的意願和利益。到底是逆來順受？抑或是據理力爭？對這項人事案，要冷靜評估，妥善因應。
- 當自己單位低層人員出缺時，盡量與長官配合，由長官決定人選。
- 對長官交辦的工作，儘可能要讓長官參與，並且適時向長官提出進度報告。
- 對長官身邊的人，如機要秘書等，要儘可能地與之配合，但有時也要讓他們知道分寸。
- 絕對不要把長官蒙在鼓裡，更不能存有擺佈長官的念頭。
- 絕對不要搶長官的風采，任何成就皆歸於長官，任何責任則歸於自己。

肯負責，肯犧牲。

- 要潔身自愛，維持自己在人格操守上的完美無瑕。

二、處理與「太上機關」關係的方法

　　政策幕僚如何才能爭取主管人事、財主等「太上單位」的支持與配合呢？在回答這個問題之前，我們先應瞭解「太上機關」的特性。在官僚機構，「太上機關」之任務是為政府（而非民眾）提供服務。因此，這些機關人員有「公務員的公務員」之稱。在理論上，政策幕僚與「太上機關」若能合作無間，則必有優異的業績，否則動輒得咎，甚至於可能一事難成。惟證諸實際，兩者之間的關係卻是充滿了對立與矛盾。論者指出，「太上機關」是官僚機構有效率管理 (efficient management) 最大的障礙，由於「太上機關」的掣肘，政策幕僚可能一籌莫展，甚至一事無成。由是以觀，「太上機關」實是官僚機構「內部的敵人」 (enemy within)，「政策幕僚必須和他們共存，對他們作戰，並且要征服他們。」 (The overheads are often the enemy within, which the manager must live with, combat and conquer.) (Chase and Reveal, 1984:63–64) 在官僚機構，決定政策幕僚事業成敗的一個關鍵因素，就是其與「太上機關」關係的良窳。

　　簡言之，「太上機關」有下述幾種特徵：首先，相關的法令規章多如牛毛，且艱澀難懂，而唯有「太上機關」對之瞭若指掌。其次，「太上機關」的工作雖然是枯燥乏味，但主事人員卻甘之若飴。第三，「太上機關」不須為政策成敗對外負責。論者指出，「當公共政策因為人員不足、經費拮据、設備缺乏而終告失敗，此時，首長和政策幕僚首當其衝，必須對外負責，甚至因而下臺，而『太上機關』則可安然無恙，穩若泰山。」 (When programs fail because they are under funded, poorly staffed or inadequatly housed, it is the line manager who takes the fall, sometimes taking the chief executives down as well.) (Chase and Reveal, 1984:65) 他們進而指出，政策幕僚與「太上機關」之間的戰爭，是難以避免的，因為在本質上，他們扮演兩種互相衝突、互不相容的

角色。

政策幕僚與「太上機關」之間的關係，既是如此複雜、微妙，因此，如何爭取「太上機關」之合作與支持，對政策幕僚而言，的確是一項重要、艱鉅的工作。如何才能自「太上機關」得到足夠的人力、財力及物力的支援，以利公共政策之推動呢？除非政策幕僚能夠發揮高度的政治智慧與運用高明的政治技巧，否則很難竟其事功。具體言之，政策幕僚要能做到以下幾點：

- 人事、財務相關法令規章雖然多如牛毛，而且艱澀難懂，然而，政策幕僚依舊應該本諸「知己知彼、百戰百勝」之原則，勤加研究，俾收「以子之矛，攻子之盾」之效果。
- 政策幕僚應盡量避免與「太上機關」對立，尤其應避免與「太上機關」發生任何不必要之衝突。
- 政策幕僚應本諸「以和為貴」之原則，以認真審慎、樂觀進取的態度，有計畫的與「太上機關」建立良好的工作關係。
- 「敬人者、人恆敬之」，基於此種基本認識，政策幕僚應尊重「太上機關」，並且主動與之配合。在具體的作為上，政策幕僚應設法讓「太上機關」對其推動中的政策方案能夠產生一種參與感與認同感。
- 面對「太上機關」，政策幕僚應摒除「否定主義」（negativism），並應掃除「敵對心態」（enemy psychology），而以主動、積極、樂觀、進取、善意之精神與作為，誠懇面對之。

三、處理與立法機關關係的方法

前曾述及，爭取政府立法部門對特定政策方案的支持，對政策幕僚而言，是一項極其重要的工作，同時，這也是一項極為艱鉅的工作，政策成敗相當程度繫於此一關鍵因素。

如前所述，爭取立法者對特定政策方案的支持是一項既耗時又費力的工作，這項工作必須事先經過精密設計，始能有所成就。總的來講，由於立法者的個性、風格、專長、利益都各不相同，因此，對策也要講究彈性，方法

不可一成不變，但目標則是不變的：因勢利導，化阻力為助力。至於如何爭取立法者對特定政策方案的支持，關於這點，本書第五章第三節已有詳細的說明，此處僅扼要說明如下：

- 爭取有影響力之立法者，如：主審委員會主席及其他有影響力之委員、派系領袖及黨鞭等人，對特定政策方案之支持，俾收事半功倍的效果。

- 建立與有影響力之立法者密切且友善的關係。有了私誼，推動公務，始能事半功倍，駕輕就熟。為了建立私誼，代表行政部門的政策幕僚，應設法使有影響力之立法者對其所推動的政策方案能產生一種參與感與認同感。具體的作為包括：向立法者提供與政策方案相關的資訊與資料；讓他們瞭解並且願意支持行政部門的政策立場；經常和他們保持聯繫。

- 建立與有影響力之立法者助理的密切關係：立法助理在立法過程中的角色，絕對不可以輕視。立法助理有「非選舉產生之代議士」(unelected representatives) 之稱，一般所謂的「鐵三角」(iron triangle)，指的就是立法助理、行政機關承辦人員與利益團體三者所形成的緊密聯盟，其對立法機關審查中的法案，具有極大的影響力。基於這種瞭解，政策幕僚應設法建立與立法助理的密切關係：給立法助理適當的尊重；和他們經常保持聯繫；儘可能地幫助他們；與他們攜手合作。

- 以迅速、有效的方式，處理立法者為其選區（或選民）所提出的各種請託案。

- 政策幕僚絕不可用長官的利益來交換立法者對特定政策方案的支持。這種做法，形同玩火，稍一不慎，即可能玩火自焚，後果不堪收拾。

四、加強與社區團體關係的方法

前曾述及，社區組織、利益團體及其他公益團體是構成官僚機構外在政治環境的主要因素。這些團體分布在多元社會的每一個角落；他們所代表的利益，雖各不相同，但其追求的目標卻是一致的：影響公共政策的制定，並

企圖使公共政策符合他們的利益。為促進其利益，這些團體會採取下述兩種做法：第一，密切監視可能影響到團體利益的公共政策。第二，透過各種途徑，例如，促使立法機關制定一項對其有利的法令，或者修改一項對其不利的現行法令，或者促使行政機關撤銷一項對其不利的命令，來促進團體利益。

對政策幕僚而言，前述各類團體是其對外折衝協調的主要對象，政策幕僚若能妥善因應，則在其推動政策方案的過程當中，將是無往不利，否則，對其個人或其事業將造成不堪設想的後果 (For the public manager on the receiving end the toll can be enormous both personally and professionally.) (Chase and Reveal, 1984:118)。

針對這些團體，如何才能做好折衝協調的工作呢？關於這點，論者指出，面對無所不在、蓄勢待發的壓力團體 (pressure groups)，政策幕僚首先需要「能夠未雨綢繆，早做準備，俾收制敵機先的效果。」 (Being able to distinguish among popular pressure groups, anticipating when, how and where each is likely to materialize are essential skills for the public managers portfolio.) (Chase and Reveal, 1984:119) 這也就是「豫則立，不豫則廢」的道理。他們進而指出，「政策幕僚必須能夠判斷這些團體政策訴求強烈的程度，以及此種訴求得到民意支持的程度；其尚須瞭解這些團體的策略，並設計妥善的對策。」 (The public manager must be able to gauge the depth of emotion behind the cause and the range of its popular appeal. The manager must also understand pressure group strategies and anticipate them.) (Chase and Reveal, 1984:119) 在討論壓力團體相關問題時，歐恩斯汀 (Norman Ornstein) 和艾德爾 (Shirley Elder) 兩位學者指出，壓力團體非常重視「戰術」(tactics) 和「戰略」(strategies) 的運用。易言之，他們非常講究如何利用其「資源」(resource) 和「資產」(assets)去影響公共政策制定的方法。壓力團體之戰略和戰術能否奏功，與其資源與資產的妥善運用有密切的關係：壓力團體的資源及資產愈豐富，則其戰略與戰術的運用也愈可能奏效。壓力團體精心設計其戰術及戰略，其目的無非是取得與決策者的聯繫，建立與決策者的關係，並進而影響其政策制定。歐恩

斯汀和艾德爾兩位學者進而指出，壓力團體之所以能影響公共政策之制定，除了因為他們有一定的資源與資產可資運用之外，尚因政治行為者 (political actors) （如行政首長及其幕僚，國會議員及其助理等） 有一定的動機 (motivations)、需要 (needs) 與限制 (constraints)，使其有機可趁 (Ornstein and Elder, 1978:80–92)。壓力團體之所以能夠參與政治過程，其之所以能對公共政策的制定產生某種程度的影響，一部份是因為政治行為者的縱容與鼓勵；當政治行為者面對壓力團體可能提供之誘因 (incentives) 或可能加諸之制裁 (sanctions)，無法抗拒時，壓力團體就能達到為所欲為的目的了。

基於上述認識，政策幕僚在面對壓力團體時所應把持的立場是：誠實、機警與客觀；至於具體作為，則有以下幾點建議：

- 所謂「擒賊擒王」，政策幕僚應以有群眾基礎並能實踐承諾的領袖為折衝協調的主要對象。

- 曉之以義，動之以情，設法讓壓力團體能以全局為重、凡事皆能從整體的利益著眼。論者指出，「壓力團體最大的問題就是本位主義過於濃厚。」(One of the most difficult problems with community groups is their parochialism.) (Chase and Reveal, 1984:131) 為了達到上述目的，具體的措施包括：成立一個協調委員會，俾代表不同意義的個人或團體皆能參與，並能表達其立場，俾產生良性互動的效果。在協調委員會，政策幕僚應以客觀、超然的立場，從旁輔助，藉以發揮順勢操作的功能，順利推動特定的政策方案。

- 應放下身段，立刻親自會見壓力團體領袖。拖延是最壞的戰術，而把事情丟給部屬，更是下策。

- 在會見壓力團體領袖時，應保持冷靜，姿態切忌太高，不可自以為是，對抗爭訴求事項應表示深刻關切。

- 處理抗爭事件不可自亂陣腳，更不可「以毒攻毒，以火攻火」，否則，極可能使事件擴大、惡化，終至不可收拾的地步。

- 在有預警的情況下，應立刻採取制敵機先的措施，事先主動與壓力團

體領袖積極協商，並設法達成協議，俾及時化解衝突於無形之間。在協商時，應堅持原則，但同時也應保持彈性，而且，絕對不可在壓力下輕易接受。

五、處理與新聞媒體關係的方法

新聞業有「無冕皇帝」之稱。在美國這種三權分立的民主國家，新聞業常被形容為行政、立法、司法三權之外的「第四權」，或被視作「政府第四部門」(The Fourth Branch of the Government)。大眾傳播媒體之影響力的確是無遠弗屆的，其有如百川之流，可以載舟，亦可以覆舟。原因在於民主國家，民眾對政府的印象皆得之於大眾傳播媒體，其所做的報導可以造就一個政府，也可以毀滅一個政府；其能讓政府官員一夕成名，也能令其聲譽毀於一旦。此外，新聞業尚有「製造業」、「屠宰業」之稱，其對政府的政策與施政情形，以及對政府官員的能力與操守，常做不實甚至扭曲的報導，對政府而言，真如芒刺在背，且是一種揮之不去的痛。

觀諸實際，政府與大眾傳播媒體間存在著一種相當微妙的關係。論者指出，兩者之間的關係，實際上是一種愛恨的關係 (If ever there is a classic case of love-hate relationship in the public sector, it is between reporters and public managers.) (Chase and Reveal, 1984:150)。政府對大眾傳播媒體有時積極追求，趨之若鶩，有時則拒人於千里之外，避之猶恐不及。政府對新聞媒體有時愛護備至，有時卻恨之入骨。但是無論如何，政府不能逃避大眾傳播媒體，而必須面對大眾傳播媒體，且應對大眾傳播媒體，精心設計一套策略，以期化敵為友，化阻力為助力。

在討論如何建立與大眾傳播媒體良好的工作關係之前，我們先對大眾傳播媒體特性，加以分析。大眾傳播媒體常自許為「社會公器」，實則是一種商業取向的行業，其所重視的問題是銷售量如何？收視率如何？廣告進帳如何？由於大眾傳播媒體是一種商業取向的行業，因而衍生出許多問題。論者指出，大眾傳播媒體猶如一頭捉摸不定的精靈怪獸，其最擅長的是扒糞、攪局、扯

後腿、爆內幕。大眾媒體對新聞取捨的標準是：捨枯燥乏味的新聞，而採危言聳聽者。由於各媒體間競爭非常激烈，因此，彼此競相搶頭條新聞，挖掘醜聞。大眾傳播媒體最會錦上添花，絕少雪中送炭。大眾傳播媒體對在醜聞中被揭發的人或事，經常的作法是打落水狗，火上加油。大眾傳播媒體對政府抱持著一種根本懷疑的態度；其對政府發佈的新聞或發表的政策白皮書、政策研究報告，一概認為這是一種自我宣傳的作法。

至於如何與大眾傳播媒體建立良好的工作關係，關於這點，我們建議如下：

- 腳踏實地，實事求是，在工作表現上盡量要做到「零缺點」，讓別人無法挑剔。其實，得到大眾傳播媒體正面肯定的報導，絕非僥倖所致，而是平時辛勤耕耘的結果。由於大眾傳播媒體有「報憂不報喜」的陋習，因此，有時即使卓越的工作表現也未必會得到其青睞。但是，乏善可陳甚至錯誤百出的工作表現，則遲早會招致媒體的大肆批評、嚴辭指摘。
- 爭取機關首長對大眾傳播媒體關係的重視與支持。
- 熟悉機關業務。有關機關業務的發言，分寸務須拿捏得恰到好處。
- 面對新聞媒體，務須謹言慎行；「絕不要對新聞媒體講任何事後會後悔的話。」(Never say anything to reporter that you aren't willing to see in print.) (Chase and Reveal, 1984:171)
- 主動向大眾傳播媒體提供充分的新聞材料。新聞記者整天在找材料寫新聞，其情急時就像一頭餓虎，因此，若能將其「餵飽」，就能與之相安無事。
- 向大眾傳播媒體提供簡明扼要且有憑據的新聞材料。所謂「數字說明一切」(Numbers speak for themselves.)，因此，有統計數據支持的新聞材料才具有說服力。
- 向大眾傳播媒體提供有內容、有創意、生動活潑的新聞材料。
- 對大眾傳播媒體要以禮相待；和其打交道時，態度要誠懇，不可高高

在上，自以為是。愈能放下身段和記者傾心交談，則愈可得到其合作與配合。針對記者提出的問題，不論如何尖銳，都不迴避，不搪塞，不說謊。回答問題時，態度要誠懇，不可顯得不耐。

• 絕對不要存有賄賂、收買記者的心理。大眾傳播媒體（特別是主要的大眾傳播媒體）都知道要珍惜自己的形象，愛惜自己的羽毛；因此，千方百計拉攏記者、利用記者，甚至用錢收買，最後都可能弄巧成拙，自食惡果。

• 一旦爆發醜聞，務須冷靜處理，有錯認錯，以示負責；不可一味護短，文過飾非。最好是能防患於未然，以收制敵機先的效果。

• 對攝影記者與文字記者一視同仁。文字是抽象的符號，須由讀者先將符號輸入大腦，再行分析。照片和影片則不同，透過照片和影片，訊息直接進入大腦且常是印象深刻。因此，對攝影記者和文字記者應一視同仁，而不可厚此薄彼。

• 與大眾傳播媒體打交道時，應力求周全，不可厚此薄彼。媒體之間競爭非常激烈，甚至會出現惡性競爭的現象。因此，在提供新聞材料，透露重要訊息時，務須面面俱到，不可顧此失彼，至少在表面上要顯得公平、公正。

負責與大眾傳播媒體建立良好工作關係的政策幕僚須要具備四種條件：充沛的精力、高度的創意、卓越的寫作能力與高明的交際手腕。

第十章　政策分析的前景

前曾述及，分析 (analysis) 就是建議 (advice)，政策分析人員 (analyst) 就是「顧問」(adviser)，政策分析人員（在官僚機構，政策分析人員就是幕僚）的職責是向「顧客」（在官僚機構，「顧客」就是擁有決策權的長官）提供與政策抉擇後果有關的資訊，並曾提及，「政策分析人員的工作就是在幫助『顧客』解決特定的公共政策難題」，尚且提到，「政策分析是顧客取向的建議，此種建議與公共決策有關，並且考量社會價值問題」。一言以蔽之，政策分析的要義即政策分析人員透過向「顧客」提出政策建議的方式，幫助「顧客」解決公共問題。

政策分析的兩個主要人物——顧客（官僚機構中握有決策權的長官）以及政策分析人員（官僚機構中的政策幕僚）——倘若都能確實扮演好他們各自的角色，則政策分析必將極其順利，且有效率，公共問題更能得到圓滿的處理，而民眾福祉也更能獲得確實的保障。

第一節　對「顧客」的期許

具體言之，我們希望官僚機構中握有決策權的長官能夠做到以下幾點：

一、要有能接納雅言的度量胸襟

要能察納忠言，受言納諫，虛懷若谷，不恥下問，不會因人廢言、因言廢人，不會唯我獨尊、自以為是，固執己見，獨斷獨行。

二、要有健全官僚組織的能力

梅爾茲納嘗言，建言管道暢通與否？建言品質是好是壞？其與官僚組織健全與否息息相關。依據梅氏之見解，一個好的組織能夠釋放 (liberate) 其成員的潛能，從而達成組織所設定的目標。反之，一個壞的組織可能扼殺

(strangles) 並且分散 (diverts) 其成員的潛能，甚而導致癱瘓和病態的行為 (Meltsner, 1985:156)。官僚組織正如人體或機器一般，無論當初設計時是如何完善，經過一段時間以後，難免發生病變或者故障，進而引發所謂的「官僚病態現象」(bureaucratic pathology)。假若當初組織設計未臻完善，則可想而知後果一定更為嚴重（張潤書，1998:373）。

一般而言，官僚病態肇因於組織規模過於龐大、組織權力過於集中、組織法規過於森嚴等種種因素，而其所顯現的病象則有下述諸端：

- 組織成員溝通不良，彼此之間缺乏瞭解，下情不能上達，而上令亦難以貫徹執行。

- 在龐大的組織中，個人顯得格外渺小，潛能與創意皆無從發揮，部下尤其深覺位微言輕，微不足道，懷憂喪志，意氣消沉。

- 組織法規森嚴無比，造成成員依法作為，循例行事，因循苟且，乏善可陳，甚而導致「形式主義」作祟，「科員政治」當道，「官僚惡風」橫行。

- 官僚組織愈龐大，勢將造成「首長獨裁」的現象。決策大權集於首長一身，造成首長無事不管、無所不能。部下聽命行事，對首長敬而遠之。如果首長動輒因人廢言，因言廢人，則情況更加不可收拾。

上述種種官僚病態現象如果不能革除、消弭，則政策分析品質必然低落，公共問題無法迎刃而解，甚且更形惡化。官僚機構居上位者應亟思補救之道。補救之道，一為健全制度，一為加強民主。就制度面而言，根據杜勒克 (Peter F. Drucker) 之見解，採行分權 (decentralization) 或可達到診治官僚組織病態現象之目的 (Drucker, 1954:202–206)。就行為面而言，灌輸民主理念，採行民主領導，如此或可在某種程度上，消弭「首長獨裁」、「官僚作風」等病態現象。具體作為包括：促進官僚組織民主化；多讓組織成員參與決策制定；重視部下所提建議；推廣人文教育；培養全體成員的民主風度與民主素養；並且幫助其養成「主人翁」的專業觀念（愛德華·狄比博士所提出的快速回應的公共服務機構的概念，饒富趣味，且極有創意，詳見附錄二）。

三、要有願景並且要有編織夢想的能力

美國哈佛大學、加州柏克萊大學等校對公共政策的研究近來有了新的強調取向。他們認為，身為政策制定者的領導人物應該要有願景 (vision)，要有提出國家未來發展藍圖的能力。這種新的強調取向，其背後的原因是饒富趣味的。美國民主黨在一九八八年總統大選失利，對與民主黨極為親近之哈佛大學甘迺迪政府學院 (Kennedy School of Government) 造成相當大的衝擊。該學院部份教授認為，過去他們過於重視政策制定技術層面的問題，過分強調統計學、經濟學、計量經濟學，這種教學取向的偏執，必須重新檢討。經過一番省思之後，該學院乃決定，今後將更加重視政策制定政治層面的問題，重視政策制定過程中民意的取向，俾建立共識，提出「贏的策略」。抑有進者，他們認為，公共政策應以哲學作為基礎，決策者要有願景，要有描繪國家未來發展藍圖的能力，並要有向全體國民清楚表達政策理念的能力。

四、要有表達政策理念的勇氣

在西方民主先進國家，政府決策者會利用各種機會與場合，如：大學畢業典禮、企業界的演講會，宣揚政策理念，提出政策主張，甚至釋放政治氣球，此乃司空見慣之事。而許多非西方國家（包括我國）因為受到特殊政治文化的影響，政府首長多抱持「沉默是金」的陳舊為官守則，對於影響人民福祉、生計的政策，不願多談。這種保守拘謹的作風必須有所改變。

第二節　對政策分析人員的期許

我們希望官僚機構的政策分析人員要能做到以下幾點：

一、要有「面對權貴直言不諱」的道德勇氣

在我國古代，公共政策是策論、實學，旨在經世致用濟民。今日，公共政策分析則是一門研究政策分析人員如何以建言、獻策之方式，幫助「顧客」

解決公共問題的應用社會科學。由是以觀，為求公共問題能夠獲得妥善處理，政策分析人員向「顧客」提出政策建議與貢獻治國良策的各種管道必須能夠暢通無阻，更重要的是，政策分析人員要有善盡言責的道德勇氣。

政策分析人員要有犯顏直諫的道德勇氣；面對「顧客」，其應能「見大人，而藐之」，「勿欺也，而犯之」，甚至冒死進諫，亦所當為。在忠於「顧客」的大前提下，善盡言責。

前曾述及，以從事政策評估為例，政策分析人員一定要有很大的道德勇氣，如此其始能確實做好評估的工作；政策分析人員一定要是一位「勇士」，不畏權勢，不怕困難，在經過客觀、審慎研究之後，認為改變現狀的確有其必要，他就會勇敢地提出改革的建議。

二、要有尊重市場機制與民主政治的精神

官僚機構的政策分析人員對於市場機制的運行和民主政治的運作都有一定程度的理解，並且都能給予一定程度的尊重。為能善盡其責，政策分析人員要有這種理解：每個人的行為都是以追求「私利」(self-interest) 為出發點，並以利潤的極大化為其目標。這點必須予以承認。政策分析人員尚應理解，如果透過完全競爭市場「價格機能」這隻「看不見的手」就能達成市場供需均衡與資源合理分配的目的，則政府絕不輕率地以政策方式來干預市場的正常運作。政府唯有在經濟運作喪失完全競爭市場的條件，並且出現所謂「市場失靈」的現象時，才會基於追求社會福利極大化的考量，透過權威性分配社會利益的途徑，干預市場的運作。再者，即使政府有正當理由以公權力主動介入公共問題的解決，這種介入或干預活動，應該有其限度，必須謹慎將事。易言之，政府以行政命令取代市場機制的各項活動必須有所節制。緣因政府的活動具有強制力，倘若不當干預市場運作，恐將擾亂價格機能，若然，則後果堪慮：不是導致市場供給過剩，就是造成市場供給匱乏。市場一旦失序，社會動盪即將接踵而至。政府若一味地加強干預行動，則其將付出極為高昂的代價。若然，則原本為匡正「市場失靈」而採取的政府干預活動，可

能得到適得其反的效果。

抑有進者，政策分析人員尚應理解，政府也有失靈之時，因此，其不僅要能發覺「政府失靈」之肇因，尚須及時予以匡正。威瑪與范寧嘗言，「市場失靈」與「政府失靈」若能及時、有效地予以匡正，則政府增進民眾福祉、促進國家發展的職能，必然會顯著增強。

三、要能兼顧公平正義與效率效益的價值

政策分析人員要有作價值抉擇的能力。價值 (values) 係指對於何為可欲之觀念；這種觀念會影響到個人乃至於組織，對事物之評估及對行動之抉擇。於論及價值與政策分析的關係時，唐恩嘗言：「對價值作系統性、合理性、批判性的檢驗乃是政策分析的一個要素。」此乃緣因在處理公共問題的每一個階段——認定政策問題、提出政策主張、處理政策論證、建構政策方案、選擇政策工具、處理抵換問題、評估政策影響——政策分析人員無可避免地要對多組相互競爭、甚至互相矛盾的「價值」，作系統性、合理性與批評性的理解、檢驗與抉擇。

唐恩並指出：「探討政策問題無法擺脫價值的影響。緣因任何形式政策問題的探討，終究是以吾人對人類、社會、政府與知識本身所持之信念 (beliefs) 作為基礎。」由是以觀，政策分析人員顯然不是價值中立的執行者，而是葉茲所謂的「價值抉擇者」、「價值平衡者」，以及古塞爾所謂的「價值處理者」。

面對眾多競爭、甚至相互衝突的價值，究應如何抉擇？有無章法可資遵循？論者指出，目前沒有任何理論或者架構可以充作價值抉擇的指引，充其量祇能針對某一特定情境，做出「創造性」的回應，藉以取得不同價值間之平衡。古塞爾嘗言：「面對各組價值之間的衝突，公共政策人員除了瞭解並且接受不同價值在不同時間、不同狀況下各有其重要性之外，尚須以創造性的態度，在每一價值抉擇情境中，試著去尋找使相關價值都能得到部份滿足的方法。」對於這種見解，我們持一種比較保留的態度。我們認為，古塞爾這

種說法，不僅容易引起「道德模糊性」的爭議，甚且在有意無意之間突顯了「效率」為中心價值的偏差。

不容諱言的，「效率」及其相關的價值一向被許多人視為一種中心價值觀念。麥坎尼和郝華德嘗言：「當我們傾聽公共行政人員對於政府管理的意見時，效率、效能、經濟是三個最常被提到的詞語。」但是，誠如達爾所言，效率作為一種價值，不應放置於至高無上的地位，而應該與其他價值，如公平正義，擺在一起，等量齊觀。

我們認為，在效率、效益與公平、正義之間，出現魚與熊掌不能兼得的兩難困境時，政策分析人員應拿出最大的道德勇氣，堅持貫徹公平、正義的價值觀。詳言之，在面臨價值抉擇的難題時，政策分析人員應有以下各種作為：

- 促進社會資源分配符合公平正義之原則；
- 促成公共政策運作符合平等保護與正當程序之要求；
- 竭盡所能扶持社會弱勢團體；
- 重視個人自主、自我表達、自我實現等價值觀；
- 維護憲法所保障的各項權利。

四、要有解決公共問題的真才實學

前曾提及，在古代，公共政策是策論，是實學，其宗旨在經世致用濟民。公共政策的特質與宗旨至今未變。今天，這門新興應用社會科學的宗旨，在於應用相關的知識與技術，妥善處理各種公共問題，希冀藉此創造、維護並且增進全民福祉。

政策分析人員為能善盡厥職，其不僅必須具備「面對權貴直言不諱」的道德勇氣，尚須具備一定的知識與技術。前曾述及，為能善盡職責，政策分析人員必須具備下述各種技能：蒐集、分析相關政策資訊；應用計量方法與成本效益分析；應用經濟分析，並且處理「經濟抵換」與效率等相關問題；洞悉官僚組織的特徵與行政行為的特性；深諳政治過程運作之道以及組織、

政治因素對公共政策制定所可能造成的影響；瞭解行政法等公法在公共政策發展與執行過程中所可能產生的作用；以及提出擲地有聲、言之有物之政策報告的技巧。易言之，為能克盡厥職，政策分析人員必須接受以下各種課程的訓練：計量方法、決策分析、統計學；公共政策分析經濟學；公共政策政治學與組織理論以及法律與公共政策（附錄三）。

智庫與公共政策

壹、智庫之源起

西方政治思想家很早就有智庫 (think tank) 的構想。一三○六年，杜布瓦 (Pierre Dubois) 即主張歐洲國家應該組成一個共同委員會，集思廣益，藉以處理各種國際爭端 (Hinsley, 1963:15)。在北美以及歐洲民主政治逐漸普及以後，今天所謂的智庫乃在當地各國紛紛成立。一八八六年，美國亞瑟路易公司 (Arthur Lewis) 由於經常邀集專家，針對委託問題，進行研究，並且提出建議，作為決策參考，論者乃視其為智庫之濫觴 (Dickson, 1972; Kaplan, 1983)。

所謂智庫，一般是指從事公共政策研究、分析，並向顧客 (clients) 提供政策建議的「非營利組織」(non-profit organization)。智庫不同於大學研究機構，緣因其係「顧客取向」(client-oriented) 的組織，且其主要職責在於針對重要內政、外交問題，進行研究、分析，並向「顧客」提出具體且具時效性的政策建議，甚至在問題尚未出現之前，就適時提出預警，以為因應。智庫亦不同於顧問公司，此乃因其係非營利性的組織，主要是仰賴出版、捐贈、政府機關或民間企業委託契約來維持運作。

美國是智庫最為發達的國家。美國民間智庫早在十九世紀業已萌芽，一八七八年成立的全國社會福利會議 (National Conference on Social Welfare)，以及一九○七年成立的羅素基金會 (Russell Sage Foundation) 就是智庫的先驅。到了二十世紀，智庫蓬勃發展，近二十年來，更可謂是智庫的全盛時期；今天美國民間有一千多個智庫。

美國民間智庫數目之眾、活動力之強，實非其他西方民主國家所能望其項背。究其原因乃是：第一，智庫受到美國《憲法》集會結社與言論自由的保障。第二，美國人民對政治權威一向抱持懷疑的態度，反而對民間組織比

較信賴。第三,美國採取立法、行政權力分立的憲政體制,相對於美國行政部門,美國國會絕非「橡皮圖章」(rubber stamp),而是舉世罕見的「主動立法機構」(transformative legislature) (Polsby, 1972)。這種類型的立法機構在作決定時需要大量的資訊,智庫正是最佳的「資訊提供者」(information provider)。第四,美國民主、共和兩大政黨的政策研究部門相當空洞,其在公共政策的研究、發展上所扮演的角色相當有限,智庫正好乘虛而入,填補此一缺陷。第五,美國各大公司與基金會,甚至個人,一向樂於以財力支持立場超然獨立的研究機構,從事各種公共政策的研究、分析與建議。

美國智庫雖然為數眾多,惟一般而言,其皆具有以下各種特徵:第一,美國智庫多以研究公共事務為其職志,而華府地區百餘家智庫,半數以上是從事國際問題的研究。第二,美國智庫一般編制不大,每年經費很少超過六位數字,因此為了維持正常營運,多與各大基金會維持良好的互動關係。第三,美國智庫研究人員一般素質都很整齊,而且精明幹練,深諳政治藝術,善用政治手腕,美國智庫不乏政策行銷的能手。第四,美國智庫素有「影子政府」(shadow government) 之稱,其對公共政策制定具有一定程度的影響力。例如,查爾斯摩利 (Charles Murray) 所著:*Losing Ground* 一書,一般公認其對美國社會政策曾經產生非比尋常的影響,這本書就是由紐約市的「曼哈頓政策研究所」(Manhattan Institute for Policy Research) 所資助完成的(Weaver 著,夏立言譯,1990:81)。

貳、智庫之類別

一、民間智庫

在智庫最為發達的美國,民間智庫呈現出一種多樣性的發展型態。威佛 (R. Kent Weaver) 為美國智庫所做的分類,非常值得我們注意。他將美國智庫分為「無學生之大學」、「承包型研究機構」與「倡導型智庫」三種類型(Weaver 著,夏立言譯,1990:80–85)。茲敘述如後。

　　「無學生之大學」這類智庫之特色，在於他們既不招收學生，亦不頒學位，而是高度依賴學者依照一般社會科學的研究方法，從事研究工作，其研究具長程目標，旨在傳播特定概念、塑造精英輿論，且其研究成果一般是以書籍形式展現，研究經費主要來自民間企業。由是以觀，這類智庫與學院派作風幾無二致。成立於一九二七年之布魯金斯研究所是「無學生之大學」這類智庫之先驅。布魯金斯研究所一向強調其研究必須符合客觀、超然（超越黨派）、高學術之標準，其內部研究人員大多擁有美國名校政治學、經濟學博士學位，有些曾任記者或擔任公職。美國企業研究所 (American Enterprise Institute)、胡佛研究所 (Hoover Institution) 也是屬於這種類型的智庫。然而「無學生之大學」和一般大學畢竟有所不同：「無學生之大學」重視實際政策問題和具體解決方案之研究，而一般大學則重視基本學術理論之研究；前者非常在意他們所做的研究對公共問題之解決有無具體貢獻，而後者則關心他們所做的研究有無學術價值。

　　「承包型研究機構」以位於美國南加州聖塔莫尼卡 (Santa Monica) 的蘭德公司為其代表。這類智庫通常以公司的型態出現，為顧客（一般是政府機構）特定政府機構從事政策研究，且其研究報告僅供顧客內部參考，並不對外發表。蘭德公司實際上就是美國國防部所承包的一個研究機構，由於可以分享國防預算，所以蘭德公司的研究經費不虞匱乏，且經常居所有智庫之冠。與「無學生之大學」智庫相似，這類智庫聘用了許多具有美國名校博士學位的研究人員，並且也強調政策研究應符合客觀、超然、高學術之標準，然而如何在追求客觀與財務上依賴政府機關兩者之間，取得一個合理的平衡，是這類智庫必須多加思索的問題。

　　「倡導型智庫」以位於華府的傳統基金會為代表。這類智庫通常具有鮮明的政治標幟、明確的政策理念和濃厚的黨派色彩，他們非常重視政策行銷，一切作為都以影響公共政策為其前提，重點在於改變（或維護）決策者對於某一特定政策的立場。這類智庫並不關心概念架構、基本理論、研究途徑、研究方法這類問題，而是關心如何以具體有效的方法，處理現實問題。傳統

基金會常將具政策建議性質的論文，以精簡的形式印刷發行，可在華府機場至國會山莊的車程中讀畢，該基金會並會派專人將這種論文，送至各個國會議員的辦公室以及其他華府重要權力中心，以期能夠收到實際效果。

為了讓讀者對美國智庫能有更深一層的瞭解，茲簡介美國幾個著名的智庫於後。

(一)布魯金斯研究所 (Brookings Institution)

布魯金斯研究所是「無學生之大學」這種類型智庫的代表。歷史悠久且頗具規模的布魯金斯研究所，成立於一九二七年，最初祇接受政府委託，針對經濟政策議題，進行研究分析，並且提供政策建議。今天，該所工作雖已涵蓋各個研究領域，但仍以研究經濟政策問題為主。該所擁有第一流的研究人員，其在經濟政策領域上的研究成果，有目共睹。例如，匹之曼 (Joseph Pechman) 教授每週五所主持的午餐討論會，聚專家於一堂，針對時下重大經濟政策議題，進行討論，氣氛熱烈，效果奇佳。此一盛況延續了十五年之久，至今仍是廣為傳頌的美談。

布魯金斯研究所的主要出版品是《布魯金斯評論》 (*The Brookings Review*) 季刊，此外，每年尚出版數十本專書。早在一九三〇年代，該所出版的專刊、專書，即為報章雜誌競相引用，很多美國大學、研究所也將其列為教科書。

布魯金斯研究所一向希望其能維持研究立場獨立超然的形象，然而由於失勢或卸任的政府官員經常棲身其間，使它忽而保守，忽而自由。很長一段期間以來，該所以自由派重鎮著稱於世，該所雖致力回到中間、超然的地位，但是效果似乎並不彰顯。

布魯金斯研究所之經費主要來自政府委託研究、各基金會的捐贈以及開會、出版品等之收入。

(二)美國企業研究所

美國企業研究所也是屬於「無學生之大學」這種類型的智庫，成立於一九四三年，是華府地區一個立場超然的民間學術研究機構。二次大戰結束前

夕，一群充滿社會服務熱忱的企業主管和學者專家創辦了美國企業研究所，其宗旨在於提升公共政策研究的學術水準。

美國企業研究所的經費三分之二來自企業界，另外三分之一則係來自民間基金會以及個人捐贈。該所每年出版多種具政策建議性質的研究報告，並且邀請傑出的學者、政府官員、企業主管及新聞記者，出席其所舉辦的各式研討會。該所出版的三份刊物：《美國企業研究所經濟學人》(The AEI Economist)、《管制政策研究》(Regulation) 及《民意》(Public Opinion)，普受各界重視。

美國企業研究所聚公共政策研究專家於一堂，前美國駐聯合國大使寇克派翠克 (Jeane Kirkpatick)、前美國國防部次長派爾 (Richard Perle) 及保守派學者克里斯托爾 (Irving Kristol) 等人均曾任職該所。該所的研究與會議計畫，分為以下三個部門：一、經濟政策研究：研究主題與美國內政有關者，包括聯邦財政及稅務政策、政府管制政策、貨幣政策、保健政策及勞工政策等；研究主題與國際經濟政策有關者，包括智慧財產權保護政策、國際貨幣政策以及太平洋盆地經濟發展與該區軍事防衛關係等。二、外交政策研究：研究主題包括國際法、戰略防禦計畫與限武政策等。特別值得一提者是，該所的中國研究計畫，旨在研究中華民國與中共的經濟與政治發展動向。三、社會與政治研究：研究主題包括美國文化、宗教、政治、社會、選舉、大眾傳播媒體、行政與立法部門之政治權力區分以及民主資本主義之道德基礎等。美國企業研究所對前述各項課題所做的研究報告，均分送美國政府官員、國會議員、企業主管、新聞記者、大學教授以及美國各大圖書館，供其參考運用。美國企業研究所的座右銘是：「觀念競爭是自由社會的基礎。」這種進取、開放的研究態度與具體作為，使其在公共政策的研究上取得了非凡的成就。

(三)蘭德公司

蘭德公司是典型的「承包型研究機構」。蘭德公司成立於二次大戰後，其前身是蘭德計畫 (Project Rand)。蘭德計畫是美國空軍所創設的智庫，成立之初，旨在於網羅戰時民間學者專家，共同探究太空科技的未來發展。一九四

八年，在福特基金會 (The Ford Foundation) 贊助下，美國空軍正式成立了蘭德公司。

　　五十年來，蘭德公司一直都以美國軍方為其主要顧客。蘭德公司三分之二的經費來自空軍、陸軍和國防部，如果再加上政府委託研究的收入，則其百分之八十五的經費是來自美國政府，其餘百分之十五的經費則係來自各基金會與工商企業的捐贈。蘭德公司研究領域之廣，無人能出其右。舉凡數學、哲學、歷史、經濟等皆在其研究範疇之內。一九五○年代和一九六○年代美國國防部的核子嚇阻戰略，幾乎都是出自蘭德公司的設計。早在一九五○年代，蘭德公司便建議美國空軍的轟炸機駐紮在美國本土，而非歐洲。蘭德公司的主任希爾 (Paul Hill) 曾說：「這項政策建議讓美國空軍節省了數億美元，而蘭德也從空軍手中贏得終身俸給。」一九四九年，蘭德公司開始從事精神疾病的研究，成就斐然，使它成為全世界第一個「保健經濟學」(Health Economics) 的研究機構。此後，該公司開始廣泛研究當代各種社會問題：藥品的價格與品質問題、培養優秀教師、失業問題、居住問題，乃至於刑罰及環境問題等，皆取得高度的成就。蘭德公司擅長於長程的分析與預測，百分之二十的公司業務列為機密，其他研究成果，則發表問世。蘭德公司每年約出版三百多本叢書、報告和專業論文，非常受到各界重視。此外，蘭德公司尚為美國大學的研究所培訓政策分析專家。

㈣傳統基金會亞洲研究中心

　　傳統基金會是「倡導型智庫」的代表，而其亞洲研究中心 (The Asian Studies Center of The Heritage Foundation) 特別值得介紹。亞洲研究中心是傳統基金會設於華府的一個重要研究機構，其宗旨在於為美國政府決策者與意見領袖，提供亞洲地區政治、經濟與軍事事務相關的重要資訊。

　　亞洲研究中心運用傳統基金會龐大之研究資源，針對亞洲地區當前或潛伏的議題，進行分析、研判，並且撰寫研究報告，分送國會議員及其助理以及行政部門主管，作為決策參考之依據。諸如〈維持美國在菲基地之戰略〉(A Strategy for Keeping U.S. Bases in the Philippines)、〈海參崴之後──戈巴契

夫的入侵亞洲之研究〉(After Vladivostok: Gorbachev's Asian Inroads)、〈貿易法案對美國東南亞友邦的潛在衝擊〉(The Trade Bill's Potential Fallout on America's Southeast Asian Friends)、〈美國在亞洲之經濟機會指南〉(A Guide to U.S. Economic Opportunities in Asia) 等都是該中心的一些研究成果。

　　亞洲研究中心尚且贊助各種類型的會議與公開演講會。值得一提的是，在一九八六年，傳統基金會與中華民國的亞洲與世界社聯合舉辦過三場以中美經貿關係為主題的會議。該會總裁佛納 (Edwin J. Feulner, Jr.) 以及亞洲研究中心主席艾倫 (Richard V. Allen) 且曾提出建立中美自由貿易區之建議（容後詳述）。傳統基金會亞洲研究中心另一項重要工作是出版諸如《美國與亞洲──統計手冊》(The U.S. and Asia: A Statistical Handbook)、《美國對中國統一的政策》(U.S. Policy Toward China's Reunification)、《美國與中華民國的貿易關係──新戰略時代》(The U.S.-Republic of China Trade Relationship: Time for a New Strategy)、《莫斯科的南太平洋漁船艦隊暗藏玄機》(Moscow's South Pacific Fishing Fleet is Much More Than It Seems) 等專書，皆具有參考價值。

二、政府智庫

　　在智庫的發展歷程上，美國政府落後於美國民間。美國聯邦政府一直到二次大戰後才開始設置研究機構，諸如經濟顧問委員會 (Council of Economic Advisers)、國家安全顧問 (National Security Adviser)、中央情報局 (Central Intelligence Agency) 等機構，都設置於一九四○年代末期。

　　迨六○、七○年代，美國聯邦政府的研究機構陣容已經變得相當整齊，且績效亦益愈彰顯。為與之抗衡，美國國會乃成立了四個幕僚機構：主計局 (General Accounting Office)、國會預算局 (Congressional Budget Office)、科技評估局 (Office of Technological Assessment) 以及國會研究處 (Congressional Research Service)。限於篇幅，僅就各國國會（包括我國立法院）競相模倣的美國國會研究機構，簡介於後：

(一)主計局

美國國會主計局成立於一九二一年，主要職責在於監督美國聯邦政府行政部門的經費支出情形。後來，由於聯邦政府工作日益繁複，主計局的職責也由原來審查行政部門的帳目，擴展到分析、評估聯邦政府政策計畫以及調查聯邦政府官員運用經費的情形。

在美國國會四個幕僚機構之中，以主計局的組織最為龐大，經費與人員也最為充裕。其向以「國會的看門狗」(Watchdog of Congress) 著稱，在監督行政部門經費支出以及防止浪費公帑方面的表現，實是可圈可點。為確保主計局超然客觀的立場，美國國會特別制定法律，規定主計局的首長，即審計長，由總統任命，經參議院同意後生效，任期十五年，不得連任。

儘管主計局的功能日漸擴大，但仍以協助國會運作為其要務，如為國會議員提供各種調查報告，為國會常設委員會提供諮詢顧問等項工作。自一九六○年代起，由於美國聯邦政府的政策計畫是否符合成本效益的原則，開始遭受質疑，主計局遂開始從事政策評估的工作。

美國國會主計局在監督行政部門經費支出、評估聯邦政府政策計畫，以及制定政府會計制度上，貢獻良多，前審計長鮑歇爾 (Charles A. Bowsher) 嘗言：「主計局是一個積極、率直而誠實的機構」，他並曾說：「若無主計局，美國國會根本無法發揮行政監督的重要功能。」

(二)國會預算局

美國國會基於《憲法》所賦予其對聯邦政府預算的監督權，乃於一九七四年制定了一項預算改革法律——《國會預算暨預算扣留管制制度》 (the *Congressional Budget and Impoundment Control Act*)，使國會得以依據法定程序，決定聯邦政府歲入、歲出以及赤字或盈餘的幅度。美國國會為有效行使監督聯邦政府編列預算的職權，除在參、眾兩院分別設立預算委員會之外，並依據前項法律設立國會預算局。

國會預算局為一超越黨派的研究機構，負責提供國會審查預算所需的各種資訊。主要工作項目包括：評估立法提案五年內的預算成本；預測經濟趨

勢；分析可能影響聯邦政府預算之相關議題；分析立法提案引起通貨膨脹的可能性；研擬預算年度報告。而其主要服務對象是參、眾兩院的預算委員會。至於國會預算局局長的產生，則是由參、眾兩院預算委員會提名，再由眾院議長及參院臨時議長加以任命，任期四年，可以連任。

(三)科技評估局

二次大戰後，科技發展一日千里，有關科技發展計畫的效益評估，日益受到各國重視。美國國會為因應此一趨勢，乃於一九七二年修正了一九五○年所制定的《國家科學基金會法》(*National Science Foundation Act*)，為國會成立了一個科學研究機構，藉以協助國會評估有關科技方面的立法提案，科技評估局於焉成立，並於一九七四年一月開始正式運作。

科技評估局係由一超越黨派的國會委員會所掌理，成員包括六名聯邦參議員、六名聯邦眾議員以及科技評估局長等人，科技評估局接受科技評估顧問委員會 (Technology Assessment Advisory Council) 的指導，此一顧問委員會乃是由國會主計局審計長、國會研究處主任以及十位大學教授與科技專家共十二人組織而成。科技評估局百分之九十的人員屬於科技專業人員，此外尚自民間各產業、大學、研究機構以及利益團體，聘僱專業諮詢人員，針對能源、生態、太空科技等政策領域的相關問題進行研究，不定期的為美國國會提供有關科技計畫之效益評估報告。

(四)國會研究處

自二十世紀初始，由於美國國勢日漸增強，涉足國際事務亦與日俱增，美國政府——行政與立法部門——處理內政與國際事務的能力亟待提升。一九一四年，美國國會成立了「立法諮詢處」(Legislative Reference Service)，負責法令編纂、諮詢等項工作，此一機構即是國會研究處 (Congressional Research Service) 前身。國會研究處係依據一九七○年制定之《立法機構重組法》成立；成立後其編制不斷擴大，而且功能也不斷提升，今天已是美國國會議員在問政過程中不可或缺的諮詢機關。

國會研究處目前有五百多位工作人員，包括律師、經濟學家、政治學家、

外交事務專家、資訊管理專家等各種專業人員。他們分別在七個不同的研究部門，為國會議員提供迅速而且詳盡的諮詢服務。這七個研究部門分別是：美國法律部門：負責提供有關《憲法》及判例方面的資訊；經濟學部門：負責提供金融、國際貿易、稅務及運輸方面的資訊；教育及社會福利部門：負責提供社會安全、犯罪、移民及教育方面的資訊；環境與自然資源政策部門：負責提供水源、農林礦業、能源及污染等處理方面的資訊；外交事務與國防部門：負責提供美國外交、國防與軍事等方面的資訊；政府部門：負責研究政府機制、聯邦預算、民權以及少數民族等方面的問題；科學政策研究部門：負責評估有關聯邦科學研究計畫、科學發展及專業教育等相關問題。此外，國會研究處並且聘請政府、民間企業及學術機構的專家，從事科際整合的研究。

美國國會議員想要瞭解的問題形形色色，不一而足，國會研究處通常會將研究結果做成書面報告，向國會議員提出；有時也會以錄音帶或錄影帶的方式，予以答覆。根據統計，國會議員半數以上的問題在提出當天就得到答覆，由此可見國會研究處工作效率之高。國會研究處除了答覆國會議員及委員會所提出的問題之外，並在國會開議期間，平均每週舉行二至三場討論會，邀集學者專家就各類議題進行討論。

美國國會研究處尚出版《法案文摘》(*Bill Digest*)、《國會主要立法月刊》(*Major Legislation of Congress*)、《國會研究處評論》(*CRS Review*) 以及《最新資料月刊》(*Update*) 等定期刊物，報導美國國會最新之議題及國會研究處的研究動態，普遍受到各界的肯定。

參、智庫之功能

前曾述及，特別是美國華府地區的智庫素有「影子政府」之稱，美國智庫在公共政策制定過程中佔據一席之地，由此可見一斑。一般而言，在公共政策制定過程中，智庫有如下各種功能：

一、倡導政策理念：「觀念的倡導者」常是智庫自我設定的一個角色（林

碧炤，1993:1）。易言之，智庫的一個重要功能是，發掘新的政策問題，提出新的政策理念，透過高明的政策行銷策略，讓政府決策者採納，並且制定成為公共政策。美國企業研究所 (American Enterprise Institute) 即聲稱，由於它的大力倡導，終於導致美國政府採取解除對美國國內運輸工業各種管制的政策；傳統基金會 (Heritage Foundation) 亦聲稱，其在倡議民營化 (privitization) 政策之上，居功厥偉。

二、塑造公共輿論：「公共教育的推動者」亦常是智庫自我期許的一個角色。智庫的研究人員經常接受電視採訪，或為報章雜誌撰寫專論，對各種政策議題，發表專家意見，一則為自己及所屬機構打知名度，另則藉以影響公共輿論，推動公共教育，並且塑造一個倡導政策理念的有利環境。就美國智庫而言，近年來，由於地方報紙與地方廣播電臺普遍在華府地區設置辦事處，而且由於衛星傳播技術日新月異，有線電視臺蓬勃發展，智庫推動公共教育與塑造公共輿論的機會大幅增加。

三、設定政策議程：學者常將政策議程分為「系統議程」(systemic agenda) 或「討論議程」(discussion agenda)，與「政府議程」(government agenda) 或「行動議程」(action agenda) 兩種。前者是指社會成員認為值得注意並且受到廣泛討論的問題，而後者則是指受到政府注意並且可能採取具體行動的問題 (Cobb and Elder, 1976:126–139; Mansbach and Vasquez, 1981)。智庫在前述兩種政策議程過程中都扮演重要的角色。智庫經常提出特定的公共政策或外交政策問題，進行公開討論，爭取社會的關注、認同與支持，進而促使政府採取具體的政策行動。與此息息相關的一個概念是國際政治議程與公共外交互動的概念。智庫經常針對國際社會某些特定問題，如歐洲集體安全、亞太經濟整合、非洲饑荒、海底資源開採等問題，進行討論，並且引起關切，爭取認同與支持。智庫這些努力經常導致新的政策的形成或組織的成立 (Soros, 1986)。

所謂「公共外交」，指的是一個政府或其他相關團體（如智庫）對另一國的外交精英份子，就特定外交政策問題，透過直接或間接解釋、說明與溝通

的過程,爭取理解、認同與支持。論者指出,公共外交的目的,不外乎是促成對方國家改變對某一外交政策問題所持之態度與立場、塑造本國良好的國際形象以及培養彼此間之友好關係。他們並且指出:「民間智庫從事公共外交在國際間已是很普遍的現象。」(林碧炤,1993:5)。

四、提供政策建議:政府經常會將受到社會高度關注的問題,於納入政策議題後,採取具體行動前,委託智庫,進行研究,並且提出政策建議。舉例言之,二次世界大戰之後,核子武器的威脅,成為國際社會一個受到高度關切的問題。在過去四十餘年,歐美各國的智庫針對如何防止核戰爆發以維護國際安全的問題,做過許多研究,討論這類問題的專書真可謂是汗牛充棟。就提出政策建議而言,尚值得一提者是,在新的總統上任之初,美國智庫通常會以機構的名義出版專書,提出政策建議,藉以影響新政府的政策走向。例如,傳統基金會曾經發表《領導之民意付託》(*Mandate for Leadership*),而布魯金斯研究所也曾經發表《設定國政優先議程》(*Setting National Priorities*)與《經濟政策之抉擇》(*Economic Choice*),其目的皆在為新政府提供政策建議,並且企圖影響公共政策。

五、政策行銷:政策行銷是美國智庫一項非常重要的工作。智庫會將其針對各種公共政策問題所做成的研究成果,以政策建議之方式寫成背景資料、行政摘要或出版專書、專刊,分送政府各個部門,作為決策參考依據,藉以影響公共政策的制定。論者指出,智庫成立之宗旨即在於「影響政策、推動改革」(influencing policy, causing change)。

六、儲備政府人才:在美國,「戰略及國際研究中心」 (Center for Strategic and International Studies) 素有「國家安全顧問培養所」之稱。智庫有時也扮演「流亡政府」的角色,收容許多退休的高級公職人員;不少失意政客在智庫暫時棲息,療傷止痛,伺機東山再起。由於智庫是藏龍臥虎之地,因此政府常向智庫尋覓人才。

肆、智庫之挑戰

西方國家的智庫在基本研究與在政策分析方面所發揮的功能都受到高度的肯定。舉例言之，一九九二年，紐約外交關係協會 (Council on Foreign Relations) 在其所出版的《外交事務季刊》(*Foreign Affairs*)，曾經評估該刊在過去七十年發表的主要論文，對美國外交政策制定所產生的影響，結果發現其有顯著而重大的影響 (Hyland, 1992:171–193)。

一般而言，智庫為了在競爭激烈的環境中求取生存發展，並且像外交關係協會一樣脫穎而出，獨領風騷，它必須面對並且克服以下各項挑戰：

一、塑造公正、超然的機構形象：唯有如此，智庫始能博得「顧客」尊重；也唯有如此，才能吸引優秀的研究人員，為其貢獻智慧心力。

二、珍惜研究人員：對從事公共政策研究與分析的智庫而言，研究人員實是最大的資產，理應珍惜，使其充分發揮潛能。

三、健全機構財務：對智庫這種非營利性組織而言，充裕的財源與良好的財務管理，實是其榮枯之主要依據。智庫一旦財源枯竭、財務管理出現嚴重狀況，則一切活動均將萎縮，甚而全面停頓。

四、妥善訂定研究議程：智庫必須及早決定其將專精於一項或少數幾項政策研究，或廣泛從事各類研究，前者的好處在於較易迅速建立智庫聲譽，成為各方意見諮詢的對象，缺點則在於一旦外界對其所擅長的議題興趣降低時，未來發展前途就會受到嚴重的影響。

五、重視研究品質：幾乎所有重要智庫均將其研究成果出版問世，廣為流傳。然而為了樹立權威，智庫的研究成果必須質、量並重，而且品質尤應勝於數量。美國布魯金斯研究所的各種出版品，如《布魯金斯評論》(*The Brookings Review*) 以及各種專書，常被美國大學、研究所採納，當作教材，布魯金斯研究所實為其他智庫立下了一個標竿。

六、重視實質效果：再好的產品，如果無法推銷出去，亦是枉然。如何透過高明的行銷策略與行銷管道，將政策建議順利送到顧客手中，產生實質

效果，實在是檢驗智庫成效的主要指標。

　　綜而言之，任何智庫若能面對並且克服前述種種挑戰，它就能取得寬廣的生存發展空間，欣欣向榮。否則終將趨向萎縮，甚至凋零。

　　附註：本文取材自朱志宏，智庫與公共政策，臺北：亞洲與世界社，1998, 1–11。

新千禧年的挑戰——建立有活力及快速回應的公共服務機構

現在是向傳統由上而下工業時代的工作組織告別的時候了。這種組織當初是為穩定而且可預測的市場設計而成的。今天,企業環境已經丕變;穩定性與可預測性不再是今天企業環境的特徵了。然而今天,不論是在公部門或私部門,仍舊有許多缺乏迎接新千禧年所必需的彈性、回應性與韌性的組織。有鑑於此,論者紛紛提出「再造」傳統工作組織的建議。但是,這些建議付諸實施後,效果並不彰著,以致於有志創造一個嶄新工作環境的行政主管和經理人備感挫折。

近年來,許多企業部門的主管紛紛採取「精簡」的方法,希冀藉此創造一個具備足以因應快速環境變遷之敏捷性企業體。然而,個人的經驗,特別是個人在美國的經驗,讓我不得不做出以下的結論:「精簡」這種做法對於組織的韌性與回應性有百害而無一利。在美國,「再造」幾乎等同於「裁員」;其實,「再造」的同義詞是「優質表現」,而非「裁員」。我在一九九五年十月二十四日《波士頓地球報》的一篇專文中指出,「再造」固然為某些顧問公司締造了破記錄的利潤,但其對重新塑造傳統組織文化,卻是乏善可陳。

諸位從本次會議其他論文可以得知,許多政府都已採取了使公共服務部門重新獲得活力的妥適措施。

一、尋找一個新的組織典範

在我們邁入新千禧年之際,民眾對於公共服務部門有了不同於以往的期待。民眾希望政府機關能夠為他們提供快速而且有效率的服務,並且把他們當作「顧客」看待。然而,傳統官僚組織並非為做出這種回應而設計。公共

服務組織必須徹底改變過去的行事作風。為了因應新的、意料外的環境變遷，公共服務組織必須具備敏捷性、市場回應性和韌性。一言以蔽之，公共服務組織必須轉型。

傳統工業時代由上而下的工作組織，顯然已經不合時宜。在過去兩百年，這種組織表現還算稱職；但是今天，由於這種組織無法因應變幻莫測的市場，因此必須「再造」。

近年來，在思索如何改造傳統工作組織，俾使其能具備「快速回應」能力這個問題上，我們的確付出了不少的心血。我們的觀察所得是：速度、回應性和敏捷性是決定組織成敗關鍵之所在。未來會有兩種組織：快速的組織和死亡的組織。達爾文嘗言，最強壯、最智慧的生物未必適合生存，而唯有最能回應變遷的生物才適合生存。個人深信，這也是工作組織生存之道。在千禧年即將來臨之際，過去與市場壓力絕緣的公共服務組織現在必須換一個新的腦筋。

二、自我組織的工作組織

首先，我們提出若干提升傳統組織敏捷性與韌性的措施。我們認為，任何再造策略，其重心必須要置於組織成員。我們規劃出來的三項建立「快速回應」組織的管理原則，深受「新科學」的影響。瑪格里特‧惠特利撰寫之《領導與新科學》一書對我們深具啟發的意義。惠特利女士告訴我們，今天我們不能再把組織視為機器，而應視其為具備自我組織與自我更新能力的高動態有機體。她告訴我們：「一個穩定的組織幾近死亡。」

我們從各種實驗中規劃出「快速回應組織」的概念。「快速回應組織」具備敏捷性、彈性與回應性；它是一個有高度適應能力的組織。科技固然可以增加組織回應的能力，但是回應能力的源泉並非科技而是人。

就文化轉型的能力而言，企業組織實優於公共服務組織。今天，企業組織每天都要面對「變革不然就會死亡」的挑戰。當組織瞭解到變革與否是存亡關鍵時，它就比較不會去抵制變革。公部門行政主管和經理人所面對的一

項挑戰是，如何說服其部屬大幅度變革確有必要。

三、建立「快速回應組織」：三項管理原則

我在《創造韌性組織》一書中，提出了三項管理原則；倘若這三項管理原則都能妥善運用，則工業時代工作組織「快速回應」的能力必將提升。這三項從實務經驗中淬煉出來，並且擷取社會科學、行為科學和良好常識精華的管理原則，的確有助於塑造出一個高能量市場取向的工作組織。

(一)第一項管理原則——分享資訊

對任何組織而言，組織成員分享重要資訊常會產生絕佳的轉型效果。緣因組織成員倘若充分理解組織營運狀況，他們就會對組織產生一種榮辱與共的感受。此項原則的關鍵在於，必須為組織成員提供有關公司或組織在市場表現，以及財務狀況適時且有意義的資訊。文官組織的成員常因無法從龐大、冰冷的官僚機構獲得個人的成就感，而產生嚴重的挫折。如何讓組織內部每一成員都有一種成就的感覺，至為重要。

(二)第二項管理原則——革除官僚障礙

許多組織的成員都缺乏對組織整體性的理解，且常受困於組織內部的政治鬥爭。他們經常忘記，妥善因應「顧客」需求，才是他們責無旁貸的首要之務。第一項管理原則，係強調強化組織成員資訊的重要性。第二項原則，是強調革除官僚障礙的重要性。前者為再造工程提供了一個妥適的網絡。而後者旨在促使組織成員都能參與再造工程。一般而言，再造工程的重點在於簡化作業程序、縮短工作時程。傳統官僚組織倘若能徹底改進現行體制與作業程序，始能大幅提升市場回應的能力。

(三)第三項管理原則——創造工作誘因

在美國，愈來愈多的證據顯示，組織成員對組織的效忠與熱忱呈現大幅滑落的趨勢。一九九八年六月二十六日出版的《商業週刊》的一則民意調查顯示，百分之七十的員工不信任他們的主管。做主管的動輒刪減經費、裁撤人員，讓許多員工深刻地感受到，他們只不過是被玩弄於貪得無厭的投資人

和坐擁高薪的主管們，手中一顆微不足道的棋子。為了重新贏回員工的信任，只是「摸摸頭」是無濟於事的。如何讓工作人員體認到他們都是組織生命共同體的一員，這才是正途。具體的做法包括：分享盈餘，分享利潤，分享股利。而文官組織顯然無法像企業部門般為其工作人員提供類似的工作誘因。

四、創造工作環境轉型效果的兩種選擇

為了促使工作環境轉型，傳統的做法是「由上而下」：先由高級管理階層啟動轉型工程，接著納入中級管理階層。至於第一線工作人員幾無參與的機會。這種方法不僅曠日廢時，而且常是徒勞無功。

我們發展出一套促使工作環境轉型比較有效的方法：讓所有工作人員同時參與變革工程。我們稱這套方法為「整體系統變革」，並稱此一變革過程為「快速回應科技」。具體的做法為，召集由眾人參與的「快速回應會議」。「快速回應會議」是一個包括所有重要工作人員在內的變革策略規劃過程。

稍後我將敘述「快速回應科技」應用於夏威夷航空公司檀香山總部以及華盛頓地區一個社會服務組織的情形。

五、為何要讓每位工作人員都參與變革工程

惠特利女士所提出之「自我組織」的概念，對於瞭解「整體系統變革」途徑很有裨益。惠氏認為，資訊實乃系統的生命線；資訊是供給組織生命的太陽能源。當所有工作人員集聚一堂，共商對策時，我們幾乎可以看到「能量」在整個系統中相互激盪的情景。「快速回應會議」成功之關鍵，在於它能釋放出自我更新與自我組織的自然力量；它能將深藏於組織內部無與倫比的力量發揮出來。

六、快速回應科技：三個步驟的過程

一個令我們思索經年的問題是：如何在很短的期間內促成組織變革？如前所述，傳統「由上而下」的方法不僅緩不濟急，而且缺乏效率。現在我們

有了一個新的發現：倘若參與變革過程的層面愈廣，則變革的效果愈佳。我們尚且發現：倘若所有工作人員都能同時參與變革過程，則變革的速度將會加快。

「快速回應科技」包含以下三個循序漸進的步驟。

㈠第一個步驟──宣洩怨情

我們應儘可能地讓許多具代表性的工作人員參與焦點團體研討會。為評量工作環境積怨程度，我們可以採用訪談和意見調查這類研究方法。我們可以透過焦點團體研討會的舉辦，讓組織內部的積怨宣洩出來。當然，此一措施應本諸因地制宜的原則而加以靈活運用。

㈡第二個步驟──確立方向

組織內部各階層具代表性的工作人員都應參與「快速回應會議」。至於規模較小的組織，則全體工作人員都應參加。召開「快速回應會議」的目的在於取得全體工作人員對於組織遠景以及實現遠景之道的共識。這有助於發揮自我組織的力量，且能產生無與倫比的能量。

㈢第三個步驟──動員、授權與執行

在第一、第二個步驟完成以後，我們應該成立一個由相關人員組織而成的工作小組，而且工作小組的成員皆應具備解決問題以及改進作業程序的能力。我們認為，大多數的問題可以在三個月內獲致結論。至於牽涉到如何重塑組織文化這類比較複雜的問題，處理起來當然比較費時。總的來講，由於主事者皆是一時之選，所以效果可期。

七、將理論應用到實務：兩個個案研究

不久之前，我們曾將「快速回應科技」應用到有七十五年歷史，總部設在檀香山的夏威夷航空公司。自從一九八〇年代初，美國政府解除航空公司管制措施以後，夏威夷航空公司便邁入一個動盪不安的時期，高層主管調動頻仍，公司瀕臨破產。迨一九九六年，公司狀況逐漸趨於穩定，但是工作人員的士氣依舊極其低落。值此關鍵時刻，我們將「快速回應科技」引介到夏

威夷航空公司。雖然現在就宣佈勝利，似乎言之過早，但是我們的確掌握了一些證據，顯示該公司的組織文化有了顯著的改善。例如，根據我們最近所做的一項調查，該公司工作人員的態度、信念和行為都有顯著的變化。

去年，我們又將「快速回應科技」應用到一個以華盛頓地區為基地的非營利組織。在診斷階段，我們舉辦了幾場焦點團體研討會，與會人士包括工作人員、管理人員、董事會董事以及「顧客」。我們因而掌握到了充斥在這個非營利組織的種種暗流。接著，我們又舉辦了一項為期兩天的「快速回應會議」，上百人參加了這項會議，包括所有工作人員及其他相關團體的代表。透過這項會議，與會人士就如何促使該非營利組織朝向一個優異表現體制演進，獲得了重要的共識。最後，我們又成立了一個工作小組，責成其對相關策略進行規劃並付諸執行。根據初步的觀察，該工作小組的績效頗佳。

八、兩個實用的概念

本文提出的幾個概念都是得自二十餘年的實務經驗，並且都曾歷經考驗。其中，「快速回應組織」與「快速回應科技」這兩個概念最具革命性，也最值得我們重視。前者指出，一個組織若欲持續並且有效地適應市場變遷，則其必須採取若干特定的方法與措施。後者則揭示，傳統工作組織為了建立「快速回應」能力所應採行的循序漸進的方法。

九、建立韌性：文官組織獨特的挑戰

促使傳統工作組織轉型為優異表現組織，其間所涉及的變數，林林總總，不一而足。每個組織都有它的獨特性。一個積弊已深的官僚組織會竭盡所能地抵制任何變更。本人謹提出以下幾點建議，供諸位參考。

第一，組織內部的人力資源發展專家，在相關策略的規劃與執行過程中，都應扮演一定的角色。每一場討論組織轉型的會議，人力資源發展專家都應在場。

第二，居高位的領導人未必搞得懂組織轉型的問題。花再多的時間在「教

育」領導人的身上，都是值得的。

第三，讓中階層主管參與相關策略的規劃與執行過程。

第四，把變更重點放在組織文化上面。我們深信，傳統組織為求生存、發展，其必須從重塑組織文化著手。

一九九六年初，我應葡萄牙電信公司董事長之邀請，前往里斯本向該公司的經理人做了一場演講。由於葡萄牙電信公司是一個壟斷性的國營事業，因此當面對競爭激烈的歐洲電信市場時，它便感到束手無策、窮於因應。然而，在演講會上，我深刻地感受到與會人士所展現的那種力爭上游企業家的精神。這種精神並沒有因為長期浸淫於惡質的官僚文化而稍有減損，那個組織有太多的能量等待釋放出來，這使我對該組織的成功轉型充滿了希望與信心！

附註：

1. 本文由本書作者譯自 Edward Deevy, "The Challenge for the New Millennium: Building Resilient 'Rapid Response' Public Service Organizations," a paper delivered at the Conference on Human Resource Development for Public Service, Taipei, Taiwan, January 25–26, 1999.

2. 原文作者愛德華‧狄比博士係美國狄比吉力更國際公司 (Deevy Gilligan International) 總裁。

3. 原文為「組織改造」提出了一種另類思考，不僅充滿創意，而且生動有趣，又極具啟發性。政策分析倘能在「快速回應的公共服務機構」中進行，必將更為順暢，更有效率。

美國加州柏克萊大學公共政策研究所
公共政策碩士學位
(Master of Public Policy, MPP) 課程表

第一學年	
第一學期	第二學期
PP210A 公共政策分析的經濟學	PP210B 公共政策分析的經濟學
PP220A 法律與公共政策	PP200 政策分析導論
PP230A 公共政策分析的政治、組織層面	選修課程
PP240A 決策分析、模式建構與計量方法	PP240B 決策分析、模式建構與計量方法
暑期政策實習	
第二學年	
第一學期	第二學期
選修課程	PP205 高級政策分析
選修課程	PP299 高級政策分析
PP230B 公共政策分析的政治、組織層面	選修課程
選修課程	

附註：選修課程範圍相當廣泛，舉凡政治學系、經濟學系、都市與區域計畫學系、教育學院、公共衛生學院、社會福利學院、企業管理學院等單位皆有課程可供公共政策研究所學生選修。

參考書目

壹、中文部份

- 丘昌泰，(1995)，公共政策：當代政策科學理論之研究，臺北：巨流圖書公司。
- 古登美、沈中元、周萬來，(1997)，立法理論與實務，臺北：國立空中大學。
- 朱志宏，(1979)，公共政策概論，臺北：三民書局。
- 朱志宏，(1991)，公共政策，臺北：三民書局。
- 朱志宏，(1995)，立法論，臺北：三民書局。
- 朱志宏、丘昌泰，(1995)，政策規劃，臺北：國立空中大學。
- 朱志宏，(1996)，「政策管理與政策分析」，行政管理論文選輯，第十輯。
- 朱志宏，(1997)，「公共管理的理論與實務」，行政管理論文選輯，第十一輯。
- 朱志宏，(1998)，我國立法院效率機制之研究，臺北：中國國民黨中央委員會政策研究工作會。
- 朱志宏，(1998)，「公經理人的角色與功能——領導人、談判家、行銷家」，行政管理論文選輯，第十二輯。
- 朱志宏，(1999)，「立法技術與立法策略——幕僚行政的一項重要課題」，行政管理論文選輯，第十三輯。
- 朱志宏，(1999)，智庫與公共政策，臺北：亞洲與世界社。
- 吳定，(1994)，公共政策，臺北：華視文化事業公司。
- 吳定，(1998)，公共政策辭典，臺北：五南圖書出版公司。
- 吳瓊恩，(1996)，行政學，臺北：三民書局。

- 林水波、張世賢，(1991)，公共政策，臺北：五南圖書出版公司。
- 林鍾沂，(1991)，公共事務的設計與執行，臺北：幼獅文化事業公司。
- 林鍾沂，(1994)，政策分析的理論與實踐，臺北：瑞興圖書公司。
- 張世賢、陳恆均，(1997)，公共政策：政府與市場的觀點，臺北：商鼎文化出版社。
- 張金鑑，(1985)，管理學新論，臺北：五南圖書出版公司。
- 張潤書，(1998)，行政學，臺北：三民書局。
- 陳德禹，(1996)，行政管理，臺北：三民書局。
- 陳勝仁，(1998)，「美國公共行政重要價值觀之探討」，行政管理論文選輯，第十二輯。
- 曹俊漢，(1990)，公共政策，臺北：三民書局。
- 黃榮護，(1998)，公共管理，臺北：商鼎文化出版社。
- 湯絢章，(1993)，公共政策，臺北：華泰書局。
- 湯絢章，(1994)，浮雲——我的回憶錄，臺北：大眾時代出版社。
- 魏鏞、朱志宏、詹中原、黃德福，(1991)，公共政策，臺北：國立空中大學。
- 羅傳賢，(1993)，立法程序，臺北：龍文出版社。
- 行政院經濟建設委員會，(1998)，從日本國會運作談我國立法效率之提升。

貳、英文部份

- Ackoff, Russel L. (1974). *Redesigning the Future: A Systems Approach to Societal Problems*. New York: Willey.
- Adair, John. (1985). *Effective Decision Making: A Guide to Thinking for Management Success*. London: Pan Books.
- Alexander, De Alva Stanwood. (1916). *History and Procedure of the House of Representatives*. Boston: Houghton Mifflin.

- Alpert, Eugene J. (1979). "A Reconceptualization of Representational Role Theory." *Legislative Studies Quarterly.* 4:587–604.

- Altshuler, Alan. (1968). "The Study of Public Administration," in Altshuler, ed., *The Politics of the Federal Bureaucracy.* New York: Dodd, Mead.

- Anderson, James E. (1997). *Public Policy Making: An Introduction.* New York: Houghton Mifflin Company.

- Bachrach, Peter, and Baratz, M. S. (1970). *Power and Poverty.* New York: Oxford University Press.

- Bardach, Eugene. (1972). *The Skill Factor in Politics: Repealing the Mental Commitment Laws in California.* Berkeley: University of California Press.

- Bardach, Eugene. (1979). *The Implementation Game: What Happens After a Bill Becomes a Law.* Cambridge: The MIT Press.

- Barnard, Chester I. (1938). *The Function of the Executive.* Cambridge, Mass.: Harvard University Press.

- Bauer, Raymond, et al. (1963). *American Business and Public Policy.* New York: Atherton.

- Behn, Robert D. (1982). "Policy Analysts, Clients, and Social Scientists." *Journal of Policy Analysis and Management.* 428–432.

- Behn, Robert D. (1991). *Leadership Counts.* Cambridge, Mass.: Harvard University Press.

- Bentley, Arthur F. (1908). *The Process of Government.* Chicago: University of Chicago Press.

- Bernstein, Hene N., et al. (1976). "External Validity and Evaluation Researh," in Hene N. Bernstein, ed., *Validity Issues in Evaluative Research.* Beverly Hills, CA.: Sage Publications.

- Bibby, John. (1966). "Committee Characteristics and Legislative Oversight of Administration." *Midwest Journal of Political Science.* 10:78–98.

- Botein, Bernard. (1965). "The Manhattan Bail Project: Its Impact on Criminology and Criminal Law Process." *Texas Law Review*. 43:319–331.

- Bozeman, B., and Straussman, J. D. (1990). *Public Management Strategies: Guidelines for Managerial Effectiveness*. San Francisco: Jossey-Bass.

- Bozeman, B. (1993). *Public Management: The State of Art*. San Francisco: Jossey-Bass.

- Braybrooke, David, and Lindblom, C. E. (1970). *A Strategy of Decision: Policy Evaluation as a Social Process*. New York: Free Press.

- Brunner, Ronald D. (1991). "The Policy Movement as a Policy Problem." Policy Science. 24:65–98.

- Bullock, Charles III., and Rogers, Jr. H. (1972). *Law and Social Change*. New York: McGraw-Hill.

- Butt, Ronald. (1967). The Power of Parliament. London: Constable.

- Campbell, Donald T. (1957). "Factors Relevant to the Validity of Experiments in Social Setting." *Psychological Bulletin*. 54:297–312.

- Campbell, Donald T. (1969). "Reforms as Experiments." *American Psychologist*. 24:4.

- Campbell, Donald T., and Stanley, J. C. (1963). *Experimental and Quasi-Expermental Designs for Research*. Chicago: Rand McNally.

- Chapin, Stuart F. (1940). "An Experiment on the Social Effects of Good Housing." *American Sociological Review*. 5:479–868.

- Chapin, Stuart F. (1947). *Experimental Design in Sociological Research*. New York: Harper.

- Chase, Gordon, and Reveal, E. (1983). *How to Manage in the Public Sector*. New York: Random House.

- Coleman, James S. (1966). *Equality of Educational Opportunities*. Washington: Government Printing Office.

- Cook, Thomas D., and Campbell, Donald T. (1979). *Quasi-Experimental Design*. Chicago: Rand McNally.

- Crane, Donald P., and Jones, William A. (1991). *The Public Manager: Contemporary Challenges and Responsibilities*. Georgia State University Business Press.

- Crick, Bernard. (1970). "Parliament in British Political System," in Alan Kornberg and Musolf, L. eds., *Legislatures in Developmental Perspectives*. Durham: Duke University Press.

- Crossman, R. H. S. (1963). *The English Constitution*. London: Hamish Hamilton.

- Dahl, Robert A. (1947). "The Science of Public Administration: Three Problems." *Public Administration Review*. 7(1):1−11.

- Dahl, Robert A., and Lindblom, C. E. (1953). Politics, Economics, and Welfare. New York: Harper & Brothers.

- Dahl, Robert A. (1971). *Polyarchy*. New Haven: Yale University Press.

- Davidson, Roger H. (1969). *The Role of Congressman*. New York: Pegasus.

- Denhardt, Robert B. (1993). *The Pursuit of Significance: Strategies for Managerial Success in Public Organizations*. Belmont, CA: Wadsworth Publishing Company.

- Dewey, John. (1927). *The Public and Its Problems*. Denver: Swallow.

- Dexter, Lewis A. (1956). "What Do Congressmen Hear: The Mail." *Public Opinion Quarterly*.

- Downs, Anthony. (1967). *Inside Bureaucracy*. Boston: Little, Brown and Company.

- Dror, Yehezkel. (1964). "Muddling Through: Science or Inertia." *Public Administration Review*.

- Dror, Yehezkel. (1968). *Public Policymaking Reexamined*. San Francisco:

公共政策

Chandler.

- Dror, Yehezkel. (1971). *Designs of Policy Analysis*. New York: American Elsevier Publishing Company.
- Drucker, Peter F. (1954). *The Practice of Management*. New York: Harper & Row.
- Dunn, William N. (1981). *Public Policy Analysis: An Introduction*. Englewood Cliffs, N. J.: Prentice Hall.
- Dunn, William N. (1983). "Ethics, Values, and Standards in Policy Analysis," in S. Nagel, ed., *Encyclopedia of Policy Studies*. New York: Marcel Dekker.
- Dunn, Willam N. (1994). *Public Policy Analysis: An Introduction*. Englewood Cliffs, N. J.:Prentice Hall.
- Dye, Thomas R. (1976). *Policy Analysis: What Governments Do, Why They Do It, and What Difference It Makes*. Alabama: University of Alabama Press.
- Dye, Thomas R. (1998). *Understanding Public Policy*. Englewood Cliffs, N. J.: Prentice Hall.
- Dyke, Vernon Van. (1968). "Process and Policy as Focal Concepts in Political Research," in Austin Ranney, ed., *Political Science and Public Policy*. 23–40. Chicago: Markham.
- Easton, David. (1953). *Political System*. New York: Knopf.
- Easton, David. (1965). *A Framework for Political Analysis*. Englewood Cliffs, N. J.: Prentice Hall.
- Easton, David. (1969). "The New Revolution in Political Science." *American Political Science Review*. 63:1055–1056.
- Edelman, Murray. (1964). *The Symbolic Use of Politics*. Urbana: University of Illinois Press.
- Edwards, George C. (1980). *Implementing Public Policy*. Washington, D. C.: Congressional Quarterly, Inc.

228

- Elmore, Richard. (1985). "Forward and Backward Mapping," in K. Hanf and T. Toonen, eds., *Policy Implementation in Federal and Unitary Systems*. Dordrecht: Martinus Nijhoff. 33–70.
- Elmore, Richard. (1986). "Curriculum and Case Notes." *Journal of Policy Analysis and Management*. 5:637–654.
- Finer, Herman. (1949). *Theory and Practice of Modern Government*. New York: Praeger.
- Fisher, Roger, and Ury, William. (1983). *Getting to Yes: Negotiating Agreement Without Giving In*. New York: Penguin Books.
- Friedrich, Carl, J. (1950). *Constitutional Government and Democracy: Theory and Practice in Europe and America*. Boston: Blaisdell.
- Friedrich, Carl, J. (1963). *Man and His Government: An Empirical Theory of Politics*. New York: McGraw-Hill.
- Garson, G. D., and Overman, E. S. (1991). "What Is Public Management Today? The Search for an Organizing Paradigm," in Ott, J. S., Hyde. A. C., and Shafritz, J. M., eds., *Public Management: The Essential Readings*. Chicago: Nelson Hall Publishers. 28–38.
- Gaus, John M. (1947). *Reflections on Public Administration*. Alabama: University of Alabama Press.
- Goodsell, Charles T. (1989). "Balancing Competing Values," in James L. Perry, ed., *Handbook on the Science of Administration*. San Francisco: Jossey-Bass. 575–584.
- Goodnow, Frank J. (1900). *Politics and Administration*. New York: MacMillan.
- Graham, Jr. C. B., and Hays, S. W. (1993). *Managing the Public Organization*. Washington, D. C.: A Division of Congressional Quarterly, Inc.
- Gramlich, Edward M. (1984). *Benefit-Cost Analysis of Government Programs*.

New York: Prentice Hall.

- Gray, A., and Jenkins, B. (1995). "From Public Administration To Public Management: Reassessing A Revolution?" *Public Adminitsration*. 73:75–99.

- Guess, George M., and Farnham, P. G. (1989). *Cases in Public Policy Analysis*. New York: Pitman Publishing Inc.

- Hanushek, Eric A. (1990). "The Policy Research Market." *Journal of Policy Analysis and Management*. 9:146–154.

- Heclo, Hugh, and Aaron Wildavsky. (1974). *The Private Government of Public Money*. Berkeley: University of California Press.

- Heifetz, Ronald A. (1996). *Leadership Without Easy Answers*. Cambridge, Mass.: Harvard University Press.

- Hirschman, Albert O. (1970). *Exit, Voice and Loyalty*. Cambridge, Mass.: Harvard University Press.

- Jackson, Robet J. (1968). *Rebels and Whips: An Analysis of Dissension, Discipline and Cohesion in the British Political Parties*. London: MacMillan.

- Jencks, Christopher. (1972). *Inequality: A Reassessment of the Effect of Family and Schooling In America*. New York: Basic Books.

- Jensen, Gary F. (1968). "Crime Doesn't Pay: Correlates of a Shared Misunderstandng." *Social Problems*. 42:189–201.

- Jewell, Malcolm E., and Cunningham, E. V. (1968). *Kentucky Politics*. Lexington: University of Kentucky Press.

- Jewell, Malcolm E., and Patterson, S. C. (1977). *The Legislative Process in the United States*. New York: Random House.

- Jones, Charles O. (1970). *An Introduction to the Study of Public Policy*. Mass: Duxburg Press.

- Jones, Charles O. (1977). *An Introduction to the Study of Public Policy*. Mass.: Duxburg Press.

- Keefe William, and Ogul, M. (1968). *The American Legislative Process: Congress and the States*. Englewood Cliffs, N. J.: Prentice Hall.
- Kingdon, John W. (1984). *Agendas, Alternatives, and Public Policy*. New York: Harper Collins Publishers.
- Kuklinski, James H., and Elling R. C. (1977). "Representational Role, Constituency Opinion and Legislative Roll-Call Behavior." *American Journal of Political Science*. 72:165–177.
- Kuklinski, James H. (1979). "Representativeness and Elections: A Policy Analysis." *American Political Science Review*. 21:135–147.
- Lane, Robert E. (1953). "Why Businessmen Violate the Law." *Journal of Criminal Law, Criminology and Police Science*. 44:150–160.
- Lasswell, Harold. (1936). *Politics: Who Get What, When, How*. New York: Wittlesey.
- Lasswell, Harold, and Kaplan, A. (1950). *Power and Society*. New Haven: Yale University Press.
- Lasswell, Harold, and Lerner, D. (1951). *The Policy Science: Recent Developments in Scope and Method*. Stanford: Stanford University Press.
- Lasswell, Harold. (1963). "The Decision Process: Seven Categories of Functional Analysis," reprinted in Nelson Polsby, et al, eds., *Politics and Social Life*. Boston: Houghton Mifflin.
- Lasswell, Harold. (1971). *A Preview of Policy Science*. New York: American Elsevier Publishing Company.
- Lindblom, Charles E. (1959). "The Science of Muddling Through." *Public Administration Review*. 19:79–88.
- Lindblom, Charles E. (1968). *The Policy-Making Process*. Englewood Cliffs, N. J.: Prentice Hall.
- Lindblom, Charles E. (1977). *Politics and Markets: The World's Political-*

Economic Systems. New York: Basic Books.

- Lilla Mark T. (1981). "Ethos, Ethics and Public Service." *Public Interest*. 63:3–17.

- Linstone, Harold A. (1984). *Multiple Perspectives for Decision Making: Bridging the Gap between Analysis and Action*. New York: North-Holland.

- Linton, Ralph. (1936). *The Study of Man*. New York: Random House.

- Loewenberg, Gerhard, and Patterson, S. C. (1979). *Comparing Legislatures*. Boston: Little, Brown and Company.

- Lowi, Theodore J. (1964). "American Business, Public Policy, Case Studies, and Political Theory." *World Politics*. 16:667–715.

- Lynn, Laurence E., Jr. (1980). *Designing Public Policy: A Casebook on the Role of Policy Analysis*. Santa Monica, CA: Goodyear Publishing.

- Machiavelli, Niccolo. (1947). *The Prince*. New York: Appleton-Century-Crofts.

- MacRae, Duncan. (1979). *Policy Analysis for Public Decisions*. North Scituate, Mass.: Duxbury Press.

- Majchrzak, Ann. (1984). *Methods for Policy Research*. Beverly Hills, CA: Sage Publications.

- Malbin, Michael J. (1979). *Unelected Representatives: Congressional Staff and the Future of Representative Government*. New York: Basic Books.

- Mathews, Donald R. (1961). "United States Senators: A Collective Portrait." *International Social Science Journal*. 13.

- Marvick, Dwaine. (1954). *Career Perspectives in Bureaucratic Setting*. Ann Arbor: University of Michigan Press.

- Mazmanian D., and Sabtier, P. (1980). *Effective Policy Implementation*. Lexington, Mass.: Lexington Books.

- Meltsner, Arnold. (1972). "Politial Feasibility and Policy Analysts." *Policy*

Analysis. 859–867.

- Meltsner, Arnold. (1976). *Policy Analysts in the Bureaucracy*. Berkeley: University of California Press.

- Meltsner, A., and Bellavita, C. (1983). *The Policy Organization*. Beverly Hills, CA: Sage Publications.

- Merelman, Richard M. (1966). "Learning and Legitimacy." *American Political Science Review*. 60:553.

- Mckinney, Jerome B., and Laurence C. Howard. (1985). *Public Administration: Balancing Power and Accountability*. Oak Park, Ill.: More Publishing Co.

- Milbrath, Lester W. (1963). *The Washington Lobbyists*. Chicago: Rand McNally.

- Mill, John Stuart. (1947). *On Liberty*. New York: Appleton-Century-Crofts.

- Mill, John Stuart. (1962). *Considerations of Representative Government*. (1861). Chicago: Rand McNally.

- Mitroff Ian, and Kilmann, R. (1978). *Methodological Approaches to Social Science*. San Francisco: Jossey Bass.

- Moore, Mark H. (1995). *Creating Public Value*. Cambridge, Mass.: Harvard University Press.

- Nachmias, David, and Nachmias, Chava. (1987). *Research Methods in the Social Sciences*. New York: St. Martin's Press.

- Nagel, Stuart. (1979). *Policy Analysis in Social Research*. Beverly Hills, CA: Sage Publications.

- Nagel, Stuart. (1984). *Contemporary Public Policy Analysis*. Alabama: University of Alabama Press.

- Nakamura, Robert T., and Smallwood, Frank. (1980). *The Politics of Policy Implementation*. New York: St. Martin's Press.

- Nigro, Felix A., and Nigro. L. G. (1973). *Modern Public Administration*. New York: Harper & Row.

- Ornstein, Norman, and Elder, Shirley. (1981). *Interest Groups, Lobbying and Policymaking*. Washington, D. C.: Congressional Quarterly Press.

- Osborne, D., and T. Gaebler. (1992). *Reinventing Government: How the Entrepreneurial Spirit Is Transforming the Public Sector*. Mass.: Addison-Wesley Publishing Company.

- Ott, J. S., Hyde, A. C. and Shafritz, J. M. (1991). *Public Management: The Essential Readings*. Chicago: Nelson-Hall Publishers.

- Overman, E. S., and Boyd, K. J. (1994). "Best Practice Research and Postbureaucratic Reform." *Journal of Public Administration and Theory*. 4:67–83.

- Patterson, Samuel, and Boynton, G. R. (1969). "Legislative Recruitment in a Civic Culture." *Social Science Quarterly*. 50:243–463.

- Peabody, Robert L., et al. (1973). *To Enact a Law*. New York: Praeger.

- Pettigrew, Thomas F. et al. (1973). "Busing: A Review of the 'Evidence'." *The Public Interest*. 31:88–113.

- Perry, J. L., and Kraemer, K. L. (1983). *Public Management: Public and Private Perspectives*. California: Mayfield Publishing Company.

- Pitkin, Hanna. (1966). "Obligation and Consent." *American Political Science Review*. 60:52.

- Polsby, Nelson. (1963). *New Perspective on the House of Representatives*. Chicago: Rand McNally.

- Pressman, Jeffrey L., and Wildavsky, A. (1973). *Implementation*. Berkeley: University of California Press.

- Quade, E. S. (1982). *Analysis for Public Decisions*. New York: Elsevier Science.

- Raiffa, Howard. (1968). *Decision Analysis*. Reading, Mass.: Addison-Wesley.
- Raiffa, Howard. (1982). *The Art and Science of Negotiation*. New Haven: Yale University Press.
- Ranney, Austin. (1968). "The Study of Policy Content: A Framework for Choice," in Austin Ranney, ed., *Political Science and Public Policy*. Chicago: Markham. 3–22.
- Rawls, J. (1971). *A Theory of Justice*. Cambridge, Mass.: Harvard University Press.
- Redford, Emmertt S. (1969). *Democracy in the Administrative State*. New York: Cambridge University Press.
- Renolds, James F. (1975). "Policy Science: A Conceptual and Methodological Analysis." *Policy Science*. 6:1–27.
- Rieffer, Donald. (1981). *How to Lobby Congress*. New York: Dodd, Mead & Company.
- Rieselbach, Leroy N. (1973). *Congressional Politics*. New York: McGraw-Hill.
- Riker, William H. (1986). *The Art of Political Manipulation*. New Haven, Conn.: Yale University Press.
- Ripley, Randall B. (1969). *Majority Party Leadership in Congress*. Boston: Little, Brown and Company.
- Rivlin, Alice M. (1971). *Systematic Thinking for Social Action*. Washington, D. C.: The Brookings Institution.
- Rourke, Francis E. (1976). *Bureaurcracy, Politics, and Public Policy*. Boston: Little, Brown and Company.
- Rossi, Peter H., et al. (1979). *Evaluation: A Systematic Approach*. Beverly Hills, CA.: Sage Publications.
- Rossi, Peter H., and Freeman, Howard E. (1982). *Evaluation: A Systematic Approach*. Beverly Hills, CA: Sage.

- Sabatier, Paul A. (1986). "Top-down and Bottom-up Approaches to Implementation Research: A Critical Analysis and Suggested Synthesis." *Journal of Public Policy*. 6:21–48.

- Sabatier, Paul A., and Klosterman, B. (1981). "A Comparative Analysis of Policy Implementation Under Different Statutory Regimes," in D. Mazmanian and Sabatier P., eds., *Effective Policy Implementation*. Lexington, Mass.: D. C. Health. 169–206.

- Sabatier, Paul A., and Mazmanina, D. (1979). "The Conditions of Effective Implemention." *Policy Analysis*. 5:481–504.

- Salisbury, Robert H. (1973). *Governing American Public Choice and Political Action*. New York: Appleton-Century-Crofts.

- Sayre, Wallace S. (1958). "Premises of Public Administration: Past and Emergency." *Public Administration Review*.

- Scott, R. A., and Shore, A. R. (1979). *Why Sociology Does Not Apply: A Study of the Use of Sociology in Public Policy*. New York: Elsevier.

- Scher, Seymour. (1963). "Conditions for Legislative Control." *Journal of Politics*. 25:526–551.

- Seroka, James H. (1979). "Legislative Recruitment and Political Change in Yugoslavia." *Legislative Studies Quarterly*.

- Selznick, Philip. (1949). *TVA and the Grass Roots*. Berkeley: University of California Press.

- Selznick, Philip. (1984). *Leadership in Administration: A Sociological Interpretation*. Berkeley: University of California Press.

- Sharkansky, Ira. (1972). *Public Administration: Policy-Making in Government Agencies*. Chicago: Markham.

- Solomon, Richard L. (1949). "An Extension of Control Group Design." *Psychological Bulletin*. 46:137–150.

- Starling, Grover. (1988). *Strategies for Policy Making*. Chicago: Dorsey.

- Stokey, E., and Zeckhause, R. (1978). *A Primer for Policy Analysis*. New York: Norton.

- Stokes, Donald E. (1986). "Political and Organizational Analysis in the Policy Curriculum." *Journal of Policy Analysis and Management*. 6:1:45–55.

- Suchman, Edward A. (1967). *Evaluative Research*. New York: Russell Sage Foundation.

- Tacheron, Donald, and Udall, M. K. (1970). *The Job of the Congressman*. Indianapolis: Bobbs-Merrill.

- Taylor, Frederick. (1911). *Principles of Scientific Management*. New York: Harper & Row.

- Thompson, Victor A. (1961). *Modern Organization*. New York: Knopf.

- Thornton, G. C. (1987). *Legislative Drafting*. London: Butterworth.

- Thurber, James A. (1976). "The Impact of Party Recruitment Activity upon Legislative Role Orientation." *Legislative Studies Quarterly*.

- Van Horn, Carl E., et al. (1992). *Politics and Public Policy*. Washington, DC: Congressional Quarterly Press.

- Van Meter, Donald, and Van Horn, C. Van. (1975). "The Policy Implementation Process: A Conceptual Framework." *Administration and Society*. 6:445–488.

- Wahlke, John C., et al. (1962). *The Legislative System: Explorations in Legislative Behavior*. New York: Wiley.

- Waldo, Dwight. (1948). *The Administrative State*. New York: Ronald Press.

- Waldo, Dwight. (1968). "Scope of the Theory of Public Administration," in James C. Charlesworth, ed., *Theory and Practice of Public Administration*. Philadelphia: American Academy of Political and Social Research.

- Weiss, Carol H. (1972). *Evaluation Research*. Englewood Cliffs: N. J.: Prentice

Hall.

- Weiss, Carol H. (1972). *Evaluating Action Programs*. Boston: Allyn and Bacon.

- Weimer, David L., and Vining, A. R. (1992). *Policy Analysis: Concepts and Practice*. Englewood Cliffs, N. J.: Prentice Hall.

- Weimer, David L. (1993). "The Current State of Design Craft: Borrowing, Tinkering, and Problem Solving." *Public Administration Review*. 2:110–120.

- White, Leonard D. (1939). *Introduction to the Study of Public Administration*. New York: Macmillan.

- Wildavsky, Aaron., Graymer, L., and Trow, M. (1977). *Principles and Perspectives For Graduate Education in Public Policy*. Berkeley: Graduate School of Public Policy, University of California, Berkeley.

- Wildavsky, Aaron. (1979). *Speaking Truth to Power: The Art and Craft of Policy Analysis*. Boston: Little, Brown and Company.

- Woodward, Julian, and Roper, E. (1950). "Political Activity of American Citizens." *American Political Science Review*.

- Yates, Douglas. (1982). *Bureaucratic Democracy*. Cambridge, Mass.: Harvard University Press.

- Zander, Michael. (1990). *The Law-Making Process*. London: Weidenfeld and Nicolson, Ltd.

- Ziegler, Harmon. (1964). *Interest Groups in American Society*. Englewood Cliffs, N. J.: Prentice Hall.

行政學

林淑馨／著

　　本書共分為兩大篇：第一篇屬於「基礎概念篇」，除了介紹行政學基礎概念，亦論及行政學理論的內容與發展；第二篇定位為「運作管理篇」，內容包含現代政府體系、人事行政、行政組織、公共政策、行政資訊管理、行政革新與政府再造等。每章除了既定主題的探討外，為加強行政與實務的連結性，另闢「行政櫥窗」單元，介紹近年重要的政府相關政策或行政運作。此外，本書亦整理了近十年國家考試與研究所的歷屆考題，提供讀者參考。

行政學：理論的解讀

林鍾沂／著

　　行政學作為一門應用性學科，在「求實務本」的前提下，不斷地在結構和行動之間來回切換、辯證對話。本書即以之為基準，除了橫向擴展國內傳統行政學著作所未論及的主題，使分析架構更為清晰和包羅面向更加完整外，尤本於方法論的思考，針對各項主題縱觀其系絡、理析其意涵，從事嚴謹的論述省察，期使行政學的相關學理能在管理、政治及法律等途徑中，展現出更為豐富而精彩的知識對話，從而進一步拓寬實務行動的可能視野。

行政法導論

李震山／著

　　本書共分為基礎、組織、人員、作用、救濟五大部分。論述內容除了傳統行政法議題之介紹外，行政指導、行政契約、行政計畫、行政資訊公開、行政判斷與預測、行政聽證、行政調查等皆有所著墨。就公務員法制部分，則特別分成數章個別探討，期望在揮別「特別權力關係」時代之後，能激發從事行政實務工作者之自我權利主體意識，進而重視行政法之研究，發揮鞏固實質法治國的關鍵力量。

行政法

黃俊杰／著

　　行政法係具體化之憲法，應以人權保障作為其立法與適用之主軸，遵守依法行政係為確保達成法治國家維護人權之目的。本書係為行政法初學者撰寫之入門教科書，主要著重行政法規之分析，並儘量以實務見解為輔助案例。本書以「行政法」稱之，即係以「行政」為核心，就行政事務所及之相關法制為其討論範圍。但是，行政法幅員廣闊且變動迅速，故僅擇其要者，嘗試分析之，希望有助讀者瞭解行政法的架構與意涵。

政治學概論

劉書彬／著

　　本書以深入淺出的方法講解，並使讀者可以落實到日常生活的範圍中。例如卡奴的成因、國內政黨與兩岸國際地位的競逐、全球化趨勢下亞太經合會等國際組織的發展，與外籍勞工流動問題等，皆有所說明。本書所採用的實例，多數與我國遭遇的國內外情勢相關，期盼能藉由本書的出版，讓讀者透過對個人相關事務的關切，引發對政治學的興趣，進而藉由本書建立基本民主法治觀念，裨益我國民主政治的發展。

政治學

呂亞力／著

　　本書涵蓋四部分：第一部分是政治學學科的介紹；第二部分旨在剖析政府及相關事宜，本書在此部分的敘述，基本上遵循傳統的政治學，但也增添一些行為學者的研究而與坊間其他同類型著作有所不同；第三部分為行為政治學；第四部分介紹一些國際關係的知識，主要是針對無法修習國際關係課程的讀者之需要。而意識型態與地方政府兩方面的常識，為政治學入門者所不可缺乏，故特使其自成單元，使內容更臻完備。